GLAC edições

O Ginásio Carismático

Maria José
de Abreu

tradução **Victor Galdino**
colaboração **Iracema Dulley**
arte **Deyson Gilbert**

Católicos Neopentecostais?

Para Lina, é claro.

Apresentação à edição brasileira

Maria José de Abreu

Passaram-se 25 anos desde que comecei a pesquisar o movimento da Renovação Carismática Católica (RCC) no Brasil. O conceito de *pneuma* é central na análise que faço, e que agora encontra-se aqui traduzida. Levar a sério a pneumatologia que anima essa forma de reavivamento religioso implica dois aspectos-chave: o primeiro é o engajamento com o pensamento teológico que sustenta a doutrina e a prática religiosa da RCC. Esse foco na teologia não significa aderir a uma anticientificidade, como antropologias mais seculares entenderiam. Pelo contrário, ao longo do trabalho, tornou-se claro para mim que somente atentando para os componentes teológicos do catolicismo carismático eu poderia compreender os elementos sociopolíticos que sustentam seu *movimento de renovação:* as materialidades, as técnicas e as lógicas operacionais presentes no cerne da governança do movimento. Como mostro, é apenas por meio de uma etnografia voltada ao plano teológico que se compreenderá o papel da articulação entre as mídias e a ortopráxis bizantina no compromisso entre catolicismo e pentecostalismo próprio à arquitetura do Ginásio Carismático.

O segundo aspecto é o modo como se compreende o movimento, diferente do que dizem as teorias canônicas sobre movimentos sociais. No âmbito deste trabalho, falar de movimento religioso diz respeito ao "como" — a circulação de substância (*pneuma*) pela qual corpos, espaços, ícones religiosos, tecnologias de mídia e objetos variados são levados a participar de toda uma economia relacional (*oikonomia*), na qual o dispositivo dessas operações se torna aparente. Ou seja, interessa-me analisar a moção (carisma) do próprio movimento. Tal foco nos mecanismos do movimento e nas lógicas operacionais que o sustentam não implica, porém, ignorar o contexto histórico brasileiro no qual a RCC se desenvolve. Antes, significa reconhecer que, nesse mesmo contexto, optou-se por uma gramática da substância com consequências políticas, estéticas e epistêmicas próprias. Devo aos meus alunos de graduação, Ben Bieser e Aaron Su, em conversa comigo sobre minha pesquisa, a criação de um termo, "pneumatoliberalismo", *portmanteau* de "*pneuma*" e "liberalismo". Como a eles, não escaparão aos leitores e às leitoras deste livro as cumplicidades operacionais entre a igreja pneumática e as políticas neoliberais, visando ideais de elasticidade, portabilidade e adaptabilidade, cumplicidades que vigoraram no movimento carismático sobretudo a partir de meados da década de 1990.

Algumas palavras sobre o novo subtítulo na capa desta tradução: *católicos neopentecostais?* — o ponto de interrogação é importante. Ele tem a ver com uma ideia que me foi incutida pelo falecido Stuart Hall no final de 1990, durante meu mestrado em antropologia da mídia, em Londres. Como usar "conceitos sem garantias"? "Conceitos", dizia Hall, são "articulações" no duplo sentido de algo conjuntural e linguístico. Acrescento aqui uma terceira dimensão: as articulações corporais, as formas proprioceptivas de equilíbrio presentes em ações ginásticas. Faço isso como uma forma de explicitar a vocação esportiva do espírito entre os carismáticos no Brasil. Ao falar em algo "sem garantias", Hall se referia à maneira como as perguntas nos apontam menos para respostas e mais para as condições históricas de sua formulação. É assim que o subtítulo adotado nesta tradução, *católicos neopentecostais?,* deve ser entendido — com ênfase na formulação, na interrogação que, na esteira das tradições religiosas cristãs, molda o movimento carismático de maneiras indeterminadas.

O ginásio carismático é, assim, um esforço analítico para desvendar as muitas articulações que sustentam o indecidível católico neopentecostal. Tal indecidibilidade é parte constitutiva do *movimento* oscilatório que segue sustentando seu vasto programa de renovação que, sobretudo no nível das lideranças, tende a colocar-se à direita no espectro ideológico-político. Insisto nesta ideia de movimento oscilante — como na respiração — pois boa parte do desafio em identificar os posicionamentos de direita está em salientar como as racionalidades direitistas tendem a anular a própria noção de posicionamento, favorecendo outras como a de fluxo, a de uma torção elástica entre contrários, dinâmicas compativelmente contraditórias, e assim por diante. Essas lógicas da torção alteram a própria ideia de extremo. Ou seja, o desejo de levar a realidade para os extremos, pelo e como movimento, equaciona-se numa espécie de *extremo-como-meio* — ou meio infinito. Um extremo por todos os lados que, como tal, obstrui o posicionamento.

Reconhecer que assim é, porém, pode abrir uma brecha, uma outra brecha. Pode significar que não nos rendemos ao conforto das oposições binárias, pela mera condenação da direita, e aproveitamos a oportunidade para afirmar uma nova voz distinta. Esta última implica um aprofundar-se na tarefa difícil de habitar aquele meio *in extremis* e perguntar: como chegamos neste momento? Implica refazer o caminho que nos trouxe até aqui, realizando o trabalho sério de compreender a nossa participação — consciente ou não — na própria realidade que nos é alheia, interrompendo a correnteza desenfreada em que nos encontramos.

Nova Iorque, 17 de setembro de 2025

Fachada da Rádio Canção Nova. Foto: Maria José de Abreu.

Inspira, expira

✚ *Prefácio*

Como milhões de outras pessoas, encontro-me quarentenada por culpa do coronavírus. De meu apartamento em Nova Iorque, vejo uma Broadway deserta. A avenida se tornou uma via sem obstáculos para a passagem veloz de ambulâncias; há pouco além disso. As bordas dessa artéria central de Manhattan, ainda assim, parecem desfocadas, contornos tremidos que associo ao calor febril. É como se o grito contínuo, abafado do aquecimento global baixasse em nós, humanidade, na forma de um vírus capaz de afetar a nossa temperatura média e respiração. Se há algo que posso dizer, que ficará nítido nos próximos anos, é que o ar é substância que torna a própria existência possível, e não apenas uma substância vazia que habitamos.

Em tempos assim, não poderia deixar de perceber que o conceito organizador deste livro é o de *pneuma*. Ele foi escrito sob a assinatura da gratidão de minha mãe de 86 anos, que perderá seu lançamento. Escrevo estas palavras enquanto ela se encontra internada com Covid-19. A infecção, por sua vez, expôs um tumor. O médico me disse, pelo telefone, que a situação é irreversível. Apesar de todas as possibilidades de amenizar o confinamento físico trazidas pelas mídias digitais, dizem-me que não há tecnologias disponíveis para comunicação onde ela se encontra, a mesma ala onde trabalhou por quase quarenta anos. Então, lembro-me de que ela nunca teve um celular, peço a uma velha amizade de minha cidade natal que leve um para ela. Essa interface tecnológica parece a única maneira de compartilhar algum espaço aéreo com minha mãe — como se o digital fosse agora o maior reservatório de ar do planeta. A pessoa que trabalha no hospital, mesmo tendo concordado em levar o aparelho para a cama de minha mãe, diz que ela está desorientada, já não fala nada com nada. "E quem não está?", pergunto frustrada. Percebo, entretanto, que não há sentido em argumentar. A complexidade da coisa toda me atinge em cheio, meu amor de filha só encontra conforto na memória dessa mulher que amava o silêncio e o vivia de maneira bem sonora, sobretudo em seus últimos anos.

Inspira, expira. Um frágil equilíbrio sustenta a nossa vida. Ainda assim, na maior parte do tempo, mal notamos esse mecanismo. O ar participa da omissão das condições da própria realidade que ele torna possível. Não obstante, o ar que respiramos, agora, aproxima-se mais e mais de nosso pensar, como o elemento mesmo que alinha nossos pulmões e cérebro, e não mais a mera — leia-se vital — substância de fundo que torna os pensamentos possíveis. Um bom exemplo disso é o modo como paradoxos performativos dominam nosso pensar, como se a pressão de um lado visasse balancear a pressão exercida de outro. Alimento minha rejeição ao capitalismo corporativo usando livros que compro na Amazon. Ensino minhas turmas a não duvidarem dos benefícios da dúvida metodológica. Digo ao meu filho que pense por conta própria. Por causa do vírus, estou quarentenada em nome de um bem comum que expõe meu privilégio econômico. Cientes disso ou não, cansamos de ouvir sobre esses paradoxos. Nossa doença, ainda assim, é sintomática em relação ao fato de que, muito presente e insistente, o paradoxo performativo se entranhou, gradualmente, em nossa caixa torácica: encontra-se hospedado na própria estrutura de nossa respiração. Pois o que é a respiração — a alternância entre opostos — senão um paradoxo performativo, guerra civil em nossos pulmões?

Governar na política, na mídia, no mercado e nas religiões não é mais simplesmente disciplinar ou regular os ritmos que animam as instituições públicas e as populações; trata-se, agora, de preenchê-las com o que William Butler Yeats chamou de "influxo multiforme *antitético*", ou seja, uma deriva de indecidibilidade que nos arrasta para o seu meio.[1] Imaginemos um pêndulo cujo movimento oscilante do tique ao taque e de volta não nos informe o tempo, nem a direção das coisas, mas que se constitua como tempo nessa movimentação.

Ter isso em mente torna mais inteligível o populismo autoritário no Brasil e em outras partes do mundo. Quando Jair Bolsonaro e Donald Trump falam da ameaça do coronavírus, as palavras não são pronunciamentos que se dão no tempo presente. Porque o presente é desconexo, o vírus é desde sempre um perigo terrível e um incômodo sobre o qual se tem exagerado. Dizer que Bolsonaro e Trump são negacionistas em relação ao vírus é não enxergar o modo como essa negação se encontra entrelaçada com o futuro que já se fez presente quando irão dizer o exato oposto. Acusar esses governantes de serem paradigmas da contradição é

1 N. da T.: A expressão entre aspas se encontra em "The end of the cycle", no Livro V: Dove or Swan, em *A vision* (London, Mac Millan & Co., 1937).

errar inteiramente o alvo — seria conceder a eles fundamentos que ativamente rejeitam. Contradição é afirmar um sujeito sem fissura, uma espécie de singularidade que visa à autoidentidade. Soberanos como Trump e Bolsonaro, no entanto, exibem fraturas profundas; exercem a soberania inclusive defendendo-as como trincheiras de onde lançam ataques terroristas-semióticos, arriscando até mesmo a aniquilação de si mesmos.

Numa estranha virada da estética brutalista, as rachaduras no sistema são expostas com o intuito de liberar a identificação total e orgânica entre o sujeito e sua práxis, e não para oferecer transparência. Se não notarmos a reunião estratégica dos opostos no centro da governança contemporânea, não seremos capazes de apreender o modo como a direita opera seu extremismo. O salto epistêmico que observo envolve, necessariamente, uma reconcepção do político revisitando o problema da substância. Nesse sentido, as operações respiratórias que a Covid-19 torna visíveis — como um reagente químico poderoso — podem servir também para uma melhor apreensão de como o poder funciona em nossos dias.

Nova Iorque, 17 de abril de 2020

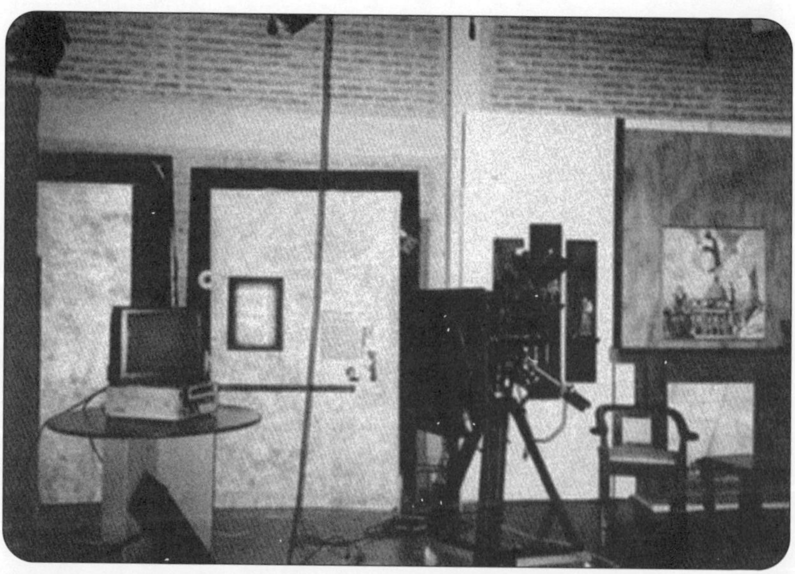

Estúdio da Rádio Canção Nova. Foto: Maria José de Abreu.

Introdução

Nós estamos mostrando às pessoas que isso aqui, ó, ó, olha só [ele começa a bater na imagem], olha só, aqui, ó, ó, isso aqui [ele chuta a santa, segurando-a pela cabeça] não funciona, isso aqui não é santo coisa nenhuma... Será que Deus, o Criador do Universo, ele pode ser comparado a um boneco desse, tão feio, tão horrível, tão desgraçado?

— Pastor Sérgio Von Helder

Foi com essas palavras e gestos que o pastor Sérgio Von Helder, no dia 12 de outubro — feriado religioso dedicado à Virgem Maria —, deu início a uma controvérsia que se tornaria conhecida, em terras brasileiras, como "Guerra Santa". Naquele dia, no ano de 1995, milhões peregrinavam até o Santuário Nacional de Nossa Senhora Aparecida, dedicado à santa padroeira do Brasil. Enquanto isso ocorria, o ministro evangélico levou, para os estúdios da TV Record — propriedade da Igreja Universal do Reino de Deus —, uma réplica de quase um metro da santa, com o intuito de ridicularizá-la ao vivo, em rede nacional. Ele começou com ofensas verbais para, então, partir para a agressão física: segurando a imagem pelo pescoço, acertou de maneira ritmada oito golpes com as mãos e doze chutes. *Bate*, *bate*, *bate*... *chuta*, *chuta*, *chuta*... Rapidamente, outras redes de televisão se apropriaram do vídeo, retransmitindo repetidas vezes o ataque à estátua em horário nobre, provocando ira e manifestações por todo o país.

A cena dos chutes foi reproduzida várias vezes. Relatos amplamente difundidos sobre o evento do "chute na santa" — como o episódio televisionado ficou conhecido — diziam que a estátua havia sido despedaçada. O pastor Von Helder, embora tenha acertado o ícone múltiplas vezes com a lateral de seu sapato, nunca chegou perto de quebrá-lo; ainda assim, não é assim que a maioria das pessoas se lembra. É como se a própria reprodutibilidade do momento tivesse o poder de afetar a percepção que dele se tem. As semanas foram passando, a magnitude da injúria foi se tornando mais e mais dramática através de públicos diversos. Ouvi relatos que iam do despedaçamento da imagem até sua decapitação (o que lembra o episódio no qual três pescadores encontraram, pela primeira vez, uma estátua de Nossa Senhora num rio, em 1717).[2] Para se defender, Von Helder pediu às pessoas que examinassem a filmagem novamente, que verificassem o fato de ele não ter quebrado o ícone como se dizia. Quanto mais ele proclamava sua inocência, mais a cena era reproduzida. Em jogo, havia o que a própria operação da mediação era capaz de fazer com a imagem, o poder da mídia de transfigurar as realidades apresentadas. No fim, a imagem não pôde conter a força martelante da repetição em série produzida pela incessante retransmissão. Quanto mais a cena do ataque era exibida, mais a estátua se desintegrava, mais profundo o corte feito na carne da nação, de Nossa Senhora Aparecida.

Este livro visa mostrar como esse corte produzido pela Guerra Santa abriu espaço para a ascensão e a difusão de uma espécie de reavivamento católico no Brasil contemporâneo. Mais conhecido como Renovação Carismática Católica, esse movimento ganhou popularidade em meados da década de 1990, período de enorme mudança estrutural, dominado por visões e tendências — religiosas, políticas, estéticas — em conflito. Combinando noções teológicas com a comunicação de massa e exercícios físicos, esses católicos acabaram por praticar e reforçar uma lógica peculiar do valor que favorece a capacidade de articulação e expansão das coisas, em vista de certa maleabilidade formal. Como quem, na ginástica, estica seus membros até o limite para expor a rede de juntas e articulações do corpo, os membros do movimento carismático deram início a um trabalho com a elasticidade que colocaria a igreja novamente em forma. Essa orientação visando a elasticidade é a ideia central por trás do que chamo de *ginásio carismático.*

2 Como escreve o antropólogo Eric W. Kramer: "A reação ao ataque televisionado contra a estátua foi tão excessiva que a impressão de um dano, de uma violência física cresceu de maneira proporcional à narração midiática" (Eric Kramer, "Law and the image of a nation: religious conflict and religious freedom in a brazilian criminal case", em *Law and Social Inquiry*, v. 26, n. 1, 2001, p. 45). Kramer menciona um comentário equivocado de David Lehmann, por exemplo, de que a imagem havia sido atacada com um machado, o que nos mostra que nem o antropólogo está imune aos efeitos da iteração tecnológica na sensibilidade. Ver Eric Kramer, "Law and the Image of a Nation", p. 35-62. Ver também Patricia Birman e David Lehmann, "Religion and the media in a battle for ideological hegemony: the Universal Church of the Kingdom of God and TV Globo in Brazil", em *Bulletin of Latin American Research*, v. 18, n. 2, 1999, p. 145-64.

Pensando os usos do ginásio grego para o cristianismo, exploro o surgimento de um novo regime de práticas devocionais dedicado a produzir devotos e devotas em boa forma espiritual nos espaços urbanos contemporâneos em São Paulo.[3] Documento o papel fundamental do *pneuma* — termo grego para "respiração", "ar", "espírito" — num vasto programa religioso-respiratório popularmente nomeado "aeróbica do Senhor", cujo propósito era reformar o catolicismo brasileiro em termos de conduta *e* doutrina. Reunindo-se em estádios e outros espaços esportivos, tendas enormes e velhos galpões, os membros do movimento transformam esses lugares em ginásios de devoção. Seus programas são justaposições bem orquestradas de gestos e exercícios corporais coreografados, tecnologias de comunicação de massa, repertórios da cultura popular e elementos de uma doutrina teológica ortodoxa grega. As práticas religiosas são inteiramente dependentes de um deslizamento semântico produtivo entre "ir à academia", no sentido de "ganhar massa muscular", e fazer ginástica, no sentido de desenvolver elasticidade, coordenação e propriocepção. Essa elasticidade praticada, que sustenta a teologia e a prática do movimento carismático, emerge como fundação adequada para uma estrutura específica de poder, que tem como objetivo implícito a produção de corpos religiosamente fluentes e sintonizados com a ascensão do neoliberalismo no Brasil.

O ataque de Von Helder à santa padroeira do país, seu ícone mais reverenciado, oferece uma entrada para as realidades que este livro explora. Recorrendo ao choque, ele deu início ao crescimento de uma era dramatúrgica no interior da sociedade, da política e da cultura brasileiras, época que ainda se encontra em curso. Essa dramaturgia é caracterizada pela rejeição da representação e de seus poderes, substituídos pelos regimes de operação — os aparatos técnicos — envolvidos na reprodução e circulação das coisas. Graças à visualização repetitiva das cenas de Von Helder chutando a estátua, o que se pensava habitar somente a ordem do visível se tornou, efetivamente, musical, algo de todo ritmado: o ritmo, no caso, sendo o da reprodutibilidade mecânica, em massa. O que os olhos, repetidas vezes chacoalhados pela repetição enérgica da exata mesma cena, fazem com a percepção é o que as tecnologias da reprodutibilidade imagética fazem com a integridade da imagem em nosso mundo moderno, como dizia Walter Benjamin.[4] A reprodutibilidade

3 A esse respeito ver Clarence A. Forbes, "Expanded uses of the greek gymnasium", em *Classical Philology*, v. 40, n. 1, 1945, p. 32-45; e Robert Dutch, *The educated elite in 1 Corinthians: education and community conflict in graeco-roman context* (London, Bloomsbury, 2005).

4 Walter Benjamin, "The work of art in the age of mechanical reproduction", em *Illuminations: essays and reflections*, trad Harry Zohn (New York, Schocken, 1968);

— a *capacidade* de reprodução — altera os limites espaço-temporais, apaga a singularidade e a distância que, para o espírito de certa época, preservam a sacralidade das coisas.[5]

Ao ser submetida a esses ritmos, a estátua de Nossa Senhora submete as fronteiras circundantes de seu ser espaço-temporalizado a uma nova configuração de poder. O que antes era rígido e tridimensional é reimaginado como um espaço medial bidimensional. Mais que representação do sagrado, disponibiliza-se nesse plano bidimensional o manual de operações — o "como" da imagem — por meio do qual o próprio "fazer-imagem" se torna possível. Graças ao poder do choque, a rigidez da estátua pode acomodar uma inédita maleabilidade cheia de graça, e é precisamente isso que o catolicismo carismático tentará canalizar em uma forma institucional.

No contexto desse livro, o choque da reprodutibilidade mecânica produz a abertura — o corte — por onde aparece o ginásio carismático. É como se, na desintegração perceptiva da estátua, essas pessoas fossem capazes de se reconectar, como que por uma brecha, com uma doutrina mais antiga das coisas — uma ortopraxia — e, dessa maneira, preparar o terreno para um projeto de renovação. Esse projeto costura a teologia pneumática aos processos tecnológicos e estes aos exercícios respiratórios como componentes essenciais do ginásio carismático. É imprescindível notar, conforme o texto avança pelos capítulos, como esse foco nas operações nos abre para uma doutrina teológica do ginásio carismático

ed. bras.: "A obra de arte na era de sua reprodutibilidade técnica", em *Magia e técnica, arte e política* — Obras Escolhidas, vol. 1, trad. Sergio Paulo Rouanet, 3. ed. (São Paulo, Brasiliense, 1987), p. 165-196.

5 Apesar de muitas pessoas estudiosas de Benjamin insistirem ser esta a visão que *ele* tinha das coisas, uma leitura atenta desse importante pensador mostrará que seu interesse, sempre e primariamente, era escrever o espírito de uma época. Essa escrita deve, acima de tudo, expressar uma capacidade de dar voz a esse espírito. Portanto, é um erro pensar que Benjamin lamentava a perda da aura associada à arte, assim como é um erro pensar que ele lamentava o fato de o romance ter substituído a narração de histórias. O problema não é que pintura ou narração representem algo que já não encontramos mais; isso seria nostalgia, e os escritos de Benjamin estão longe disso. Seu interesse na pintura e na narração diz respeito ao modo como exatamente a extemporaneidade, por conta do advento de novas tecnologias, torna-se parte de sua própria função crítica. Benjamin era fascinado pela forma como as "novas" mídias poderiam contribuir com a exposição do anacronismo das antigas; por meio de uma espécie de retardamento da mensagem, a comunicabilidade do meio — as técnicas que moldam a percepção e permitem a sua apreensão — se torna ainda mais nítida. Ver Samuel Weber, *Benjamin's-abilities* (Cambridge, Harvard University Press, 2008), p. 113. Ver também Charles Hirschkind, Carlo Caduff e Maria José de Abreu, "New media, new publics? An introduction", em *Current Anthropology*, v. 58, Supl. 15, 2017, S3-S12. A essa capacidade que a mídia tem de participar de sua própria crítica, Benjamin atribuiu uma forma de romantismo, algo que, até onde sei, tem sido explorado bem pouco. De todo modo, ver Samuel Weber, *Benjamin's-abilities*, p. 20-30.

no Brasil contemporâneo. Nesse esforço, as protagonistas do livro são as operações que integram o ginásio carismático: reprodução, citação, recursão, interrupção, sobreposição, retardamento, dobra, torção para a frente, para trás, alternância entre queda e restauração, e assim por diante.

A doutrina carismática do ginásio, mais baseada em uma teologia da fé prática que no raciocínio argumentativo, associa o corpo respirante e toda uma rede de relações a um mesmo eixo, e isso com o objetivo primário de expor — portanto, de tematizar — o "espírito" da renovação sob o qual opera. Nos espaços de latência dessa maneira expostos, carne e artifício/vida e máquina deixam de ser diferenciados e são vistos como mutuamente constitutivos da lógica operacional da encarnação. Há uma imbricação recursiva ali que envolve a *ferida* mística e o *corte* tecnológico, teologia e tecnologia, de modo que falar de uma coisa é sempre falar da outra. Isso vai se ramificando no nível das doutrinas e da sociopolítica, e são essas operações teotecnológicas que tomo como objeto central da investigação feita neste livro.

Em momentos de contradição e disputa como os que levaram à Guerra Santa em 1995, o movimento carismático teve de lidar com o desafio de escolher entre dois extremos opostos. De um lado, havia a Igreja Católica, perdendo sua hegemonia há tanto tempo consolidada — sobretudo em relação às denominações pentecostais. Do outro, a percepção nítida de que estava para acontecer, no país e no resto do mundo, uma mudança de paradigma. Não que o pastor da Universal estivesse correto em seu ataque à rigidez da santa, mas estava ficando claro, para certo ramo do conservadorismo católico, que seria necessário renovar o corpo institucional, exercitá-lo, para torná-lo mais flexível.

Nem a teologia da libertação, nem as Comunidades Eclesiais de Base — vistas por algumas pessoas como mundanas demais, por outras como excessivamente estoicas — pareciam ter o vigor necessário para bloquear o rápido avanço e a penetração do (tele)evangelismo em áreas importantes das realidades social, política e econômica no Brasil. Já a estética do escândalo, por sua vez, muito associada ao fascínio midiático pelas histórias de corrupção, parecia ser a própria força que facilitava essa penetração. Em um desvio irônico dos fins do modernismo, foi o conservadorismo radicalmente reformista que, na cena pública, fez-se presente por meio de engajamento *avant-garde* com o choque e a interrupção.

Quanto mais chocantes as intervenções, porém, mais desnorteada e melancólica parecia a Igreja Católica com seus porta-vozes nas instituições locais. Crescia a tensão entre os dois lados, e a oposição foi, em um sentido bem forte, performada pelo ataque à estátua na TV aberta e suas reinterpretações posteriores via uma série de retaliações e debates públicos em escala nacional. Era o momento propício para um novo dinamismo, e esse dinamismo foi o terreno sobre o qual o ginásio carismático se desenrolaria com influência determinante.

Walter Benjamin, que insistia na necessidade do anacronismo em vista de um entendimento mais preciso da história, oferece pistas bastante úteis, em *A origem do drama barroco alemão*, sobre como uma sensibilidade contrarreformista barroca se elevou ao ponto da rigidez formal no século 17. Como observa Benjamin, a sensibilidade barroca moderna surgiu primeiro em locais como Espanha e Alemanha a partir da necessidade de desfazer "uma camada maciça de estuques ornamentais, verdadeiramente barrocos".[6] Tendendo à oscilação e a indecisão política, o barroco buscava mecanismos mais fluidos, lógicas mais flexíveis que fossem capazes de acomodar, ainda que de modo grotesco, todas as espécies de opostos, (mal)adaptando-se a toda sorte de contingência. A virtuosidade barroca consistia em conservar esse movimento oscilante, e é graças a isso que "seus heróis" são capazes de "manipular a ordem do destino, como um globo que girasse em suas mãos, revelando ora um lado, ora outro".[7] Essa camada de argamassa, Benjamin escreve, "recobre sua pedra fundamental", "que só pode ser revelada por uma investigação precisa".[8]

Enquanto Benjamin, no entanto, associava tais "constelações" com a termodinâmica progressiva da imagem dialética, o que vejo é a engrenagem para uma nova configuração de poder que lembra, mais intensamente, uma forma de totalitarismo paradigmático. Como argumentarei, essa configuração expressa uma capacidade notável de mobilização do extremo. O mais importante, nessa mobilização, é o modo como ela é transformada ao longo do processo. Essa transformação consiste na capacidade surpreendente de considerar os extremos para, na verdade, negar-lhes uma posição, um lugar específico. Pode parecer uma ideia abstrata demais, mas essa é a chave para a porta do ginásio carismático e, até onde vejo, trata-se da própria essência do teatro político no qual o bolsonarismo se desenrola.

A complexidade do movimento carismático no Brasil se sustenta no comando para manter a tensão entre os opostos. Essa orientação, entretanto, é a fórmula aplicada de uma linha mais antiga do catolicismo ortodoxo: *complexio oppositorum*, princípio segundo o qual tese e antítese permanecem no antagonismo, sem qualquer mediação que leve a um terceiro momento mais elevado. Em *Catolicismo romano e forma política*, Carl Schmitt descreveu o modo como a *complexio* permitiu ao

6 Walter Benjamin, *The origin of German tragic drama*, trad. John Osborne (London, Verso, 1988), p. 78-79; ed. bras.: *A origem do drama barroco alemão*, trad. Sergio Paulo Rouanet (São Paulo, Brasiliense, 1984), p. 102.

7 Ibid., p. 84 [p. 107].

8 Ibid., p. 78-79 [p. 102].

catolicismo o acolhimento de antônimos — o natural e o mecânico, o espiritual e o institucional, apagamento de si e propaganda excessiva, humildade e arrogância, pobreza e empreendedorismo, autoritarismo e capitalismo. De acordo com Schmitt, essa capacidade de encontrar recursos vitais na simultaneidade dos opostos explica uma "elasticidade [...] de fato espantosa".[9] O que é peculiar na *complexio* é o oportunismo metodológico usado para se alimentar dos extremos.

Assim, quando algo é levado ao extremo, trata-se apenas de testar a elasticidade da estrutura na aproximação com aquilo que, aparentemente, é um oposto. Quanto mais extremo algo é, mais capaz de afirmar o centro — exemplificado na figura de Roma — do qual o catolicismo busca se distanciar e descentrar ao mesmo tempo. Com esse mecanismo, a Igreja revitaliza seu estatuto institucional — sua força muscular — usando aquilo que lhe parece mais radicalmente oposto. Da mesma forma, tensão e conflito não podem ser vistos como derivados desse encontro entre opostos. São aplicações pragmáticas de uma espécie singular de poder que se alimenta da própria tensão. Assim, o *pneuma* e sua lógica respiratória são reincorporados no centro do corpo institucionalizado que, simultaneamente, busca-se criticar e afastar.

Dado o investimento extravagante da Renovação Carismática na comunicação de massa, como reconciliar esse princípio ortodoxo da elasticidade dos opostos com um modelo comunicativo? O Catolicismo Carismático recorre à instituição — ao mesmo tempo que lhe faz oposição — como maneira de ressignificar o seu modelo comunicativo. Isso se dá por meio de uma abstração que consiste no deslocamento dos poderes argumentativos — conforme pensados nas teorias liberais clássicas da comunicação — em direção aos mecanismos fisiológicos do corpo que respira. O movimento carismático está interessado no "como" da comunicação, nas operações pneumáticas que permitem a existência da comunicação como tal — como espero mostrar ao longo deste livro.

O que há de profundamente significativo nesse movimento é o fato de ele permitir aos carismáticos abandonarem o enquadramento moderno de dimensionalidade que sustenta os protocolos do raciocínio argumentativo, buscando, em seu lugar, mecanismos que oferecem fluidez e substancialidade. Da mesma maneira, o *pneuma* não garante a significação em termos referenciais. Tampouco esses mecanismos têm a ver com um retorno à ontologia ou à materialidade como radicalmente outra em relação à transcendência.[10]

9 Carl Schmitt, *Roman Catholicism and political form*, trad. G. L. Ulmen (Westport, CT, Greenwood, 1996), p. 4.

10 Ver Bruno Reinhardt, "'Don't make it a doctrine': material religion, transcendence, critique", em *Anthropological Theory*, v. 16, n. 1, 2016, p. 75-97.

Está em jogo, na verdade, uma teologia de mecanismos — uma teotecnocracia — que jamais poderá sucumbir a qualquer um dos lados, devendo usar todas as oportunidades imagináveis para ativar e expor (por que não: pneumatizar) a fluidez do próprio "como". Para resumir, na prática carismática, a "tensão" comunicacional entra na circuitagem respiratória traduzida para um vocabulário ginasial: tênsil, extensível, maleável, trabalhável. Esse movimento religioso, ao ser reduzido às suas operações elementares abstratas, pode se movimentar não importa para onde, acomodando repertórios variados ao mesmo tempo e sem qualquer senso de contradição.

Em se tratando da importância prática e retórica da *complexio* na teologia carismática, toda ênfase é pouca. A antiga *complexio*, destilada no interior da teologia ginasial, torna-se responsável pelo milagre da elasticidade que sustenta boa parte dos programas midiáticos e religiosos do movimento. Optar pela elasticidade permite a criação de uma instabilidade voluntária: promove-se uma precarização das estruturas que só fortalece um *ethos* neoliberal. A *complexio* garante um empobrecimento vigoroso das coisas e dos modos, modalidade elástica detectável nas mais diversas manifestações: a enxurrada de aforismos na fala cotidiana, de analogias rudimentares e desgastadas, tropos, contorcionismos semânticos, abusos lógicos, repetições obsessivas, antístrofes e piadinhas grotescas de duplo sentido, o flerte com equipamentos midiáticos obsoletos — espelhados, com frequência, na *povera* de São Francisco/Santa Clara de Assis como operação figural —, a afeição pela estética brutalista e por estruturas precárias. Para as pessoas do movimento, a função dessa pauperização estilizada é dupla: ela se alimenta de uma tradição ascético-cristã de apagamento de si (*áskesis*, treino) *ao mesmo tempo* que a aproxima das possibilidades constitutivas do tempo político e socioeconômico em que o Brasil se encontra. O empobrecimento, concebido assim, não é *status* ou identidade, algo localizável. É a expressão flexível do próprio poder: empobrecimento como condição do próprio plano socioeconômico e não como uma condição socioeconômica.

O catolicismo carismático produziu sua própria solução contrarreformista, abraçando o choque iconoclástico e, de maneira ainda mais sagaz, *internalizando o choque em uma teologia pragmática da concessão*. Diante da pressão por uma série de escolhas — ser mais católico ou mais pentecostal, fazer mais a "opção pelos pobres" (como defende a teologia da libertação) ou ir pelo vitalismo evangélico, pender mais para o lado da instituição ou do espírito, usar mais argamassa ou mais mídia eletrônica —, o catolicismo carismático produziu uma síntese que vê a indecidibilidade como uma expressão enérgica do próprio sistema, e não como mero obstáculo. Essa síntese, onde a indecidibilidade é central, mobiliza um ramo ortodoxo antigo do cristianismo oriental; mais especificamente o bizantino. Trata-se de um salto extraordinário. Essas operações fortalecem a elasticidade que os membros do movimento carismático enfatizam, de maneira incessante, nas práticas religiosas versáteis que exercem no dia a dia.

Surgindo de uma diplomacia sintética no interior do cristianismo — mais especificamente entre o catolicismo ocidental e o pentecostalismo televangelista —, a variação bizantina ofereceu ao movimento carismático uma teologia do compromisso, ou melhor, o compromisso do não compromisso. As possibilidades que o ginásio oferece vêm dessa extraordinária reunião de incompatibilidades, desse esforço de articular duas tradições dentro do cristianismo. O que o *pneuma* desperta no corpo durante as orações aeróbicas, o bizantino — ele mesmo nascido da tensão entre iconofilia e clastia — legitima. É o teste de maleabilidade da alma produzido por místicos como São João da Cruz, também chamados de ginasiarcas.[11]

Nem um pouco pacificadas ou reprimidas, essas oposições que não dão liga são parte de uma disciplina de reavivamento. Ao invés de decidir as coisas em termos de *ou isso ou aquilo*, o movimento carismático adota a inclusividade de *ambos*. Mas, novamente, a estrutura *ambos* não é proposicional. Ela informa o sentido de uma disciplina corporal que se serve das operações básicas da respiração pneumática. Na prática, não faz sentido falar em *ou* inspirar *ou* expirar; o que faz sentido é falar de um *movimento* que, alternando entre uma coisa e outra, potencializa a multitemporalidade da respiração. O que ocorre, portanto, é uma *manutenção* da tensão entre os opostos que deve, ela mesma, desdobrar-se na prática carismática. Esse é o modo como essas pessoas, no Brasil, conseguem mobilizar a mais abstrata-concreta unidade da vida — o evento da respiração — em nome de um Espírito Católico universalista, que tudo é capaz de acolher. A partir do deslizamento semântico entre espírito, respiração e ar, *pneuma* é o critério fundamental para a prática do ginásio.

A encenação das operações envolvidas no reavivamento carismático atravessa este livro. Tomando o *pneuma* como protagonista, descrevo a forma como as montagens midiáticas, os discursos, os gestos, os espaços e os objetos são construídos, assim explicitando os princípios — o dispositivo lógico — responsáveis por sua existência. Ao longo do texto, mostro como esses elementos são inseridos em uma comunicação recorrente com suas causas, de modo que cada manifestação cênica se torna testemunho das operações de base — o fundamento infraestrutural — que

11 Ver Niklaus Largier, *In praise of the whip: a cultural history of arousal*, trad. Graham Harman (Brooklyn, Zone, 2007); James Faubion, "The subject that is not one: on the ethics of mysticism", em *Anthropological Theory*, v. 13, n. 4, 2013, p. 287-307.

sustentam aquilo que os carismáticos associam ao espírito (*pneuma*). A progressão de cenas em cada capítulo serve para expor a persistência desse padrão na prática midiática e religiosa do movimento. Ela mostra a continuidade dramática que caracteriza o ginásio carismático: a reiteração que faz da coisa descrita o meio de execução da lógica que a anima.

Um procedimento como esse afeta inevitavelmente o estilo da análise e da narrativa. Meu foco na episteme das operações é motivado pelo próprio fenômeno que estudo, o objeto influenciando a metodologia. Há um risco nesse movimento performativo, no sentido de que a análise pode acabar participando da lógica (autorreferencial) que tenta esclarecer. Ao mesmo tempo, as teorias do performativo têm mostrado, precisamente, os limites da episteme ocidental na formação de nosso cânone crítico. Dependendo de um fora transcendental, o sujeito crítico-liberal tem dificuldade de se dobrar à natureza autoenunciativa do performativo, ou seja, sua capacidade de animar o *ser* da realidade mesma que nomeia. Tal limitação, entretanto, também abre um caminho alternativo para a crítica, em que podemos testar a distinção entre sujeito e objeto da análise, fazendo dela um requisito interno da tarefa analítica. Como pensa Johannes Fabian, o valor da teoria antropológica está na sua capacidade de falar a língua das próprias tradições que tenta criticar, pois é precisamente neste eco, que vem de dentro, que a transformação se dá.[12]

O que me parece particularmente uma boa lição a ser aprendida com o reavivamento carismático é o fato de ele pouco ter a ver com seus componentes sociológicos específicos; o mais importante é a modalidade epistêmica pela qual ele opera. Meu objetivo, aqui, não é historicizar ou sociologizar eventos — algo que outros estudos têm feito de maneira bem competente, mas submetê-los a um tratamento conceitual que penso poder nos ajudar a compreender os princípios composicionais adotados nas práticas carismáticas. Se essa ideia parece abstrata, isso se dá porque a operação em questão é precisamente a abstração. Espero conseguir mostrar como esses poderes da abstração conjuram uma força política tremenda nas configurações políticas e teológicas de nossa sociedade, no Brasil e no resto do mundo.

Um foco desses exige que eu aborde o problema do que significa a abstração no contexto específico do catolicismo carismático, assim como o enquadramento mais amplo dessa noção na história do pensamento ocidental. Se, nessa história, a abstração é frequentemente confinada ao reino das ideias, apartado de tudo que é corpóreo, mecânico, fisiológico, o que o movimento carismático faz é criar abstrações

12 Johannes Fabian, *Time and the other: how anthropology makes its object* (New York, Columbia University Press, 1983); *Time and the work of anthropology: critical essays, 1971 – 1991* (Abingdon, UK, Harwood Academic, 1991).

indispensáveis às operações básicas do corpo que respira. O modelo operacional primário dessa abstração, extraído do Livro dos Atos, são "os atos da respiração": os movimentos oscilantes e paradoxais da expansão/contração. Como mostro em diferentes momentos do livro, a centralidade do *pneuma* no pensamento e na prática do catolicismo carismático se relaciona com uma perda de ordem escatológica — a perda de um sentido de fim —, em favor da promoção de um meio que é *sendo*. Meio altamente dramático, em que os elementos se movem muito sem ir a lugar algum. Essa perda escatológica, vinculada a uma concepção teológico-narrativa e ocidentalizada da história, resulta na transformação do sentido da abstração, assim como dos elementos teatrais e da estrutura dramática que a ela associamos.[13]

13 O importante trabalho de Judith Butler sobre "práticas citacionais" informa minha leitura da estrutura reiterativa que encontramos na prática cotidiana e ritualizada dos carismáticos. No entanto não sei se a ênfase que Butler dá à matéria e à materialidade, em sua escrita incisiva, faz jus ao foco nas operações, ao modo como elas são encenadas no movimento carismático brasileiro. Jacques Derrida, de onde Butler parte, afirmava que a citação revela a própria estrutura do performativo, não sendo um exemplo secundário dele. Apesar de essa ideia ter reforçado a necessidade de dar atenção à materialidade, ela também gerou o pressuposto de que a estrutura e a infraestrutura são essencialmente materiais e, portanto, não ideológicas. "Mas e se a infraestrutra não for o domínio exclusivo do material - como também o notou Althusser -, assim como a superestrutura é o domínio exclusivo da ideologia?" Minha leitura é a seguinte: a associação comum entre infraestrutura e materialidade vem do entendimento moderno de que o poder opera fazendo uso da opacidade. Essa concepção, por sua vez, determina que a tarefa da crítica é expor — trazer à consciência — "as condições materiais e infraestruturais" como forma de superar a opacidade. Meu engajamento etnográfico com os carismáticos, porém, demanda repensar essa determinação em torno da relação entre opacidade, materialidade e crítica que encontramos no pensamento moderno. A opacidade não sustenta esse movimento de reavivamento religioso; na verdade, é a exposição aberta que ocupa essa função. O Espírito Santo unge, e o papel dessa unção é apresentado, pela comunidade carismática, como um *ver-através* de ordem sobrenatural. A questão, portanto, é a da natureza política dessa exposição. O que esse poder de "ver através" de corpos, prédios e telas que descrevo e analiso neste livro causa em nossos paradigmas herdados de crítica e denúncia? Defendo que a ênfase na transparência, à maneira carismática, exige um deslocamento semiótico que desautoriza, por sua vez, o poder de indexação. O que o *mostrar* nos mostra é nada além do lugar de uma operação que dá plena visibilidade ao lugar, fazendo dele uma totalidade. O modelo epistêmico que me vem quando penso nisso é o investigado por Hannah Appel, antropóloga que pesquisa em plataformas de petróleo na Guiné Equatorial. Como ela demonstra, as economias baseadas em petróleo dependem de uma abertura radical ao "como" que, paradoxalmente, coloniza todo o espaço ao evacuar toda especificidade, todo contexto. Isso inclui a especificidade do próprio "como". Este, sendo performativo, autorreflexivo, modular, é transferível, então, a um outro-lugar. O catolicismo carismático tenta extrair sua força de um modo de "universalismo dos ungidos", desvinculado de qualquer contexto, mesmo quando essa tentativa implica, ainda mais, a mobilização de possibilidades contextuais em que se dá a descontextualização. Para fechar o ciclo e voltar a Butler neste pensamento, veja, a propósito do

Para dar um exemplo, o movimento carismático adora um pensamento por analogia. É frequente a torção do passado e do presente, de modo que ambos ficam um diante do outro como imagens especulares. Isso, porém, não é feito por apreço a um pensamento estruturalista, do tipo que defende que o secular é uma versão moderna do teológico, que compara os efeitos especiais a milagres secularizados, reintegrando tudo em uma concepção linear do tempo. Não é esse o tipo de abstração que está em jogo. O que interessa aos carismáticos é o modo como a estrutura da analogia pode ser efetivamente corporificada como exercício dos membros — os do corpo e os pertencentes a uma comunidade. Assim, quando essas pessoas falam, como veremos no Capítulo 1, em "lançar as redes", não só fazem uma analogia entre as redes de pesca dos apóstolos no Livro dos Atos e as redes de tecnologia midiática de nossos dias; há algo sendo trabalhado ali, de maneira literal, ao nível do ato corpóreo, o que faz da analogia — e de outros aparatos retóricos — uma espécie de exercício aeróbico.

Esses aparatos estilísticos são fundamentais para a retórica carismática do poder, dado que penetram a carne das pessoas envolvidas. Importante notar que essa penetração não significa ceder à presença; ela se torna uma partilha rítmica. O que distingue a "partilha" da "presença" é a possibilidade, no primeiro caso, de um movimento que é chegada e partida ao mesmo tempo. Repetindo certas frases — como quando verbalizam que lançarão as redes repetindo a intenção dez vezes, acompanhando, assim, a estrutura do terço bizantino — na oração e nos sermões, participantes do movimento exploram a capacidade da linguagem de agir e dar forma: ganhar corpo. Esse ganho, porém, não significa se tornar mais presente a si mesmo. Significa antes se tornar melhor

problema da relação entre sentido e contexto em Butler e Derrida, o texto de Amy Hollywood, "Performativity, citationality, ritualization", em *History of Religions*, v. 42, n. 2, 2012, p. 93-115. N. da E.: Quanto ao trabalho de Butler sobre as "práticas citacionais", a autora refere *Bodies that matter*: *on the discursive limites of "sex"* (New York, Routledge, 1993); ed. bras.: *Corpos que importam: os limites discursivos do "sexo"*, trad. Veronica Daminelli e Daniel Yago Françoli (São Paulo, n-1 e Crocodilo edições, 2019); *Excitable speech: a politics of the performative* (London, Routledge, 1997); ed. bras.: *Discurso de ódio: uma política do performativo*, trad. Roberta Fabbri Viscardi (São Paulo: Ed. da Unesp, 2021). Em relação à afirmação de Derrida sobre a citação, a autora refere *Limited inc.*, trad. Jeffrey Mehlman and Samuel Weber (Evanston, IL, Northwestern University Press, 1988); ed. bras.: *Limited inc.*, trad. Constança Marcondes Cesar (Campinas, Papirus, 1990). Sobre a observação de Althusser a propósito da infra e da superestrutura, a autora refere Louis Althusser, *On the reproduction of capitalism: ideology and ideological state apparatuses*, trad. G. M. Goshgarian (London, Verso, 2014). Por fim, sobre as operações implicadas em "o que o *mostrar* nos mostra", a autora refere a pesquisa de Hannah Appel, "Offshore work: oil, modularity, and the how of capitalism in Equatorial Guinea", em *American Ethnologist*, v. 39, n. 4, 2012, p. 692-709.

na exposição da estrutura indecidível da partilha encarnatória. Como aprendemos com a teoria do performativo, a "prática citacional" produz um duplo efeito: ela junta e desloca. *Ela junta no deslocamento.* Algo é adicionado ao que havia antes, e o que havia é transformado em outra coisa.[14] O ideal, para o movimento carismático, é que aspectos formais da linguagem e o significado referencial entrem em uma relação recursiva entre o constativo e o performativo, em que o ato de recitar é ele mesmo visto como o ato de tecer a rede — uma rede de *trabalho* — que deve ser lançada. Resumindo, o objetivo da prática é transfigurar o sujeito que *efetivamente* age enquanto também garante certa virtualidade para a transformação. Analogias e outros jogos traiçoeiros de linguagem — ressonâncias, espelhamentos e equivalências — não devem ser entendidos por meio de um enquadramento que separa as entidades. Elas são efeito de uma síntese no próprio corpo-agente.

É por isso também que a noção de mediação, que informa a ampla maioria das teorias da religião e da mídia, não dá conta das "operações encarnadas" das quais os carismáticos se ocupam no Brasil. Termos como "mediação" e "imediatez" são tratados, com frequência, como se estivessem envolvidos colaborativamente na presentificação do sagrado nas mais variadas religiões.[15] Essa colaboração entre mediação, imediatez e presença, no entanto, confunde o desejo de apagar a mediação com o desejo de contorná-la.[16] O apagamento da mediação acaba fazendo da imediatez uma técnica de troca, truque permitido pela própria mediação. Pressupor sua primazia, porém, é deixar de fora o fato de que há formas de imediatez irredutíveis à mediação, mesmo quando há tecnologia envolvida.

14 É o que Francis Ponge, citado por Marie-José Mondzain, chama de "fábrica do prado" em seu trabalho sobre iconografia bizantina. Nesse caso, falar em mediação seria o mesmo que identificar o ícone como arte, algo que Mondzain nega que seja — ele seria uma economia, trabalho e rede de relações ao mesmo tempo. Ver Marie-José Mondzain, *Image, icon, economy: the byzantine origins of the contemporary imaginary*, trad. Rico Franses (Stanford, CA, Stanford University Press, 2005), p. 154; ed. bras.: *Imagem, ícone, economia — As fontes bizantinas do imaginário contemporâneo*, trad. Vera Ribeiro (Rio de Janeiro, Contraponto, 2013, p. 204.

15 Birgit Meyer, "Mediation and immediacy: sensational forms, semiotic ideologies, and the question of the medium", em *Social Anthropology*, v. 19, n. 1, 2011, p. 23-39; "Religious sensation: why media, aesthetics and power matter in the study of contemporary religion", Conferência inaugural proferida na Free University, Amsterdã, em 19 de dezembro de 2012. Marleen de Witte, "Touched by the spirit: converting the senses in a Ghanaian Charismatic Church", em *Ethnos*, v. 76, n. 4, 2011, p. 489-509; *Religion and media: the international encyclopedia of anthropology* (Hoboken, NJ, John Wiley and Sons, 2018).

16 Rosaling Morris, "Mediation, the political task: between language and violence in contemporary South Africa", em *Current Anthropology*, v. 58, Supl. 15, 2017, S123-S34.

Isso se torna visível no modo como o movimento carismático apela às tecnologias midiáticas, que nada tem a ver com a mediação do sagrado: trata-se de expor os princípios sob os quais, tecnicamente falando, o revivalismo funciona. É o poder de engenharia do *pneuma* que está sendo comunicado, algo que, idealmente, conduz menos à presença do que a uma espécie de impropriedade em que canções, *slogans*, recitações e gestos são de propriedade de todo mundo e de ninguém. Para essas pessoas, por conta do interesse nas operações de base, pouco importa onde o orgânico, o mecânico e o espiritual começam ou terminam. Estamos sempre no meio — carismáticos se referem a isso como um estar dentro da terceira pessoa (Espírito Santo). A pertinência do aéreo na teologia carismática, ao contrário do que ocorre na terrena teologia da libertação, está precisamente na absorção de toda causalidade — implicada na teoria da mediação — na ação.[17]

Em fórum especial dedicado à noção de mediação, Charles Hirschkind destaca os usos da mediação — paroquiais e universalistas ao mesmo tempo — nos estudos de mídia e religião, ou apenas religião de maneira mais ampla.[18] Apesar da abrangência do termo "mediação religiosa", Hirschkind questiona, corretamente, sua adequação no estudo de outras tradições religiosas, em que tais conceitos podem não ser aplicáveis, ao menos em suas formas dominantes de enquadramento. Em seu próprio estudo sobre a prática da escuta de sermões gravados entre muçulmanos da zona urbana do Cairo, ele mostra como essa audição em fita K7 não é mera mediação de uma mensagem religiosa, pois isso implicaria uma relação de não contiguidade entre a esfera ética do sermão e o ato da escuta.[19] Por isso, ele propõe uma conexão mais íntima entre som e poder que não deve ser interpretada como mediação ou imediatez, o outro da mediação, mas como um conjunto de técnicas aprendidas. Dar forma e "carne aos ouvidos" é agir a partir da capacidade de escuta.[20] Nessa análise, portanto, é precisamente a irrelevância da mediação no processo de formação ética que garante o funcionamento adequado da escuta como ato constitutivo e virtuoso.

17 Essa dispensa da escatologia, portanto, é um paradoxo interessante no pensamento carismático, dado que os membros do movimento precisam recorrer à teologia paulina, com frequência associada a uma doutrina dos fins e do retorno messiânico. No entanto, essa perda se torna, ela mesma, um fim, graças ao recurso a um elemento dramático-teatral retirado da Bíblia, mais especificamente do Ato dos Apóstolos.

18 Charles Hirschkind, "Media, mediation, religion", em *Social Anthropology*, v. 19, n. 1, 2011, p. 90-97.

19 Charles Hirschkind, *The ethical soundscape: cassette sermons and islamic counterpublics* (New York, Columbia University Press, 2006).

20 Ibid., p. 25.

Tendo em vista a tensão mencionada anteriormente entre o catolicismo e o pentecostalismo (em muitos aspectos, derivado do protestantismo) no interior do movimento carismático, nem a mediação, nem a imediatez serão noções adequadas para compreendermos as operações em questão, ou mesmo o conceito de operação. Apesar de o par mediação-imediatez ser parte de uma leitura cristianizada, *ele não é suficientemente cristológico*. Uma leitura desse tipo, que busco neste estudo, pouco deve aos enquadramentos lógicos que normalmente acomodam essa conjunção. Isso decorre da temporalidade especificamente disjuntiva que caracteriza o *sendo* do movimento carismático.[21] No gerúndio, esses *acontecendos* afetam a própria ideia de presença, pois, para eles, encarnar não é presentificar. Nem é a presença um problema diante da possibilidade da não presença, como ocorre em outros lugares.[22] Encarnar é dar carne a algo, dar carne é operar. É comunicar as operações por meio das quais a multitemporalidade do presente se faz possível. É mostrar, no sentido mais tecnocrático, aquilo que está em operação no sagrado. Nesse sentido, pode-se dizer que a presença é a exibição da medialidade na carne.

As operações carismáticas dependem inteiramente de atos, e não de conteúdo figurativo; da prática, e não da proposição. Como veremos adiante, sobretudo na Parte II, aí está a dificuldade que faz o catolicismo carismático, no Brasil, buscar apoio doutrinário e estético no bizantino, na ortodoxia oriental, tradição na qual — como mostrarei em muitos dos capítulos deste livro — até mesmo os conceitos de presença (real), materialidade e imaterialidade ficam desconjuntados quando se trata de entender o que há de essencial na doutrina carismática, a saber, o óperon que sustenta a encarnação como lógos.

Meu argumento é uma reflexão e, em certo sentido, encenação de uma forma político-teatral específica. Essa forma é alternativa ao que a estrutura orientada para a produção de empatia nos oferece. A identificação empática, referente consolidado da dramaturgia aristotélica por trás das epistemes ocidentais, por muito tempo gozou de privilégios nas análises sócio-históricas que lidam com o concreto, com o empírico. Por sua vez, o abstrato se tornou sinônimo do não concreto, não empírico, não corpóreo. É da mesma forma que a estrutura da empatia sustenta a centralidade que termos como "mediação" e "imediatez" conquistaram nas análises

21 Em termos carismáticos, a temporalidade permite tematizarmos as operações que fazem com que o próprio tempo seja percebido. Isso envolve, com frequência, participar de dinâmicas flexíveis entre os opostos, que permitem, por exemplo, uma experiência da plenitude pela vacuidade, ou seja, trata-se da experiência de um extremo no preciso momento em que ele se tornará seu oposto.

22 Matthew Engelke, *A problem of presence: beyond scripture in an African church* (Berkeley, University of California Press, 2007).

antropológicas mais recentes. Essas noções realçam a função deslocadora e transformadora da prática. Apesar disso, pressupõe-se uma política das razões que negligencia o escopo completo da teoria do performativo que me interessa. Por meio da empatia, aprendemos como as ações ocorrem a partir de razões, mas não o modo como as próprias razões participam das ações como elementos intrínsecos ao performativo. A mediação nos ajuda a entender como a citacionalidade se dá num intervalo espaço-temporal pela repetição, mas falta algo ainda para entendermos como a noção de intervalo é ela mesma transformada nesse processo cultural.

Encarnar, portanto, significa abandonar esse enquadramento orientado para a produção de empatia. De fato, o que o movimento carismático suspende, na prática ordinária do ginásio disciplinador, é esse legado epistêmico que vem da identificação empática. Ao invés de se relacionar com o mundo (e com o teatral) por meio de uma problemática da identificação empática, a prática carismática mobiliza os poderes do discurso e da ação para constituir o sujeito-agente como inseparável das razões que o autorizam. Ao invés de buscar uma forma de presença diante da "unidade da ação" — algo que a estrutura da mediação e da identificação empática exige —, os carismáticos aderem à performance de certos atos, como a re-citação, que esticam e estendem o aqui da presença em direção a outro lugar. O resultado é um *alhures* simultâneo.

Nesse caso, o que mais se exige da prática religiosa é sua capacidade de expor seus próprios princípios de articulação — nada diferente do que faz um ginasta cujos atos exibem toda a economia, toda a rede operacional de músculos e juntas. Dito de outro modo, o que importa é como a formação do sujeito é função de uma forma altamente pragmática de abstração, cuja operação primária é expor os princípios mediais — "pneuma", "espírito", "fluxo", "terceira pessoa" no vocabulário carismático — que reconhecemos em seu poder de articulação, seu poder de pôr em contato realidades antes separadas. É uma espécie de alongamento, não uma dramaturgia em que são transmitidos significados ou mesmo experiências sensoriais.

Dada a reconstrução do enquadramento narrativo em que este estudo opera, adoto as tipologias que ele mesmo descreve. Os capítulos a seguir partem da economia das "articulações" que constituem um ato, uma cena, um gesto, um jogo de palavras, sem enquadrar a crítica como um problema de identificação empática. Essa abordagem faz da escrita, às vezes, uma coisa um tanto crua, solavancada, inconveniente — em alguns momentos, até mesmo instável. Isso, porém, faz parte de minha ambição: levar o pensamento e a linguagem para a academia sem recorrer tanto à revelação de corpos significativos: trata-se de expor as articulações que permitem, ao movimento carismático, falar de corpo, ato e discurso em termos de regra, lógica, jogo, princípio — operações. O estilo de narração deve refletir o esforço de me treinar em uma escrita que absorve o conteúdo pela forma. Esse duplo vínculo foi um desafio, dado que exigiu um fazer e um desfazer simultâneos da proficiência em escrita acadêmica. A ideia era me desterrar para dentro de uma disciplina altamente terrena, algo que tentei fazer por meio de variados saltos e conexões, exibindo o ginásio carismático e suas realidades pneumáticas.

Para realizar o que me proponho — usar o exemplo da Renovação Carismática no catolicismo para mostrar certas práticas e revisões que têm conquistado espaço no Brasil —, foco em dois lugares estruturantes de descrição e análise. Eles estão divididos em duas partes. A primeira parte do livro é dedicada à comunidade Canção Nova, rede midiática global sediada no interior do estado de São Paulo. Nesses três primeiros capítulos, o argumento vai de uma perspectiva bem abrangente para uma mais particular, sem deixar de mostrar as oscilações entre os dois polos.

O Capítulo 1 analisa os circuitos pneumáticos constitutivos que formam a Canção Nova. Na reencenação dos Atos bíblicos dos Apóstolos em uma mídia global-contemporânea, a comunidade é comunicação, não algo que comunica. Ela é o poder de comunicar suas próprias operações. Esse arranjo tautológico exerce um poder tremendo ao transformar em verbo um substantivo: *ser* comunidade e *fazer* a comunicação coincidem. Nessa coincidência, implodem as fronteiras de toda possível contenção, espacial e temporal, e assim se institui a lógica temporal do gerúndio — um meio que está continuamente *sendo* — por meio da qual o poder é exercido. Esse gerúndio é a temporalidade que liga o *respirando* à vida em expansão da própria comunidade midiática, fazendo, assim, a conexão com um entendimento teológico das operações de trabalho em vista de certa ortodoxia.

Dedicado ao tema da confissão, o Capítulo 2 foca nos tropos linguísticos que remetem à fisiologia do corpo humano, explorados em um espetáculo de confissões públicas realizado na Canção Nova. Mais especificamente, ele analisa o modo como a função do ritmo, tanto na linguagem como no movimento, ajuda-nos a ver as articulações técnicas que estruturam a possibilidade de circulação, no espaço e no tempo, do pecado e das impurezas entre os corpos. Se, no Capítulo 1, minha análise identifica as maneiras de circular que amarram e entrelaçam diferentes nódulos e junções na comunidade, o Capítulo 2 investiga o trabalho da circulação nos corpos em performance. Ambos são afirmações da circulação como ser-em-relação.

O Capítulo 3 foca na dramaturgia de *Hora da adoração*, programa transmitido pelo canal de TV da Canção Nova, descrevendo e analisando a economia das operações por trás da *mise-en-scène* envolvida na exposição, ao vivo e com uma hora de duração, da Eucaristia. Dada a capacidade técnica da televisão em mostrar as coisas a distância, ou seja, de estar *aqui* na frente da pessoa espectadora ao mesmo tempo que está *lá* na cena, a Eucaristia não está inteiramente lá ou cá. Trata-se de um *alhures* alongável. Como, porém, podem funcionar as afirmações do mistério da presença real em uma divisão dessa espécie? Como os postulados do ao vivo e da presença real se encontram na tela da TV?

Juntos, esses três capítulos oferecem uma análise de diferentes entrelaçamentos, exercícios, técnicas na/da produção material, no interior da qual a soberania é encarnada. Todos os três retornam ao argumento abrangente de que a exposição de técnicas operacionais suspende toda representação para, assim, dirigir o fluxo do presente multitemporal das imagens. Os capítulos que mostram essa multitemporalidade — como encarnação, carne, *opus* — se desdobram de acordo com uma síntese que abarca o aparato trinitário, e também as tensões católico-pentecostais que organizam e possibilitam o uso e a adaptação de elementos do cristianismo oriental/bizantino.

Esses mesmos aspectos são retomados na Parte II de maneira ainda mais explícita. Começando pelo Capítulo 4, o livro foca em múltiplos locais associados a uma única personalidade: Padre Marcelo Rossi, o carismático amante de esportes e especialista em mídia. Surgindo na atmosfera iconoclasta da Guerra Santa, Padre Marcelo, como normalmente é chamado, popularizou o movimento carismático. Com adaptações sagazes de elementos aparentemente incomensuráveis — a oração bizantino-medieval, aeróbica e música tecno —, ele orquestrou um regime poderoso de oração que foi incorporado nos hábitos cotidianos de milhões de pessoas no Brasil, desde as muito devotas até as fãs de ocasião. Ao explorar o efeito granular da pele excitada com o poder da música, esse capítulo é precursor das afetividades concreto-aparentes que aparecerão no seguinte, dedicado à arquitetura. Da musculação como prática responsável por dar forma ao espírito na respiração coreografada, parto para uma espécie de construção que mobiliza certa concepção de corpo, ou melhor, o próprio corpo como concepção.

Assim, o Capítulo 5 analisa o modo como o ícone bizantino da Theotókos se tornou modelo arquitetônico para um novo espaço sagrado: Mãe de Deus, o megassantuário de concreto armado estilizado na cidade de São Paulo. Esse capítulo conta como Padre Marcelo Rossi, incapaz de bancar os custos altíssimos de construção desse espaço, conseguiu transformar a limitação em uma teologia mariana. Frequentar a igreja — participar da "Aeróbica do Senhor" — se torna um modo de contribuir com o ganho de massa do santuário. Dedicando de início o santuário à bizantina Virgem Theotókos, Padre Marcelo eventualmente se afastará dessas referências para transformá-la em modelo de gestão territorial (*oikonomia*). É o que ele faz no momento em que o Brasil é abalado pelo escândalo e pelo choque causados pela Operação Lava-Jato. Adaptável e circular, como em uma estrutura de retroalimentação topológica, o ícone da Theotókos se tornará exemplo de teologia ortodoxa *e* de engenharia civil. Teologia na carne, a construção de um espaço massivo administrado em torno da emergência, da autorreferencialidade e da autotransformação.

O Capítulo 6 foca na cadeira monobloco — branca, leve, empilhável, plástica, muito presente, anônima — como objeto para pensar a relação entre *pneuma* e design. Trata-se de uma análise da popularidade da cadeira como ícone do neoliberalismo entre as pessoas que participam do movimento carismático. O capítulo realça as propriedades estéticas e conceituais da cadeira, o modo como codificam relações inesperadas entre política, plasticidade e teologia no interior de uma tradição religiosa que, desde muito, têm valorizado materiais nobres, peso, gravidade.

Por fim, um breve epílogo refletindo sobre o valor da teologia nas análises etnográficas e um posfácio que recapitula o modo como a lógica e os mecanismos operacionais que o livro expõe — o "como" do ginásio carismático — podem ser tomados como *dispositivo* para pensar o sistema político do Brasil durante o governo Bolsonaro. No intervalo que a Guerra Santa abriu no "corpo da nação" durante a década de 1990, surgiu um deslocamento no dinamismo político que teve sua expressão governamental apoteótica — em última instância, suspeito, também sacrificial — no bolsonarismo.

Meu interesse em pesquisar o movimento carismático no Brasil tem sido guiado, primariamente, pelo desejo de expor a forma de uma ideia, as operações técnicas que a acompanham e o trabalho conceitual por trás da constituição espiritual e política de um importante fenômeno religioso. Apesar de o livro não ser uma descrição da vida política brasileira, ele constitui, de fato, um esforço sério de entender os mecanismos rítmicos — as lógicas operacionais — subentendidos em uma época específica. Publicizando os princípios carismáticos de operação, espero induzir um modo particular de crítica, algo no sentido do que Janet Roitman chama de um "desvelamento de latências".[23] Por outro lado, a não reconhecibi-

23 Janet Roitman, *Anti-Crisis* (Durham, NC, Duke University Press, 2013), p. 36.

lidade talvez seja precisamente o ponto. Ao insistir na atribuição de uma função crítica à posicionalidade — reação ao legado de apropriação e captura coloniais —, a crítica contemporânea e a resistência política deixam de considerar o fato de que a "direita" opera, em nossos dias, em um terreno inteiramente outro, sob parâmetros e horizontes temporais diferentes. Como o "ginasta" no caso do catolicismo carismático ou o "dançarino cossaco" (ver o Posfácio) no caso do bolsonarismo, nossa função crítica deve se ajustar aos mecanismos da fluidez e da mobilidade. O que está em jogo é uma forma de poder que se energiza e se molda politicamente em um movimento que não se direciona a um objetivo específico — como um atleta em treinamento, é uma corrida orientada a si mesma. É um poder que não vai a lugar algum e, ainda assim, precisamente por isso, faz dessa ausência de *télos* seu próprio fim inevitável. O que espero com este livro é oferecer um progresso lento por meio de uma brecha, expondo alguns desses mecanismos e vocabulários operacionais que são parte essencial de um arranjo contemporâneo do poder.

Parte I

Como pulmões, também as notícias e as fofocas passam de uma pessoa a outra, de um município a outro. É assim que se pode receber informações de locais remotos, situados talvez nas próprias bordas do mundo, sem sair de casa, ainda que eu mesmo curta viajar.

— Ted Chiang, *Exhalation*.

Encontro do PHN (Por Hoje Não) no Rincão do Meu Senhor, área da Comunidade Canção Nova em Cuiabá (Mato Grosso, Brasil).
Foto: Maria José de Abreu.

1 Os atos midiáticos dos apóstolos[24]

Lançaremos as redes.
— Padre Jonas falando com sua comunidade

Nos primeiros meses do ano de 1978, no estado de São Paulo, um grupo jovem reunido para um evento chamado "Seminário no Espírito", na pequena cidade de Areias, foi testemunha do extraordinário. Jonas Abib, um padre, perguntou àquelas pessoas: "qual de vocês está disposto a deixar tudo para trás — família, carreira, diversão — para cumprir uma missão que Deus colocou no meu coração?".[25] A história prossegue com exatamente doze pessoas levantando as mãos, "movidas por uma força inacreditável". Então, Padre Jonas complementa sua pergunta com três informações: em primeiro lugar, a missão envolve trabalhar com comunicação; em segundo, trata-se de algo direcionado à juventude; terceiro, a comunidade se chamará Canção Nova. O assunto deste capítulo é a formação dessa comunidade, uma rede midiática global muito bem-sucedida que faz parte do catolicismo carismático no Brasil.

Analisei as comunidades como construções sociais organizadas em torno do gerenciamento de símbolos, eventos ou aspirações, coisas que, reunidas, oferecem uma sensação de vínculo e pertencimento. O livro *The symbolic construction of community*, de Anthony Cohen, sugere que

24 Partes deste capítulo apareceram originalmente em "Breath, media, and the making of Canção Nova Community," em Birgit Meyer (ed.), *Aesthetic formations: media, religion, and the senses*, (Nova Iorque: Palgrave Macmillan, 2009) pp. 161-182.

25 Histórias desse tipo circulam pelos grupos que frequentam a comunidade Canção Nova, ou que fazem parte da Renovação Carismática Católica (RCC) em geral. São repetidas com frequência e acabam conquistando o estatuto de mitos ou parábolas que, muitas vezes, são inseridos em sermões ou pregações.

comunidades podem ser entendidas como construções dotadas de sentido e que garantem a inscrição cultural da identidade.[26] Nesse argumento, Cohen toma como dada a existência de um plano-referência predeterminado a partir do qual se dá a construção. Já a noção de "comunidades imaginadas", de Benedict Anderson, oferece um modelo mais flexível para apreendermos as complexas dinâmicas do fazer-comunidade.[27] Esse ato imaginal, de acordo com esse enquadramento, depende de um ponto de origem ou fundação sobre o qual as comunidades imaginam a si mesmas. Não conseguimos entender muito bem, nesse cenário, como o fundamento por meio do qual a imaginação se desdobra é ele mesmo constituído por esses atos (deixo de lado, por enquanto, a possibilidade de comunidades não serem redutíveis a processos imaginais). No que se segue, desenvolvo uma abordagem mais circular, mais interativa para pensar a comunidade, dando atenção aos seus mecanismos corpóreos e processuais — mecanismos que nos oferecem o plano comunal como artifício implicado em sua própria manufatura. Ao invés de aceitar a ideia de comunidade como ente fronteirizado que comunica uma identidade particular — por ela construída ou imaginada —, o objetivo, aqui, é a exposição da mecânica do *sendo*, a existência tecnológica da comunidade *como* comunicação. Não uma entidade que pode ser contida, aguardando a significação, nem uma reunião de corpos delimitados que se comunicam de maneira instrumental; examino o que é comunal como algo feito de processos comunicacionais. Resumindo, o argumento deste capítulo é que comunidades *são* comunicação, e não apenas comunicam algo.

Mais especificamente, e recorrendo à noção cristã de *pneuma*, convido leitores e leitoras a pensar no conceito de comunidade a partir do corpo que respira. Com base na narrativa bíblica do Pentecostes, que afirma a descida do Espírito Santo na comunidade apostólica "como se soprasse um vento impetuoso" (Atos 2:2), este capítulo explora o modo como a respiração preenchida do espírito define a força ou o mecanismo pelo qual a comunidade-comunicação se desdobra.[28] Considero, a partir disso, as expressões móveis da respiração, isto é, a reciprocação envolvendo o dentro e o fora, parte essencial do ato de respirar. Abordar esse ciclo inspiração/expiração de maneira mais demorada me leva, por sua vez, à questão da separação moderna entre vida interior e expressão exterior. O ciclo respiratório, como mostro adiante, desautoriza qualquer encerramento

26 Anthony P. Cohen, *The symbolic construction of community* (London, Taylor & Francis, 1985).

27 Benedict Anderson, *Imagined communities: reflections on the origins and spread of nationalism* (London, Verso, 1983).

28 Todas as passagens bíblicas vêm da edição *New King James Version* de 1982.

prolongado ou ponto externo a partir do qual fronteiras comunitárias podem ser riscadas com nitidez. O que se torna de fato relevante são os processos e as dinâmicas responsáveis pelo envolvimento e pela distribuição dos corpos na paisagem — natural, humana, tecnológica —, tudo isso num equilíbrio autorregulado entre o que entra e o que sai.

Devo meu entendimento do corpo respirante, nesta discussão, aos esforços dessa figura com a qual comecei o capítulo: o Padre Jonas. Católico-carismático, *expert* no uso de mídias, ele foi responsável por promover um meio-termo expandido em uma época de forte polarização entre ideologias partidárias de esquerda e direita. A década de 1970 foi abarrotada de chamados à mobilização social no Brasil, na América Latina, no mundo, mas o engajamento de Jonas com o movimento foi primariamente vestibular e cinético. Ele resolveu não ser *parte* de um movimento religioso para *ser* o próprio movimento. Isso implicava um salto sobre os muros do posicionamento ideológico em direção a um plano sensorial-afetivo. O presente capítulo, portanto, analisa uma figuração específica do poder por meio do movimento, movimento que se dá no mesmo nível das operações — poder que liga o corpo à paisagem e aos planos místico e tecnológico.

A analogia entre anatomia e comunidade não é coisa nova, mas a examino recorrendo a uma modalidade distintamente sensorial que é a propriocepção. Semelhante à cinestesia, ela é o sentido primário que nos dá a percepção do movimento. Às vezes tida como um sexto sentido, a propriocepção tem a ver com o mecanismo interno que permite, aos corpos em movimento, a manutenção de seu equilíbrio por meio da consciência acerca da relação entre as articulações e as várias outras partes do corpo. Da mesma forma que a consciência proprioceptiva registra e controla a circulação nas diferentes partes do organismo, este capítulo mostra como a Canção Nova evoluiu e se consolidou como um todo comunitário por meio de uma circuitagem, de uma transmissibilidade estabelecida entre diferentes estações comunitárias. Aqui, natureza, corpo, arquitetura, tecnologia midiática, economia, tudo entra em um campo relacional dotado de inter/intrarreferencialidade, interagindo com a tecnologia eletrônica e ao mesmo tempo configurando-a ativamente. Meu objetivo mais geral, seguindo o empirismo dos membros da Canção Nova — membros no sentido duplo, já mencionado, de parte do corpo *e* da comunidade — e de seus seguidores, é mostrar uma analogia estrutural entre o fluxo de informação sensorial no corpo e o regime de circularidade que conecta as articulações importantes da comunidade.

N. da T.: Para a tradução, foi adotada uma edição de uso comum nas comunidades carismáticas, a chamada *Bíblia Ave-Maria*.

Resumindo, o propósito do capítulo é triplo: primeiro, usar a comunidade midiática Canção Nova como exemplo privilegiado de comunidade sensual, em movimento, comunidade-em-construção; segundo, refletir sobre como essa comunidade exemplifica a mecânica comunicacional que ela mesma mobiliza; terceiro, desvelar a relação constitutiva entre um regime estético-econômico da transparência e as práticas católico-pentecostais do carisma corporificado. Acompanhando o interesse acadêmico recente nas relações entre o plano estético e o político, a noção de estética aqui aplicada reafirma o poder político da organização sensorial na constituição das várias dimensões da experiência.[29] Para captarmos o fazer processual das comunidades, é recomendável levar a sério as práticas discursivas que elas adotam em sua autoprodução. No caso da Canção Nova — e do movimento carismático em geral —, isso implica duas mudanças básicas: uma revalorização do movimento em detrimento da posicionalidade, e a emergência de uma política do meio-termo acompanhada do desvelamento de suas normas operacionais.

Desobstruindo as vias

Em 1969, no mesmo ano em que a Renovação Carismática Católica (RCC) desembarcou no Brasil, vinda dos Estados Unidos, Padre Jonas Abib — de ascendência libanesa, membro da ordem salesiana — entrou num sanatório para tratar uma doença grave nos pulmões, lá em Campos do Jordão, no estado de São Paulo. Essa doença o impediu de participar das atividades de sua paróquia, situada na região do Vale do Paraíba. Incansável e ambicioso, ele se rebelou contra a fadiga crônica, assim como antes havia se rebelado contra seus superiores, que, incapazes de compreender o sentido de sua agitação, o transferiram múltiplas vezes para diferentes paróquias naquela região. No sanatório, reunindo um coro de pacientes, Padre Jonas começou a compor suas próprias músicas e a contar histórias sobre a respiração no Pentecostes. Recitava passagens bíblicas, sobretudo Atos 2, louvando esse sopro que é o Espírito Santo. Ensinou às outras pessoas ali internadas como trabalhar a palavra e as possibilidades da recitação, oferecendo uma espécie de método de limpeza do sistema respiratório. A parábola do Pentecostes, esculpida e dirigida pelo poder

29 Ver Jacques Rancière, *The politics of aesthetics: the distribution of the sensible*, trad. Gabriel Rockhill (New York, Continuum, 2005); ed. bras.: *A partilha do sensível: estética e política*, trad. Mônica Costa Netto (São Paulo, Ed. 34, 2009). Birgit Meyer (ed.), *Aesthetic formations: media, religion and the senses* (Basingstoke, UK, Palgrave Macmillan, 2009); Jojada Verrips, "Aisthesis and an-aesthesia", em *Ethnologia Europaea*, v. 35, n. 1, 2006, p. 29-36; e Charles. Hirschkind, *The ethical soundscape*, op. cit.

da oração e da música, tornou-se uma estação de abastecimento pneumático, um lugar capaz de conectar — como uma rede de canos — a espiritualidade ao mundo natural e o mundo natural ao mecânico.

Padre Jonas costumava recitar Josué 1:1-27, a parábola sobre a destruição das muralhas de Jericó com o toque das sete trombetas de chifre de carneiro. Nas décadas de 1970 e 1980, membros do movimento carismático eram vistos, muitas vezes, em espaços públicos de São Paulo encenando essa derrubada de muralhas. Erguiam tendas perto de catedrais ou de outros edifícios relevantes da cidade e começavam, então, uma vigília de sete dias, cantando, batendo palmas e dançando. Como na parábola do Pentecostes, o objetivo era tomar os poderes do *pneuma* e transformar as muralhas, tornando-as menos rígidas, mais permeáveis — mais parecidas com membranas. Esse é o roteiro que Padre Jonas reencenou no sanatório. Com o movimento de suas línguas, o coral de Abib — diz a lenda — balançou as paredes daquele lugar. As pessoas que lá trabalhavam interpretaram esse evento bizarro como expressão de uma força maior que demandava a liberação do padre. Como ele explica em um de seus livros: "no mês seguinte, fizemos um encontro de jovens no sanatório. Foi então que, não sem razão, o médico chamou meu superior e disse-lhe que, se ele quisesse que eu me curasse, era preciso me deixar sair do sanatório. Foi o que meu superior fez, enviando-me para Lorena".[30]

Quando esteve em Lorena, um dos municípios do Vale, Padre Jonas encontrou o Padre americano Haroldo Rahm durante um dos primeiros Seminários no Espírito. Nesse evento, em 1971, Jonas foi batizado no Espírito. Ele foi preenchido com a graça do Espírito do Pentecostes; isso significava, acima de tudo, que havia se tornado capaz de se elevar e dar algum uso para a graça alcançada. Pois esta, no sentido carismático, não é posse de um indivíduo; envolve se deixar levar por um pragmatismo da despossessão, que se torna possível — e, portanto, reconhecível por outras autoridades do movimento — pela assimilação da graça (*kháris*) ao artifício, ao equipamento. Tornar-se uma pessoa graciosa, cheia de graça, naquela época e ainda hoje, é examinar o mundo das operações para poder mobilizá-las.

Muitas pessoas identificam, nesse momento de batismo, a origem da Canção Nova. Foi ali, apenas ali, que a pneumonia do Padre Jonas foi curada. Com uma efusão proveniente do céu, seus incansáveis pulmões começaram a inflar, seu peito se expandiu, sua fadiga já quase inalienável misteriosamente desapareceu. Depois disso, foram sete anos movendo-se pelo verdejante vale, batizando outras pessoas e proclamando sua

30 Jonas Abib, *Canção Nova: uma obra de Deus — nossa história e missão* (São Paulo, Loyola, 1999), p. 16.

experiência de cura aos grupos semanais de oração que ajudou a organizar. Como sempre carregava uma Bíblia, foi chamado pela população local de Padre Da'Bíb(lia). Após esses anos zanzando pelo vale a serviço da comunidade, seu corpo fundiu-se à paisagem, ambos inextrincavelmente associados. Inspirando e expirando, como diz a história, seu corpo se dissolveu e foi distribuído pelo vale, assim como o todo dessa paisagem ecológica fez-se parte de seu corpo. E é por isso que, quando as pessoas disseram — e muitas de fato o fizeram — que estavam prontas para deixar tudo para trás e segui-lo, ele as corrigiu parafraseando o Apóstolo Paulo, dizendo que, já que o corpo não era mais dele, pois havia se tornado *um* com o mundo, quem o seguia estava seguindo, na verdade, uma "terceira pessoa". Mais que isso, dado que essa corporificação de uma terceira pessoa ecológica — "o Espírito", ele dizia — comunicava possibilidades que vinham de uma prática refinada por anos de errância, os seguidores do padre seguiam, acima de tudo, seus próprios *eu*s de um futuro ainda a ser concretizado. Para Abib, a errância era a efetivação dos caminhos desse Espírito que sopra onde é ouvido (São João 3:8). Assim, ele relacionava uma concepção de tempo pouco sequencial a esse vagar pelo espaço, uma temporalidade mais ligada à ressonância entre o agora e o passado ancestral.

Durante essas errâncias espirituais, Padre Jonas queria assimilar tudo que o cercava, preenchendo seus pulmões com a morfologia local, natural e artificial, como se eles fossem um reservatório ou um jarro; moldar seus instintos de maneira coerente com tudo isso. Nesse sentido, o ar foi o elemento que ele encontrou — no sentido de *pneuma* — e identificou como grande meio e articulador de disparidades que, de outra forma, seriam insuperáveis. O *pneuma* alinharia o que outras pessoas enxergavam como incomensurável — o místico e o tecnológico, o natural e o artificial, o sagrado e o profano — a um conjunto de mínimos abstratos respiráveis. Assim reduzidos, esses elementos poderiam atravessar, sorrateiramente e com facilidade, todas as fronteiras imagináveis, as temporais e as espaciais, sempre visando uma expressão global do catolicismo. Essa foi a lição que o Padre Jonas aprendeu com o Apóstolo Paulo, o grande ginasiarca de uma antiguidade que se desdobrava em tempos de mídia de comunicação em massa.

Sendo um lugar em que as ciências espaciais e meteorológicas, a ufologia e os acontecimentos místicos se combinam, o Vale do Paraíba mostrou-se bastante favorável às expressões proféticas do Padre Jonas. Lá, a alguns quilômetros de Lorena, fica o Santuário Nacional de Nossa Senhora Aparecida, a santa padroeira do Brasil. O Vale também é conhecido por seus muitos locais sagrados, lendas diversas, fenômenos místicos que intensificam a sensação de que lá é onde um encontro milagroso pode se dar a qualquer momento. Padre Jonas, porém, insistia que sua autoridade não poderia ser circunscrita pela letra [lei] ou por qualquer localidade específica. Seus discursos pediam por uma descentralização radical que abrisse espaço para o ar como espírito (*pneuma*), sem-fronteira e, ainda assim, efetivamente equilibrado em sua passagem. As palavras que ele proferiu suspenderam, desse modo, toda circunscrição em nome da força e da passagem. A regulação dessa força exigia a criação de um novo espaço, um meio — ou melhor, um *entre* — onde o verbo profético e a tecnologia moderna de mídia pudessem se conectar e circular, de maneiras inéditas, no processo de reencenação de uma velha parábola, a dos Atos dos Apóstolos. E foi assim que, um dia, durante um desses encontros de jovens, o Padre Jonas sentiu um impulso em seu peito e uma vontade vertiginosa de se pronunciar. Conforme as palavras foram saindo de sua boca, percebeu que o chamado que estava prestes a anunciar vinha se edificando dentro dele há anos. Verbalizá-lo foi expelir o último resíduo de seu passado fleumático juntamente com o rascunho de um novo projeto, tudo sob a intervenção pneumática do Espírito Santo. As vias respiratórias do Padre Jonas foram, enfim, desobstruídas. Ele podia respirar, e de joelhos seguiu adiante.

Canalizando a propriocepção

Começou, assim, a ascensão da Canção Nova. Padre Jonas não era como o jesuíta americano Eduardo Dougherty, que fundou a Associação Senhor Jesus, estação de mídia na cidade de Valinhos, interior de São Paulo. Faltavam-lhe os recursos financeiros, o conhecimento de marketing, o equipamento técnico, assim como a experiência com televangelismo. A única coisa que tinha — como o próprio gosta de dizer — era a sua fé e mais doze discípulos. Essa falta, no entanto, foi precisamente o que lhe permitiu ficar próximo da mensagem do Pentecostes e, mais especificamente, da economia estética do carisma. Sem capital para lançar seu chamado, Padre Jonas focou seu corpo carismaticamente desobstruído para tentar entrar em sintonia com seu entorno imediato.

Mobilizar o corpo respirante — ou seja, o conjunto das operações respiratórias, ao mesmo tempo concretas e abstratas — exigia negociar uma nova teoria dos fins. Para Jonas, os movimentos respiratórios devem ser pensados como matriz operacional para a construção de todo um edifício apostólico e religioso, uma rede global de mídia que ele e seus seguidores vieram a chamar de "Canção Nova". Essa nova construção, como veremos, deve pouco ao sentido aristotélico de narrativa ou enredo, que privilegia a linearidade e as conclusões. Rejeitando gradualmente a escatologia, ele pode favorecer uma outra dramaturgia, capaz de reconhecer condições de ordem técnica, pragmática e equipamental. Fazer conexões é um trabalho em rede, produção de um sistema emaranhado de nós e laços.

É dito — e isso está impresso, registrado em dezenas de produções midiáticas da Canção Nova — que, a partir daquele primeiro momento, ninguém na comunidade sabia qual seria o próximo passo. O grupo era, antes de qualquer coisa, uma reunião de indivíduos batizados no Espírito. Em uma reencenação vívida da comunidade apostólica, reuniam-se em estábulos, tendas, muitas vezes a céu aberto no verde vale do Rio Paraíba. As palavras saíam borboletando da boca do padre, de um jeito que — dizem até hoje seus seguidores — "intoxicou nossos corações".[31] Como se o ar que formava as palavras tivesse o poder de transportar seus ouvintes para outro tempo; a linguagem usada, porém, era relevante para o presente. Um exemplo muito citado diz que Jonas lembrava Jesus falando aos seus apóstolos, exclamando que era "hora de lançar as redes!".[32] Frases assim não desaparecem na instância de seu dizer, ficam no ar como partículas em hibernação, aguardando futuras iterações. "Era como se o Padre Jonas quisesse que a gente repetisse as palavras para que elas virassem propriedade coletiva da Canção Nova", disse Nelsinho, um dos primeiros apóstolos.[33]

Recitando certas frases, os membros da comunidade entravam num contato mais profundo com a infraestrutura que garantia o funcionamento da Canção Nova. Aqui, como em outros momentos da prática carismática, o essencial era a capacidade de apagar o sentido de qualquer ideia de origem, de qualquer cálculo de fins, de todos esses elementos de uma dramaturgia redentora. Como veremos nos capítulos seguintes, a Canção Nova tem seus próprios palcos materiais, alguns para apresentações e espetáculos semanais, outros que são a totalidade do espaço, hoje ramificado numa complexa rede global. É uma *mise en abyme*: um palco dentro de um palco dentro de um palco. E isso ocorre precisamente pelo fato de que a arte da encenação nunca se desvincula das condições infraestruturais que a tornam possível. Com as mais prosaicas rotinas e os atos mais ordinários da comunidade sob os holofotes de

31 Nelsinho, em conversa com a autora, comunidade Canção Nova, 12 de maio de 2001.

32 Laércio, em conversa com a autora, comunidade Canção Nova, 13 de maio de 2001.

33 Os membros do movimento carismático repetem essa frase como parte de um arquivo comum (formas familiares de enunciado e gestos reprodutíveis, às vezes somente os gestos). Normalmente criam enunciados, provérbios e expressões idiomáticas que servem para citação recorrente. Isso faz com que surja um ciclo de circulação de discursos citáveis, ou seja, uma linguagem já posicionada para ser transportada para outro lugar.

um anfiteatro, é como se cada gesto se tornasse um protagonista aéreo no "*making of*" da Canção Nova. Desde o começo, já se privilegia uma série de desdobramentos teatrais que, aos poucos, vão abolindo toda referencialidade em sua forma cênica.

Em outros momentos, Padre Jonas ecoava São Mateus em seu chamado para "evangelizar sobre os telhados"; falava da pobreza dos pássaros assim como São Francisco fazia; ou repetia a profecia de São Paulo sobre o Arrebatamento ou a Segunda Vinda de Cristo, dizendo: "nós que ficamos ainda vivos [...] seremos arrebatados juntamente com eles sobre nuvens ao encontro do Senhor nos ares" (Tessalonicenses, 4:15-17). Nas palavras de Nelsinho:

> A história da Canção Nova foi feita no corpo-a-corpo com o povo. A gente não tinha lugar de verdade... Padre Jonas andava com um gravador e uma bolsa cheia de fitas. Ele colocava música clássica e perguntava: quem é Deus pra vocês? E a gente começava a chorar, as palavras do padre tocavam. Assim preparava o sermão. E então o padre fazia a gente viajar, ele tinha essa linguagem. Ele trabalhava com a imaginação. Naquela época, o padre era o DAVI [o departamento audiovisual da Canção Nova].[34]

Naquela época, como agora, afirmam seus seguidores, tudo aconteceu como se o tempo e o espaço existissem junto da dinâmica de "inspiração do espírito, de respiração através do espírito", para além da qual havia apenas incerteza, o "desconhecido". Ao perceberem o tempo como algo que se desdobrava em cada respiração singular — ou seja, ao viverem cada vez mais intensamente no presente —, eles se abriram para o universal. Cada respirada operava como efetivação de uma possibilidade criativa. Quanto mais inspiravam, mais se inspiravam, e mais o potencial criativo aumentava.

No sentido carismático, a virtuosidade — o ser-recipiente de um dom — é uma abertura para a virtualidade. Argumenta-se que a virtude induzida pela respiração simboliza a capacidade de se abrir para relações com o fora, com um exterior implicado no interior (e vice-versa) por meio dos ritmos dinâmicos da respiração, o que significa que toda e qualquer relação é sempre e necessariamente tautológica, uma autorrelação. Nesse processo, o corpo alterna sua concretude objetiva com o dinamismo mais abstrato da transitoriedade e do fluxo. A respiração (*pneuma*) é simultaneamente uma coisa e o movimento em circuito dessa coisa, substantivo e verbo. É um processo paradoxal em que a atividade física efetivamente

34 Nelsinho (membro da Canção Nova), site da Canção Nova, acessado em 9 de novembro de 2015 (não mais disponível). Ele repete a história em "PHN Diácono Nelsinho partilha história com a Canção Nova", disponível no canal do YouTube Canção Nova (Oficial), publicado em 2 de fevereiro de 2016.

envolvida nas contrações e dilatações respiratórias se torna, em razão desse mesmo mecanismo, o regime menos material da corporeidade.

Ser-economicamente, nesse regime, significa trabalhar no equilíbrio de uma maneira que nada tem a ver com o sentido usual de um fim calculável — nada deve ser tratado como linear e instrumental. A administração econômica da Canção Nova aprende mais com o ouvido interno ou com os sinais vestibulares que regulam e previnem os desequilíbrios. Graças ao senso pneumático de mistério — e ao senso lúdico —, a Canção Nova aprimorou o papel dos *inputs* e da força muscular na manutenção de uma forma de se orientar baseada no andamento, na postura e em certa agilidade.

O corpo, suas articulações, seus ritmos e suas habilidades de balanceamento se tornam um barômetro que conecta o centro da Canção Nova a uma ordem global mais ampla. Quanto mais Padre Jonas se torna ciente das fluências proprioceptivas de seu corpo, mais distribuído e coimplicado ele se torna nas paisagens físicas, humanas e tecnológicas. Assim como a paisagem física atravessa o corpo e o corpo é recalibrado para se adaptar ao ambiente, o coletivo e a comunidade habitam o indivíduo. Esse processo de indistinção dos elementos no movimento articulado teve — e continua tendo — uma força política enorme. Ele caracteriza o campo operacional no qual o ginasta carismático opera seu modo particular de autopercepção, nem tanto como entidade apartada e mais como sistema complexo de articulações. Trabalhar essas articulações se torna uma maneira de se relacionar com o que fica no meio — as juntas, os nós — e de testar o equilíbrio de todo e qualquer ato nos mais escorregadios fundamentos; fundamentos que caracterizam o ginásio carismático.

Os atos midiáticos dos apóstolos

“Os Atos dos Apóstolos”, dizia com frequência Padre Jonas, “é o Ato dos Apóstolos”.[35] A natureza redundante e simétrica de uma tautologia, usada muitas vezes como enunciado de lógica proposicional ou estratégia retórica, faz com que ela seja boa para a respiração: inspira-se o ar pensando “os Atos dos Apóstolos”, expira-se pensando “os Atos dos Apóstolos”. Essas simetrias tautológicas, com sua carga de palavras, ajudam a estruturar a respiração, a “arte da reprodutibilidade mecânica” que, desde o momento fundador da profecia de Padre Jonas, tem organizado a vida da Canção Nova. Essa prática acompanha as mudanças nas técnicas de oração introduzidas pela RCC, que, normalmente, usa ritmo e palavras para ordenar a respiração. Pensando em como a mídia

35 Trata-se do quinto livro do Novo Testamento (*Práxeis Apostólōn* em grego). Narra a história dos primeiros momentos da Igreja, com ênfase no ministério dos doze apóstolos e de Paulo de Tarso.

contemporânea tenta transmitir experiências imediatas, em tempo real, a adoção da respiração como princípio dinâmico pela Canção Nova é o que permite instanciar essa ao-vivacidade no centro da realidade tecnológica, uma coisa modulando a outra.

O que orienta essas práticas é o desejo de agir de acordo com os ensinamentos de São Paulo, que pensava a comunicação como prática associada de maneira inalienável ao corpo vivo — isto é, um corpo que comunica. Como nota Manfred Schneider, Paulo foi o "especialista em mídia dos Apóstolos", responsável por "radicalizar a diferença inaugurada por Jesus e seus repórteres, a saber: o fato de que o poder de Deus, assim como o meio de sua revelação, consistia no espírito".[36] Como um dos protagonistas do Livro dos Atos, Paulo discursou e viveu de acordo com a ideia de que o corpo era simultaneamente meio e mensagem, singular e universal. O corpo, para ele, não era instrumento comunicacional pois era ele mesmo *a* comunicação.

Na história do Pentecostes, conforme Atos 2:2, *kharismata*, dons e virtudes — compondo a "teoria da mídia" de Paulo — chegam à comunidade apostólica na forma de "um vento impetuoso". O *pneuma* é esse *vento impetuoso*. Ao contrário de outros trabalhos que focam no *praṇa* (a palavra em sânscrito para "respiração") ou no *chi* da cultura chinesa, o movimento carismático não se relaciona com o *pneuma* como se fosse um princípio abstrato e anterior à experiência, parte do que o fenomenólogo Maurice Merleau-Ponty teria chamado de dimensão "pré-objetiva".[37] É o contrário, pois anterioridade ou causalidade são precisamente o que se tenta abolir na prática carismática, mais especificamente em seu modelo de comunicação. Essa abolição é crucial para o entendimento de como, na comunicação carismática, o poder indexical é sintoma de um deslocamento semiótico. Como mostrará o Capítulo 2 com o mito do pecado original, a sintomatologia associada à abolição da anterioridade se traduz em manifestações somáticas que deslocam a referencialidade do índice, trazendo, em seu lugar, gestos autorreferenciais feitos com mãos e dedos.[38]

36 Manfred Schneider, "Luther with McLuhan", em Hent de Vries e Samuel Weber (ed.), *Religion and media* (Stanford, CA, Stanford University Press, 2001), p. 202-203.

37 Maurice Merleau-Ponty, *Phenomenology of perception*, trad. Colin Smith (New York, Humanities Press, 1962); ed. bras.: *Fenomenologia da percepção*, trad. Carlos Alberto Ribeiro de Moura, 5. ed. (São Paulo, WMF Martins Fontes, 2018). Ver também Thomas Csordas, "Embodiment as a paradigm for anthropology", em *Ethos*, v. 18, n. 1, 1990, p. 5-47; The sacred self: a cultural phenomenology of charismatic healing (Berkeley, University of California Press, 1994); "Oxymorons and short-circuits in the re-enchantment of the world: the case of the Catholic Charismatic Renewal", em *Etnofoor*, n. 8, 1995, p. 5-26.

38 Uso aqui a distinção antropológico-linguística que Charles S. Peirce faz entre termos referenciais e indexicais, estes se referindo a aspectos e coordenadas espaço-temporais como *aqui* ou *então*. Michael Silverstein, "Shifters,

Surgindo em um momento em que novas configurações de publicização se tornavam desejáveis, o movimento carismático aspira à ruptura com as racionalidades que governam o uso da linguagem convencional. No contexto da resistência contra a intervenção militar e em defesa das populações oprimidas, exemplificado da melhor maneira possível na influente pedagogia de Paulo Freire na década de 1970, os carismáticos — católicos que não desejam ser confundidos com os evangélicos — também compreenderam ou intuíram que esses modelos linguísticos estavam sob uma nova pressão. Esta vinha, ao mesmo tempo, de diferentes lados; de maneira mais expressiva, vinha de dois elementos interdependentes: os potenciais tecnológicos cada vez maiores da mídia de massa; e o desejo de abraçar a figura da multidão. Essa dupla pressão, proveniente das novas formas de mídia e dos novos públicos — mídia de massa e multidão —, influenciou a relação do movimento carismático com a linguagem. Foi algo que afetou tanto a sua velha função como o sujeito da individuação por ela pressuposto. Mais especificamente, o ideal político de "dar voz" ao povo, tão presente nos circuitos tradicionais do catolicismo — como nas Comunidades Eclesiais de Base —, torna-se ele mesmo uma manifestação da voz. Essa presença encarnada da voz na figura da multidão encontra sua expressão mais espetacular no fenômeno coletivo da glossolalia, ainda que se mostre em outros dons espirituais.

A ligação entre dons pneumáticos e linguagem, no entanto, também deixa à mostra uma incongruência dentro desse modelo comunicacional. Como nos explica Rosalind Morris [2003], o modelo do novo público — o público da rede tecnológica, ou o que ela chama de *Öffentlichkeit* — tem a capacidade de perturbar a analogia entre troca e linguagem. Para Claude Lévi-Strauss, assim como para Marcel Mauss, dar é pôr o excesso em ato, excesso que também é o horizonte necessário para a reciprocidade futura. Por sua vez, essa reciprocidade é o que permite a circulação entre as partes, só que a "individuação corpórea" é mantida como parte essencial da comunicação intersubjetiva.[39]

Como a próxima seção mostrará, na Canção Nova, apesar de os membros do movimento terem esse desejo de superar o individualismo

linguistic categories, and cultural description", em Keith H. Basso e Henry A. Selby (ed.), *Meaning in anthropology* (Albuquerque, University of New Mexico Press, 1976), p. 25. Recomendo Bill Maurer ("Repressed futures: financial derivatives, theological unconscious", em *Economy and Society*, v. 31, n. 1, 2002, p. 15-36) para uma explicação fascinante sobre a relação entre abolição da anterioridade em termos semióticos e operações envolvendo derivativos financeiros na lógica neoliberal por meio da articulação entre técnicas matemáticas e o que ele chama de "inconsciente teológico".

39 Rosalind Morris, "Theses on the New Öffentlichkeit", em *Grey Room*, n. 51, 2013, p. 98.

corpóreo, isso é feito sem sacrificar a possibilidade da troca. Contando com a caridade (*cháris*), eles não podem desautorizar a linguagem da reciprocidade que oferece a base para o problema da individuação contratual entre partes. Dito de outro modo, idealmente, os carismáticos querem manter uma forma de troca entre partes que, ainda assim, seja compatível com a dissolução do indivíduo. Como veremos, o modo de garantir esse *ainda assim* — que será um fator motivador e não um obstáculo — é juntando o evento da troca ao dom pneumático, de tal forma que o que se destaca nesse processo não é o câmbio de oferendas, mas a capacidade (espiritual) de circulação. Para resumir, é a própria circulação que circula, e não o dom. Destacando o processo circulatório, o movimento carismático performa uma função dupla: mobiliza a atenção para a totalidade formada pela circulação do Espírito e implode essa mesma totalidade por meio da autorreferencialidade. O resultado é um totalitarismo paradoxalmente fluido.

Nas práticas carismáticas, os *kharismata* são descritos como ferramentas ou dispositivos — ainda que não no sentido instrumental desses termos, pois isso demandaria a separação entre quem usa e a coisa usada, também entre causa e efeito. Ao invés disso, *kharismata* são ferramentas na carne, artifício encarnado na forma de potenciais e habilidades que existem, primariamente, para circular. Desse modo, as várias habilidades — profetizar, discernir, curar, liberar, fazer caridade, falar em línguas e outras capacidades sobrenaturais — são vistas como *pneuma-em-uso*, o ser-em-obra da prática carismática.[40] Carismáticos são os atos — daí a razão para que os *kharismata* não sejam nem puramente abstratos, nem puramente concretos: são *abstratos em sua concretude*. Pode-se dizer que são dons fugitivos.

Por isso que "agir de acordo com os Atos" nunca é só uma encenação em cima de um palco. Dizer que essas pessoas estão apenas atuando implica precisamente o modelo comunicacional aqui descartado. Quando Padre Jonas estimula os membros — e mais tarde seus sócios — a viver de acordo com os Atos dos Apóstolos, ele não está sugerindo um teatro (ou uma teoria) representacional. Não está pedindo que indivíduos vivam como se fossem outras pessoas, como exigiria uma teoria da identificação empática. O bom apóstolo, na Canção Nova, não é bom ator no sentido da cristalização de personagem e pessoa em uma peça dramática. Um Ato

40 N. da T.: Discernir — o verbo mais difícil de decifrar nessa sequência — é o exercício da capacidade de identificar as forças espirituais que agem ao nosso redor e em nosso interior, normalmente reservado a quem ocupa posições de liderança. Um pensamento, por exemplo, que nos incita a uma ação qualquer, pode ter diferentes causas: i) Deus, Seus anjos e mensageiros; ii) entidades demoníacas; iii) a própria mente humana. O discernimento é o poder de ver a *verdadeira causa*, permitindo, assim, um curso de ação adequado aos fins carismáticos.

propriamente oferecido pelo espírito, no fogo da unção, performa sua própria reentrada em cena não para bem representar o que "foi", e sim para fazer da "reentrada" algo visível. Isso é produzido pelo ato mesmo de reaparição no palco, como se cada "re-virada" acrescentasse um laço no entrelaçado da rede. Essa abordagem leva ao deslocamento da ideia de teatro como dramaturgia dos extremos — o que a teoria de Austin chama de "extraordinário" —, ao mesmo tempo que oferece, para as extremidades, o centro do palco.[41] Mais uma vez, como mostrará o Capítulo 2, os gestos coreografados das mãos e dos dedos operam o corpo ético pelas extremidades dos membros, das partes do corpo e dos integrantes da comunidade.

Ao considerar as muitas tradições do teatro e as diferenças no modo como, em cada uma delas, as ações se relacionam com as razões, a forma teatral da Canção Nova nos lembra o teatro brechtiano, ou mesmo o "atletismo afetivo" de Antonin Artaud.[42] Para Bertolt Brecht, a condição teatral é um condicionamento, substantivo enverbado, *substantivando*. Distanciando-se da atuação aristotélica, em que o evento trágico se dá em uma estrutura linear, o teatro brechtiano gira em torno do ato da própria atuação — o enredamento —, de maneira a desvelar as partes envolvidas como se fossem peças e engrenagens em uma máquina: toda a economia das articulações por trás de uma práxis específica. Ao contrário do teatro aristotélico, em que o processo de transformação se dá por um deslocamento em que o ator ou a atriz se identifica com a estrutura psíquica da personagem e age *como se* fosse sua, o teatro de Brecht desautoriza qualquer processo identificatório, fazendo de todos os fins um grande meio: o meio da atuação sendo o próprio lugar em que a atuação se dá.[43] O que pode ser caracterizado como deslocamento espacial — Stephen Greenblatt chama de "mobilidade psíquica"[44] — no teatro aristotélico e renascentista, no caso de Brecht, é mais bem pensado como ritmo de desvelamento.

41 Na concepção de performativo de Austin, o teatro entra na categoria do que ele considerava "parasitário" e infeliz precisamente por ser uma instância do extra-ordinário, ao contrário dos atos ordinários de fala. Ver J. L. Austin, *How to do things with words* (Oxford, Oxford University Press, 1975); ed. bras.: *Quando dizer é fazer*, trad. Danilo Marcondes (Porto Alegre, Artes Médicas, 1999). Ver também Samuel Weber, *Theatricality as medium* (New York, Fordham University Press, 2004).

42 Antonin Artaud, *The theater and its double*, trad. Mary Caroline Richards (New York, Grove, 1958); ed. bras.: *O teatro e seu duplo*, trad. Jorge Henrique Bastos (São Paulo, Iluminuras, 2025).

43 Maria José de Abreu, "Acts is acts: tautology and theopolitical reform in theopolitics in/of the Americas", em *Social Analysis*: *The International Journal of Anthropology*, v. 64, n. 4, 2020, p. 42-59.

44 Stephen Greenblatt, *Renaissance self-fashioning: from more to Shakespeare* (Chicago, University of Chicago Press, 1983), p. 224-225.

Como modernista, Brecht visava contrariar os protocolos do teatro político moderno, porém fez isso apelando para uma sensibilidade barroca, o tipo de teatro que informou a estrutura política da Contrarreforma na Europa e nas Américas do século 17. E foi como uma espécie de Contrarreforma que o reavivamento carismático, no catolicismo, vendeu a própria imagem no final do século 20, como ainda vende em nossos dias — no Brasil e em outras partes da América Latina, também em lugares como os Estados Unidos, as Filipinas e a Europa. Só que, desta vez, a lógica da encenação e as tipologias políticas são distintas das que energizaram o tempo de Brecht ou a tradição barroca à qual ele se referia. Os elementos são diferentes, assim como as apostas feitas. A forma teatral carismática, por um lado, está numa interface com os protocolos, a temporalidade (interruptiva) e a lógica das tecnologias midiáticas de massa; por outro, valoriza o fluxo, o espírito do neoliberalismo que rejeita todo senso de fim, acomodando níveis integrados de incerteza, flexibilidade, adaptabilidade etc.

Isso não quer dizer que os membros do movimento não tenham modelos para guiar sua atuação. Nesse sentido, já vimos as evocações que Padre Jonas faz de santos como Paulo, Lucas, Francisco ou Loyola, seus feitos entrando nos pulmões como exalações sagradas que a comunidade, por sua vez, deve lançar de volta ao mundo como uma "canção nova". Sem dúvida o apóstolo Paulo é o grande exemplo de ator no teatro político carismático (também Lucas, de maneira mais sutil, pois é quem falava com entusiasmo das habilidades — ver Lucas 23:46). Paulo é a referência central precisamente porque os carismáticos o enxergam como grande articulador, para o cristianismo, de espaços, tempos e elementos. Frequentador do ginásio grego em Corinto, ele é visto pelos carismáticos como um acrobata trinitário, o mais capaz de equilibrar três personas em uma. Sob os auspícios desse apóstolo — recorde de citações —, o teatro e a academia se encontram nos anfiteatros eletrônicos da Canção Nova. Paulo é visto como o grande ginasiarca do Areópago: o seu chamado para uma comunicação direta e transparente é a barra usada para exercitar a virtuosidade muscular do movimento, alongando essa máxima em múltiplas direções, com inflexões diferentes em graus diferentes.

No espírito da teologia restaurativa da Contrarreforma, Paulo é o teórico da mídia de quem as grandes lições sobre governança são extraídas. Ele é a luz da graça que atravessa os tempos, um elástico que, por meio de saltos e dobras milagrosas, alcança todos os lados e os interliga em um denso reticulado, como os fios que sustentam a evangelização dentro da Canção Nova ou as redes de pescadores que dependem de cordas e laços fortes mas flexíveis, o que lhes permite capturar o movimento topológico dos peixes da melhor forma possível.

O saber prático da manufatura refinada de redes é o que molda os padrões de oratória na Canção Nova. Como artesãos e artesãs de redes de pesca bem sabem, a rede mais forte é a mais maleável, do tipo que pode ser lançada para o ar, dando uma volta e caindo em uma zona de turbulência como se fosse ela mesma um cardume. A retórica, aqui, não é parte do que Barbara Johnson descreve como "capacidade de fazer a linguagem dizer uma coisa e significar outra".[45] Pelo contrário, a linguagem diz uma coisa e outra ao mesmo tempo, ou melhor, ela é o espaço transitivo criado a partir do fluxo entre uma coisa e outra: tropos, temas, clichês, platitudes, aforismos, tudo que servir para compactar a linguagem em pepitas brutas de som e significado prontas para serem carregadas para algum outro lugar. Em vez de persuasão, aparece esse transporte através do ritmo como função primária da linguagem, cuja eficácia, agora, depende de dispositivos estilísticos como a metalepse (duplicação e empilhamento de imagens e temas no estabelecimento de um ritmo oscilante), a aliteração (uso da mesma letra ou do mesmo som no começo de palavras contíguas) e a incorporação (trânsito de referências de um nível a outro, algo próximo do que hoje nomeamos "citação"). Em um cenário ideal, essas operações linguísticas formam uma Torre de Babel: estrutura crua, rudimentar, de fraco fundamento, podendo colapsar sozinha a qualquer momento; apesar disso, e por causa dessa transitoriedade e dessa elusividade — a princípio enfraquecedoras —, ela reverbera ainda mais, torna-se ainda mais livre para circular. O processo que começa com a narrativa diacrônica acaba com frequência dando voltas em uma mistura catacrética e sincrônica de "línguas".

No começo de maio de 2001, por exemplo, fui a um sermão na Canção Nova dado pelo Padre Léo, membro permanente da comunidade naquela época. O sermão daquele dia, sobre o Apóstolo Paulo, estava ancorado em duas palavras: *direto* e *transparente*. O discurso voltava constantemente a essas duas palavras como forma de animar a digressão e a reconexão. O padre zanzava por variados assuntos, como tinha passado a manhã, algo que ele ouviu no rádio, uma passagem bíblica sobre o Apóstolo João, a fragilidade da determinação do Papa João Paulo II, uma história sobre o estoicismo de São Francisco — que, enquanto lavava o rosto, levantou-se para dizer "isso aqui é para mim, o que você tem a oferecer a Igreja?" —, seu amor por matemática e pelo celibato dos números primos quando era um jovem diácono, seu desgosto por caldo de mocotó (prato brasileiro feito de pata de boi) e mais isso e aquilo; ele cruzava a todo momento sua própria narrativa com um *abusio* catacrético, a cada volta trazendo uma das duas palavras, *direto* ou

45 Barbara Johnson, "Apostrophe, animation, and abortion", em *Diacritics*, v. 16, n. 1, 1986, p. 29.

transparente. E então, no ritmo da renovação cíclica dessas palavras — direto, transparente, direto, transparente... (e, gradualmente, como um fantasma emergindo de um estado de saciedade semântica: *diparente, transreto, dipareto*) —, lá estava o Apóstolo Paulo chegando sempre no meio. Não um Paulo caracterizável, e sim uma abstração. Paulo-orador, Paulo-costureiro, Paulo-fisiculturista, Paulo-fabricante-de-tendas, Paulo-itinerante, Paulo-treinador, Paulo-manual, Paulo-técnico. Resumindo, Paulo como emblema e não como pessoa.

"Confiança e trabalho", disse o Padre Léo, abrindo os olhos. Havia um peso maior em seus ombros naquele dia. Reduzidas a mínimos abstratos, as duas palavras do momento — *direto* e *transparente* — poderiam viajar por novas ordens de significação. São termos que o movimento carismático usa, por exemplo, para descrever o caráter ao-vívido dos programas de mídia da Canção Nova. *Direto* e *transparente* é como carismáticos apresentam a condição do ungido e da ungida pelo Espírito Santo, algo mostrado no comando partilhado por cada pessoa no palco carismático ao convidar a audiência a "ver através" dela. A ideia é que a santidade do carisma, graças à unção espiritual, abra a pessoa para o que quer que esteja circulando — o que chamam de "martírio da transparência" (um devoto me mostrou, certa vez, seu sobrenatural *ver através*, diferente da visão de raio-X que seria "torta"). *Direto* e *transparente* também assinalam um esforço em recuperar as formas leigas de comunicação direta com os santos, típicas do catolicismo popular e pré-reforma no Brasil, momento anterior ao do advento do catolicismo romano europeu na segunda metade do século 19.[46] As palavras também apontam para o modo como carismáticos falam de uma pessoa ungida, aquela cuja prática — oração, contemplação, experiência batismal — permite *ver através* do espaço e do tempo, e não apenas *ver o* espaço e *o* tempo.[47] *Di-*

46 Os novos cânones e sacramentos introduzidos pela igreja moderna na segunda metade do século 19 levaram ao que os carismáticos consideram negativamente uma racionalização excessiva da Igreja Católica. Assim, a opacidade é associada à racionalização e ao regime sensorial do "ver", em oposição à transparência, à experiência corpórea (unção) e ao "ver através".

47 *Ver* (indireto, opaco) e *ver através* (direto, transparente) expressam uma divergência epistemológica no interior da Igreja Católica, segundo a qual a igreja "conhece" enquanto os carismáticos experimentam. Estes empregam, ocasionalmente, a figura de Pedro, a rocha estável, para comentar essa racionalização por meio de um contraste com Paulo, o nômade, que fazia a igreja onde quer que fosse. Os carismáticos fazem eco à visão de que João Paulo II teria sido um evangelista crítico dos elementos petrificantes da Igreja Católica Romana. Sobre isso, ver Danièle Hervieu-Léger, "O bispo, a Igreja e a modernidade", em René Luneau e Patrick Michel (ed.), *Nem todos os caminhos levam à Roma: as mutações atuais do catolicismo* (Petrópolis, Vozes, 1995), p. 291-322 e W. J. T. Mitchell, *Picture theory* (Chicago, University of Chicago Press, 1996). De acordo com os carismáticos, o ideal é converter a possibilidade de ver (associada a São Pedro e à igreja) na

reto e *transparente* organizam, consequentemente e acima de tudo, uma problemática epistêmica. Ao conceber o Espírito Santo como uma espécie de agente cáustico que permite "ver através" (experiência = Apóstolo Paulo = fabricante de tendas = flexibilidade respiratória) ao invés de somente "ver" (conhecimento = Apóstolo Pedro = a rocha = ideologia = rigidez), o Padre Léo da Canção Nova e os carismáticos em geral oferecem uma alternativa aos protocolos modernos da crítica.[48] Por fim, mas não menos importante, as doutrinas paulinas da "transparência" e da "imediaticidade" se conectavam ao momento econômico-político do Brasil naquele último quarto de milênio: a exaltação de um espírito maleável universal (*pneuma*), coordenado com um éthos neoliberal iminente, caracterizou a subjetividade e mesmo a cidadania em termos de suas extensões fractais possíveis, de sua capacidade de adaptação a circunstâncias emergentes. Apresentada dessa maneira, a forma não é meramente oposta ao significado. Ela é usada para explorar o significado e, assim, enfraquecê-lo, para que este possa, então, ser dirigido e transportado, saltando para tudo quanto é canto. Um bom sermão, na Canção Nova, envolve a maestria das técnicas de costura de fios irregulares. Como um pescador que fabrica sua própria rede, o orador produz aberturas temporárias por onde passam, a todo momento, os fios em evolução.

Lançando as redes: Canção Nova

> *[Laércio entrelaça os dedos das mãos] Você tem que pensar na Canção Nova como uma rede, que é também um trabalho de uma rede... tá vendo? Ela conecta as pessoas e ela pega as pessoas. Pensa na Nossa Senhora Aparecida, a santa que foi encontrada numa rede de pesca. Pensa nos apóstolos, eram pescadores... agora,*

possibilidade de *ver através*, como no exemplo de São Paulo e da RCC, desafiando, dessa maneira, as mediações instrumentais da igreja em nome de um acesso mais direto que conecte crentes ao divino.

48 Mais uma vez, o que é notável nessa alternativa à crítica moderna é o modo como a defesa da "transparência" e da "imediaticidade" capitaliza discursos sobre a opacidade interna a esses protocolos, sugerindo uma nova lógica da fluidez e da flexibilidade. É um movimento extraordinário que deve ser apreendido por uma leitura crítica renovada — igualmente flexível — acerca dos modos como grupos e movimentos de direita têm se apropriado de lógicas progressistas de outros tempos para mobilizar suas próprias causas. As intervenções cáusticas do Espírito Santo na direção de um "ver através", frequentemente caracterizadas como extravagantes e lúdicas, podem ser comparadas ao raciocínio cínico impregnado no sistema político contemporâneo no Brasil, sistema em que práticas expositivas (da corrupção e de outras coisas) ocorrem em virtude do poder desarmante da exposição, e não de um compromisso contra a opacidade. A ascensão de uma nova crítica terá de encontrar uma forma de dar conta das opacidades na própria exposição.

> *olha lá aquela antena, não parece uma rede? E pensa no INPE, no Instituto Aeroespacial, lá, o que eles estão fazendo? Enredando! ... O trabalho deles é capturar umas coisas no ar. A antena vai pegando no ar, ela serve para conectar, mas também pega, converte, transforma. Olha só minhas mãos agora, qual é a melhor forma de deixar elas mais fortes? É cruzando assim. Olha... sua mente, se você escutar, minha mente tá costurando esses pensamentos e quando você vê todas essas coisas relacionadas de maneira tão bonita, como que duvida de uma mente maior por trás da realidade todinha?*[49]

A Canção Nova está situada em Cachoeira Paulista, a meio caminho entre São Paulo e Rio de Janeiro, no Vale do Rio Paraíba, uma faixa de planícies que fazem fronteira com as belíssimas Serra da Mantiqueira e Serra do Mar, não muito distantes do Oceano Atlântico. A população é de 30 mil pessoas, a temperatura média anual é 26 graus. Historicamente, a economia local baseava-se na agropecuária, mas, desde a década de 1990, tem ocorrido uma mudança significativa na infraestrutura e na demografia da cidade. De início uma cidade predominantemente rural e residencial, Cachoeira Paulista acabou por desenvolver uma economia comercial substantiva. Nos arredores do terreno da comunidade Canção Nova, há um bom número de hotéis, cafés e restaurantes que atendem ao afluxo semanal de viajantes. Moradores acomodam, em seus condomínios privados, peregrinos e peregrinas de última hora; comerciantes montam barraquinhas de produtos religiosos ao redor da comunidade.

Uma volta pela região nos dá uma boa ideia da predominância católica, expressa nas muitas catedrais e nas capelas não oficiais construídas em grande parte pela população crente-leiga nos tempos coloniais. Já o evento pelo qual o Vale é conhecido é o grande milagre de Aparecida, após o qual ocorreu a construção da basílica e do santuário nacionais. Diz a lenda que, em 1717, três pescadores encontraram a estátua de Nossa Senhora da Conceição na margem do Rio Paraíba. A devoção à imagem cresceu de modo exponencial e, no ano de 1929, Nossa Senhora Aparecida foi coroada padroeira oficial do Brasil. Desde então, em todo 12 de outubro, milhares de pessoas de todo o país, também do resto da América Latina, peregrinam ao Santuário de Nossa Senhora Aparecida. A proximidade da Canção Nova só aumenta a reputação do Vale como lugar privilegiado para o turismo religioso.

49 Entrevista com Nuno Carvalho, seguidor da Geração PHN, comunidade Canção Nova, novembro de 2001.

Hoje, a Canção Nova transmite seus programas em AM, FM e em ondas curtas; possui quatro estações de TV e 263 antenas de retransmissão; está conectada a 146 empresas de TV a cabo que alcançam a Europa Ocidental, o Norte da África e a América Latina; e opera a primeira web-estação de TV católica do mundo.[50] A TV transmite 24 horas por dia em UHF, sendo 80% de seus programas ao vivo. A base principal da comunidade cobre 20 mil metros quadrados, com muitas subdivisões: o complexo residencial, onde trezentos membros vivem e milhares de pessoas circulam por semana; os escritórios da Rádio e da TV Canção Nova; um departamento de audiovisual chamado DAVI; uma área comercial gigantesca chamada Fundação João Paulo II, que vende fitas K7, sermões em vídeo, CDs, livros, revistas e roupas; múltiplos estúdios de transmissão; duas capelas pequenas; uma área específica para intercessões e exorcismos; até mesmo um monastério para as Pobres Claras, uma ordem monástica medieval (ver o Capítulo 3). Além da casa-matriz, a Canção Nova opera mais dezenove filiais chamadas "casas de missão", distribuídas pelo Brasil (quatro no estado de São Paulo), também presentes nos EUA, Portugal, Itália e Israel.[51] Em 2005, a Canção Nova inaugurou um salão enorme com capacidade para 70 mil pessoas. Nos fins de semana e em feriados religiosos e não religiosos (como o Carnaval), excursões organizadas chegam ao local, provenientes de todas as partes do Brasil e de países vizinhos, para participar de acampamentos religiosos, Seminários no Espírito Santo e espetáculos públicos de confissão.

50 A Canção Nova não é apenas a mais conhecida e procurada *comunidade de vida* do movimento carismático no Brasil, ela é o seu modelo. No ano de 2000, o país tinha um total de duzentas comunidades, chegando a trezentas quatro anos mais tarde. Isso não quer dizer que todas elas trabalham com mídia. A maioria, no entanto, não só usa os materiais midiáticos produzidos pela Canção Nova, como transmite suas produções em nível local e transnacional. A Canção Nova, por sua vez, cresceu bastante ao longo dos anos, em termos de pessoal e de institucionalização. Dos doze membros de 1978, passou para trezentos membros internos em 2001 e quase setecentas pessoas associadas, espalhadas pelo mundo em suas dezesseis casas missionárias. *Um pouco da história da Canção Nova* é um dos muitos vídeos online sobre o nascimento e a evolução da comunidade, postado pela TV oficial da comunidade em 18 de março de 2009 (disponível no YouTube). Ver também E. M. de Oliveira, "O mergulho no Espírito Santo: interfaces entre o catolicismo carismático e a Nova Era (o caso da Comunidade de Vida no Espírito Santo Canção Nova)", em *Religião & Sociedade*, v. 24, n. 1, 2004, p. 111.

51 Não é incomum o casamento misto no interior da comunidade, dado que é formada por homens e mulheres. As pessoas, no entanto, estão sempre cientes de que podem ser convocadas, em oração, para outras missões ou casas da Canção Nova, dentro e até mesmo fora do Brasil, por longos períodos de tempo. Aceitar esses chamados com docilidade e obediência é uma demonstração de que se compreende que a mesma força que une duas pessoas em um casal pode mantê-las afastadas por bastante tempo.

Como comunidade, a Canção Nova criou para si uma espécie de cidade dentro da cidade. Além dos dormitórios e do refeitório, há uma escola primária para as crianças da comunidade, uma faculdade de teologia para pessoas leigas e membros vocacionistas, um hotel, uma área para acampamento, um consultório médico e até mesmo um salão de beleza. Na parte de trás do complexo, um grande jardim comunitário que se estende em direção às montanhas e para além da vista. Embora a Canção Nova esteja sempre aberta a visitas, cobra uma taxa de entrada de dez reais durante os shows, que normalmente ocorrem às quintas e aos domingos. Os participantes são estimulados a trazer barracas para acampar nas largas vias que atravessam o local.

Em geral, Cachoeira Paulista é uma cidade conhecida por seus muitos sistemas fluviais. Sendo o Brasil um dos maiores usuários de energia hidrelétrica do mundo, a oferta de eletricidade depende enormemente da quantidade de precipitação que as chuvas sazonais oferecem. A Canção Nova usa seus arredores aquosos para alimentar a relação entre espiritualidade e eletricidade, entre o poder energizante do "fogo do Pentecostes" e todo um universo tecnológico-eletrônico. Essas sobreposições dependem das descrições emblemáticas que o movimento carismático usa para explicar as experiências ricamente somáticas do contato com o Espírito. É frequente o uso de termos relativos à eletricidade, como *voltagens mornas*, *irradiâncias* e *impulsos*, assim como a referência a práticas de *infusão* e *difusão*, à *circuitagem* e à *condutividade* do carisma espiritual.

Justaposições similares envolvendo água, eletricidade e espiritualidade se tornaram especialmente notáveis na época de meu trabalho de campo, em 2001, quando a chamada Lei do Apagão foi declarada. Regime nacional de economia de energia, a lei foi uma resposta às secas excepcionais dos anos anteriores. O escurecimento das casas, dos hospitais, das instituições, das ruas e das estações de mídia provocou uma campanha enorme em favor de recursos alternativos que mantivessem o país operante, que iluminassem mais uma vez os becos sem-luz e os monumentos públicos apagados, restaurassem a energia de geladeiras descongeladas e outros aparelhos. Enquanto o governo buscava freneticamente por essas formas alternativas de energia, a Canção Nova minerava toda sorte de metáforas para fundir ainda mais o Espírito Santo e o poder elétrico da mídia. O Espírito era comparado a um "gerador de eletricidade" que produz uma "infusão de energias"; os corpos das pessoas crentes eram associados a "antenas de retransmissão"; as multidões eram descritas em termos de "bom contato".[52] Não era incomum ouvir

52 Maria José de Abreu, "Breathing in the heart of the matter: why Padre Marcelo needs no wings", em *Postscripts*, v. 1, n. 2-3, 2005, p. 325-349.

de visitantes que tinham ido até lá para "recarregar as baterias", "captar bons sinais", "fazer bom contato" e "eletrizar o mundo".

Eventualmente, o circuito de analogias envolvendo clima, eletricidade e espiritualidade passou a abarcar também a proximidade física da Canção Nova com o Instituto Nacional de Pesquisas Espaciais e o Centro de Previsão de Tempo e Estudos Climáticos. O Inpe de Cachoeira é um centro nacional que, entre outras funções, conduz pesquisa em ciência atmosférica, engenharia espacial, com um programa dedicado ao sensoriamento remoto para fins de detecção e controle de satélites geoestacionários e eventos astronômicos. O instituto desenvolveu, além disso, um programa especial conectado à Floresta Amazônica, abrigando um sistema de monitoramento bastante sofisticado que produz imagens em tempo real do desmatamento, servindo ainda para registrar os níveis de poluição nos principais centros urbanos do Brasil. Essa proximidade entre ciência e ocorrências místicas em Cachoeira Paulista e no Vale da Paraíba facilita — em certa medida até mesmo organiza — a fluidez desejada no interior da comunidade Canção Nova, produzindo um anel de ordens concêntricas de influência que vai da maior para a menor escala.

O Vale do Rio Paraíba do Sul é um território amplo que se estende por três diferentes estados brasileiros: São Paulo, Rio de Janeiro e Minas Gerais. O Vale exibe as marcas do tráfico de pessoas escravizadas e da diáspora africana na paisagem brasileira. Sua posição geográfica como conector de diferentes regiões, juntamente com sua abundância de recursos naturais, tornou-o uma plataforma para as plantações de café que floresceram no início do século 19. Os elementos religiosos trazidos pelas comunidades africanas deram origem a um culto próspero de santos e santas e a práticas populares que, por sua vez, sofreram a inflexão do explosivo estatuário rococó e barroco do século 17 proveniente principalmente de Minas Gerais. Todos esses elementos fizeram do Vale do Paraíba um local de tendências intensamente emaranhadas, prosperidade econômica e aparições fantasmáticas. Não surpreende, portanto, o fato de a Igreja Católica ter decidido instalar na região um santuário nacional dedicado a Nossa Senhora Aparecida. Desde a década de 1950, essa região tem sido massivamente industrializada, explorando seu espírito mercantil-colonial, agora alimentado por um sistema que conecta estradas, obras hidrelétricas e o longo e sinuoso leito do rio, cuja navegação é idilicamente obstruída por quedas d'água.

Esse é o cenário que encontramos em Cachoeira Paulista, onde se situa a Canção Nova. Aqui, *pneuma* é visto como fonte primária de energia, fonte que sustenta "o fluxo" do movimento carismático como um todo, sendo usado para alimentar as orações, os sermões, os enunciados e gestos, a clarividência, os bons e maus sinais, os hinos, as profecias, as palavras de discernimento, a glossolalia. Assim, as associações comuns entre *pneuma* e ar/vento são facilmente convertidas para incorporar outros elementos condutores, do fogo ancestral — como o do Pentecostes — à eletricidade mais contemporânea. Essencialmente, o *pneuma* é movimento, ou melhor, o que move outras coisas ao se mover. Essas identidades elementais são provisórias, parte de um movimento permanente de cruzamento entre si, sendo todas elas variações do mesmo princípio de unção ou consagração. Talvez por isso mesmo o elemento dominante da prática carismática seja o óleo, pois facilita a transição entre todas as outras substâncias emblemáticas do espírito. As especificidades desses elementos se perdem na fala local para dar lugar a uma ideia de *pneuma* que o identifica, acima de tudo, à própria vida, ao jogo, ao provisório. O que importa é o "elemento lúdico" que as pessoas autorizam no contato entre a Canção Nova e o Espírito Santo, e não um elemento ou outro. O que interessa é o fato de que essa relação age como condutora para certo espírito circulatório, presente desde as reentrâncias dos corpos dos membros até as salas editoriais onde o artifício também é manifestação de ordem espiritual — talvez uma das mais importantes, inclusive.

Sobre óleo e unção

As noções de rejuvenescimento e renovação são fundamentais para o modo como a RCC produz a imagem de um corpo ágil e bem arejado. Esses atributos são projetados e corporificados por milhares de jovens que chegam à Canção Nova, muitas dessas pessoas de classe média alta, educadas em instituições de prestígio. A maioria vem do estado de São Paulo — algumas do Rio de Janeiro e de Minas Gerais —, chegando em excursões organizadas por redes digitais universitárias onde a RCC se faz intensamente presente. Os eventos são organizados, na Canção Nova, de acordo com certos temas, como "sexualidade e casamento", "acampamento jovem", "cura e entrega" e "seminários no Espírito"; muitos deles exibem um direcionamento nítido à juventude. Megafestivais religiosos, como o PHN (assunto do Capítulo 2), envolvem música, orações e gestos que estruturam a respiração e fazem o corpo confessar, demonstrando o poder restaurador do Espírito Santo. Não importa a prática, todas as atividades remetem a um único objetivo: mexer com a capacidade de administrar habilmente o fluxo de *pneuma*.

Para o movimento carismático, *pneuma* é o princípio proteano da adaptabilidade. É o negócio renovável e o negócio da renovação — daí o nome "Renovação Carismática". Coerentes com isso, participantes do movimento falam da condição de ser ungido e ungida, de estar sob o efeito da unção do Espírito Santo. O próprio óleo é conectado à crisma e dessa forma ao carisma e aos *kharismata*, aos dons do Espírito Santo. No começo da década de 1970, óleo, fogo e eletricidade se encontravam na retórica do batismo no Espírito usada nos Grupos de Oração; grupos que, por conta de certos agentes, eram fortemente direcionados para a inovação tecnológica e eletrônica. A prática carismática foi um desdobramento do imperativo de "aprimoramento do potencial corpóreo de reter o óleo ou a crisma".[53] Os dons oferecidos pelo Espírito durante o batismo se manifestam como uma substância oleosa, perfumada; por isso, as pessoas no movimento falam de si mesmas como "ungidas". Um corpo ungido, de acordo com essa premissa, pode se articular e adaptar mais facilmente à ludicidade surpreendente do Espírito, trazendo o preparo físico necessário para os membros e para as chamadas "secretarias".

Tendo como pano de fundo a crise do petróleo de 1973, que quase levou à falência a empresa nacional de petróleo, a Petrobras, o movimento carismático — cuja sensibilidade se organiza como expressão do modo como uma época é animada por certo espírito — foi bastante produtivo nas conexões entre a linguagem espiritual do óleo e da unção (herdada dos ensinamentos de Paulo e outros ginasiarcas como João da Cruz e Inácio de Loyola) e a crise energética que afetava o Brasil e o mundo. Cada Grupo de Oração, na década de 1970, encontrava-se embebido em um vocabulário que remetia à oleosidade: falava-se em preencher, massagear, embalsamar o mundo, começando com o próprio corpo — não o mero recipiente ou suporte para o espírito, mas sua própria articulação.[54]

53 Nesse sentido, o plano tecnológico nunca se torna um substituto que libera indivíduos da circulação do óleo — a unção — como princípio da ordem pública, caso, por exemplo, da explicação que Angie Heo oferece da mão de Samya que transpirava óleo, razão pela qual teve de ser "afastada da visibilidade pública" [*The political lives of saints: christian-muslim mediation in Egypt* (Berkeley, University of California Press, 2018), p. 193-195]. O óleo, a crisma, na forma como é operacionalizada pelos carismáticos, entra na categoria do *hierón* sacrificial, e não do *hágion*, como nos debates teológicos bizantinos em torno de ícones como a Nossa Senhora Theotókos. E por que é sacrificial? Porque, diferentemente do que ocorre com o *hágion*, o sagrado proibitivo, o *hierón* permite o compartilhamento e, portanto, a contaminação, a "violação". Como Heo nota em seu estudo sobre o cristianismo copta no Egito, a diferença entre *hiéron* e *hágion* — também investigada no trabalho de Marie-José Mondzain sobre iconografia bizantina — é pensada a partir dos escritos de Émile Benveniste, linguista interessado na ideia de voz média como uma espécie de sujeito em circulação, cujo modo de ser participa e surge, ao mesmo tempo, do ser-centro e do processo de formação subjetiva, sujeito que produz efeitos "afetando-se, no médio" [*Problems in general linguistics*, trad. Mary Elizabeth Meek (Coral Gables, FL, University of Miami Press, 1971), p. 168; ed. bras.: *Problemas gerais de linguística*, trad. Maria da Glória Novak e Luiza Neri (São Paulo, Ed. Nacional e Edusp, 1976)].

54 Quando visitei a Canção Nova pela primeira vez, em 2001, muito se falava em não deixar os "erros da administração do petróleo" afetarem a estrutura "fluvial" do movimento carismático, em um paralelo impressionante com o afundamento da

Frequentemente descrito como "imersão no espírito", o batismo marca o momento em que o indivíduo supostamente alcança um nível mais elevado de consciência proprioceptiva. Durante a oração, as pessoas são chamadas à concentração introspectiva no corpo e ao redirecionamento do "óleo" para os seus pontos de tensão, clausura ou desprazer. A ideia é expandir os graus de liberdade corpórea, ou seja, aumentar o nível de mobilidade das articulações, ao mesmo tempo que se entra numa relação de permeabilidade com o mundo externo. Como na parábola do Pentecostes, o corpo, antes obstruído e enrijecido, abre-se para o seu ambiente. O estilo aeróbico das celebrações carismáticas aumenta ainda mais essa porosidade. Por meio do engajamento corpóreo com esses exercícios de oração, que as pessoas aprendem com a ajuda de gravações, surge uma inter-relação envolvendo respiração, transpiração e transparência.

Os espaços comunitários na Canção Nova igualmente materializam uma estética do *ver-através*, da transparência. Vazios, enredamentos, estruturas permeáveis como tendas se fazem distintamente presentes na arquitetura do catolicismo carismático, e a Canção Nova é um emblema poderoso desse design.[55] Estruturas metálicas atravessam as paredes dos espaços de celebração; sendo pré-fabricadas, elas convertem os interiores tradicionais das igrejas em arenas de estilo ginasial. A cerca de fios metálicos que circunda todo o terreno adiciona uma outra camada nessa arquitetura aberta e reticulada, pois é possível ver, a partir de cada lado, o que se encontra no outro. Por isso mesmo, a Canção Nova nunca está exatamente dentro ou fora — entrar em seu âmbito é entrar na província do meio. O espaço é delimitado por uma fronteira que está ao mesmo tempo em toda parte e em parte alguma, com seus começos e fins, seus exteriores e interiores conectados de maneiras que impossibilitam qualquer espécie de fundamento sobre o qual uma comunidade — não importa se imaginada ou construída — possa ser delimitada com solidez.

Táticas vernaculares

Nos primeiros dias do movimento, o Padre Jonas logo se deparou com um dilema: como fazer uso da alienação de uma quantidade enorme de pessoas católicas de classe média alta — alheias à mensagem do

P-36, na época a maior plataforma de petróleo semissubmersa do mundo, onde doze pessoas morreram após uma enorme explosão. As associações entre óleo e espírito passariam por toda sorte de digressões, insinuações e referências cruzadas; mal se pode imaginar, aliás, o caminho escorregadio aberto pela Operação Lava-Jato em 2014, momento em que petróleo, Estado e empresas privadas estavam se tornando indistinguíveis entre si.

55 Maria José de Abreu, "Breathing in the heart of the matter", op. cit.

catolicismo da teologia da libertação no Brasil ("opção pelos pobres") — sem deixar de lidar com as críticas ao televangelismo feitas por seus pares? Como dito brevemente na introdução, toda a controvérsia da Guerra Santa, no meio da década de 1990, deixou pouco espaço para erros nessa abertura ao meio televangélico. A resposta do Padre Jonas à alta sensitividade do momento foi rejeitar o conteúdo ideológico explicitamente normativo, até então elaborado de modo pioneiro pelo Padre Dougherty. Seu projeto, portanto, seguiria se afastando da lógica calculista-instrumental para sintonizar melhor com o potencial do futuro próximo, o que lhe permitiria agir assim que o momento certo fosse apreendido. Era uma política ecológica: sintonia com o ambiente, com o que estava no ar, navegação cuidadosa pela sempre emergente paisagem televangélica.

Antes desse momento, para o catolicismo, a única entrada viável no espaço do televangelismo era pelo Padre Dougherty, que introduziu o movimento carismático no Brasil em 1969. Seu plano era implementar o reavivamento católico articulando sua ênfase no entusiasmo aos protocolos do televangelismo, tudo isso de acordo com as formas de *marketing*, as tecnologias e os modelos de financiamento trazidos dos EUA. No começo da década de 1980, ele foi escolhido como o empreendedor responsável pela aplicação das ideias desenvolvidas em dois projetos midiáticos inovadores, ambos realizados no Brasil: o Projeto Lumen (financiado por instituições privadas holandesas) e o Evangelização 2000 (financiado por comunidades católicas dos EUA). Com uma doação de 100 mil dólares e novos equipamentos eletrônicos, Padre Dougherty expandiu sua organização e o centro de produção TV Século 21,[56] contratando, em seguida, uma equipe de profissionais da comunicação — sem se importar com suas filiações religiosas — e um famoso marketeiro católico. Dougherty tinha sólidos recursos, algo de que o Padre Jonas não dispunha.

A resposta inicial a essas movimentações, nas comunidades católicas já consolidadas em território brasileiro, foi a ansiedade. Dom Paulo Evaristo, o lendário ativista da teologia da libertação, que havia presidido a arquidiocese de São Paulo, condenou veementemente a tentativa do Padre Dougherty de "comercializar o cristianismo". Enquanto isso, o maior jornal de São Paulo, o *Estadão*, denunciou o ramo da RCC de Dougherty como parte de uma manobra política do Vaticano e das elites conservadoras para eliminar o comunismo e a teologia da libertação da face da Terra.[57] Uma das razões para essa resistência intensa à importação do televangelismo católico foi o abalo no pressuposto de

56 Maribel Carranza, *Renovação Carismática Católica: origens, mudanças e tendências* (Aparecida, Editora Santuário, 2002), p. 246-265.

57 Ver Carranza, *Renovação Carismática Católica*, op. cit.

que se tratava de um fenômeno exclusivamente protestante. O próprio meio televisivo, além disso, ameaçava o controle quase total que a igreja tinha, até então, sobre os meios sagrados, algo que estava bem mais alinhado com o ímpeto maior da RCC.[58]

Em busca de uma plataforma midiática que o livrasse dessas associações com origens não brasileiras, Padre Jonas adotou uma série diversa de estratégias. Esforçando-se para desvincular o televangelismo católico da presença ameaçadora de Padre Dougherty, ele buscou outra genealogia espiritual, associando-se ao Padre Rahm, muito conhecido por sua dedicação ao trabalho social nas comunidades marginalizadas do Brasil. Enfatizando esse vínculo, Padre Jonas preparou o terreno para a união entre trabalho social e televangelismo, enfraquecendo a imagem tanto dos pentecostais quanto dos católicos conservadores como indiferentes ao bem-estar social. Aos poucos, Padre Jonas conseguiu criar toda uma imagem na população local que incluía uma possível reconciliação entre causas sociais, televangelismo e catolicismo brasileiro, ao mesmo tempo que se distanciava da rede midiática de seu competidor mais próximo, seu rival mais poderoso em Valinhos-Campinas/SP.

Diferentemente de sua contraparte estadunidense, Padre Jonas pensava que a liberdade de ação não poderia ser encontrada fora do cenário político local, e sim dentro dele, como algo vernacular. As políticas pró-tecnologia do regime governante na época em que a RCC chegou ao Brasil pareciam oferecer um solo favorável ao cultivo de uma nova cruzada midiática católica. Aos aliados conservadores do catolicismo, essas políticas forneciam a oportunidade de não apenas conter o surto de televangelismo protestante que vinha dos EUA e se espalhava pela América Latina, mas também de romper com o preconceito contra o televangelismo em geral que se encontrava profundamente enraizado no éthos progressista da Igreja Católica no Brasil. A capacidade de fazer concessões, nesse sentido, acabaria por se tornar parte da doutrina da elasticidade, expandindo e fortalecendo o espaço da terceira pessoa empreendedora: o espírito. A Canção Nova passaria a existir em uma margem, um lugar em que, como se diz, ninguém sabia o que viria adiante, e isso justificava a necessidade de vigilância constante em relação a eventos inesperados, aos quais os membros carismáticos, sempre em boa forma, teriam de se adaptar.

58 O fato de a RCC ter evoluído como movimento predominantemente de classe média alta em meios universitários — ligados a grupos católicos mais conservadores — apenas contribuiu para a distância que a separava das igrejas locais de orientação progressista e de esquerda, cuja preferência pelas pessoas pobres se mostrou inconciliável com a indústria televangélica americanizada da RCC e sua orientação mais espiritual.

Sobretudo nos primeiros anos, Padre Jonas evitou, de maneira cuidadosa, quaisquer comentários que pudessem ser interpretados como agressões diretas a contramovimentos. Primeiramente, manteve-se longe do confronto direto com as forças que mais competiam com ele; em segundo lugar, moveu-se gradualmente, dentro da estrutura da Igreja, em direção à zona obscura de um centro descentrado. Um passo de cada vez, movia-se em diagonal e, em boa forma, empurrava e puxava tudo em novas direções. Ao invés de simplesmente atacar, por exemplo, o investimento ideológico da teologia da libertação, Padre Jonas elogiava o movimento como "fruto da vontade do espírito" (o que implicava também seu declínio gradual).[59] Ele apoiou e se associou à Toca de Assis (ou aos toqueiros, como são conhecidos), movimento urbano carismático que mistura neofranciscanismo e teologia da libertação, combinando músicas e coreografias — que no passado já foram baseadas nos Backstreet Boys — com um desprendimento ascético e uma preocupação com a população mais pobre, mistura que atraiu um número grande de pessoas para os braços do movimento carismático. Tudo isso enquanto anunciava seu radical não envolvimento com a política. Ficando de fora dos conflitos maiores, mais salientes nas décadas de 1970 e 80 — o país estava imerso em uma ditadura militar —, para viver com sua comunidade de carismáticos deserdados, Padre Jonas criou uma aura de radicalismo ao seu redor e ao redor de sua comunidade. Algumas pessoas o descreviam como um "profeta em tempos de mídia de massa".[60]

Pressionado para obter recursos que rivalizassem com os obtidos por Dougherty e outros que trabalhavam nas produções televangélicas nos EUA, Padre Jonas tentou, primeiro, contato com indústrias locais. De acordo com uma narrativa muitas vezes citada, dentro do movimento carismático, sobre o sistema de mídia da Canção Nova, o padre teria percebido, durante um retiro de oração em 1990, que estava "desviando-se do caminho de Deus". A possibilidade de a existência da Canção Nova

59 Entrevista feita durante o 20º Encontro Nacional da RCC, em Aparecida, dia 25 de julho de 2001. Esse congresso é um evento anual com duração de cinco dias e que reúne personalidades, setores e membros leigos importantes de todo o Brasil, da América Latina e de outras partes do mundo. Trata-se de um esforço de colocar, num mesmo megaevento, a Igreja e o reavivamento carismático por meio de uma combinação de ritos, testemunhos e entrevistas para a imprensa. Nesse encontro, realizado no Santuário Nacional de Nossa Senhora Aparecida, testemunhei uma série de pessoas tremendo e caindo no Espírito só pelo padre Jonas ter passado por elas, tudo isso nos mesmos corredores onde as barracas dos representantes principais da CCR vendiam seus produtos e informavam visitantes e participantes sobre suas atividades missionárias.

60 Ver, por exemplo, no site da Canção Nova, as opiniões publicadas no perfil do Padre Jonas, no tópico homenagens, no final da página: https://padrejonas.cancaonova.com/.

ficar inteiramente dependente da publicidade externa parecia incompatível com o princípio do carisma que sustenta a experiência pneumática do Pentecostes ou a *modus vivendi* de São Francisco. A dependência de receitas externas trazia o risco de um questionamento sobre as opacidades da mediação e das transações financeiras típicas da publicidade, sem contar os perigos inerentes à separação entre a economia da plataforma midiática e suas redes sociais. Como resultado, Padre Jonas declarou que, daquele momento em diante, a Canção Nova viveria exclusivamente de duas fontes de renda: receitas geradas por suas próprias produções midiáticas e caridade. Três meses depois, criou uma organização de doadores, o Clube do Ouvinte. Para isso, no entanto, teve de esclarecer as regras de filiação.

O Clube do Ouvinte

Desde 1991, a Canção Nova tem transmitido um programa de TV e rádio chamado *Santa Missa do Clube do Ouvinte*, cerimônia realizada semanalmente, dedicada aos doadores e aos arrecadadores (responsáveis por ir atrás do dinheiro) da comunidade. No dia 7 de novembro de 2001, fui à Missa no acampamento. A cerimônia foi conduzida em um hangar com capacidade para aproximadamente cem pessoas. Em uma escala menor, havia ali a mesma estrutura metálica vazada descrita anteriormente. A abertura integrada do espaço o mantinha fresco. Padre Edmilson, membro bem conhecido da Canção Nova, conduziu a Missa, e o rito começou com um órgão acompanhando a voz de uma jovem cantora. O padre gentilmente deu boas-vindas à audiência e pediu a todo mundo que sintonizasse com a Canção Nova "da mesma forma que se sintoniza no Espírito Santo". Ele agia como uma operadora telefônica, passando o fluxo de energia espiritual de um elemento a outro:

> Estou colocando minhas mãos em você [*gesticulando em direção à câmera de TV*]. Sim, Jesus está tocando em você, irmão... Agora, quero que você toque o irmão que está do seu lado com o braço esquerdo, enquanto sua mão direita toca onde dói. Cura, Senhor. Liberta, meu Deus [*ele fecha os olhos enquanto a audiência ora em línguas*]. O Senhor está tocando uma perna direita, o Senhor está tocando um leproso. Senhor, tem um homem agora colocando em você um problema com o estômago dele, esse órgão vital difícil, e eu peço, meu Senhor, também pelas outras causas que não são doenças do corpo, mas são outras... emocionais, adúlteras, causas impossíveis. Você que é o Deus do impossível, olha a fé de seu povo, visita agora, Senhor. Tem um homem aqui, não é católico, ele é evangélico, e o Senhor está tocando [ele], ele estará conosco em breve. Obrigado, Senhor. E agora uma perna direita... Obrigado, Senhor, porque agora você está tocando alguém que está com dor de ouvido. Visita agora, meu Senhor [*pausa*]. Agora, meus irmãos, troquem o braço esquerdo pelo direito, toquem a pessoa à sua direita. Se

> até esse momento as palavras estavam em falta, agora elas serão liberadas. Você que está com a língua seca, presa, agora sua língua é livre. Obrigado, Senhor. Essa é uma igreja viva agora, não uma igreja morta, porque o Senhor é o mesmo, ontem e amanhã, e nós temos sido obedientes com todos os membros do Clube do Ouvinte, todos os membros da CN [Canção Nova].[61]

Num determinado momento, Padre Edmilson interrompeu o fluxo de profecias e curas e começou a ler mensagens impressas de e-mails que estavam na mesa do altar. Elas haviam sido enviadas por testemunhas de um milagre previsto pelo padre. O envio e o recebimento de mensagens espirituais são pensados por meio de termos que dizem respeito à interatividade tecnológica, termos que servem para intensificar todo o processo:

> Padre Edmilson, você disse que deveríamos pôr as mãos onde dói, que, fazendo isso, uma pessoa que tem problema nos ouvidos estaria sendo curada. Eu estou curado e a dor foi embora. Agradeço ao Senhor.
>
> Padre Edmilson, quando você falou de um homem curado do problema do estômago, eu toquei na tela com a mão esquerda, eu estava com a mão direita no estômago. Minha dor passou graças ao Senhor.

A leitura de mensagens foi interrompida, então, por um surto de novas revelações que o padre recebeu do Espírito Santo:

> Sim, Senhor, um homem está agora sendo curado do câncer em um de seus testículos. Obrigado, Senhor, por esse ouvinte, pelo outro que recuperou sua visão no olho direito. Meu Senhor, obrigado... cura o miasma, a intoxicação, cura o refluxo, o tumor na espinha. Um antebraço precisava de uma prótese, mas hoje, assistindo a *Missa do Clube do Ouvinte*, ele está curado. Vamos aplaudir Jesus, nosso Senhor!

Padre Edmilson, ao explorar a porosidade semântica do carisma — designando graça e caridade ao mesmo tempo —, encena as possibilidades de cura e citação para as câmeras de TV em uma cena que é, simultaneamente, teatral e escritural. O Espírito Santo passa pelos membros e os cura como se estivessem todos conectados por um longo cabo que atravessa espaço e tempo (já que, por vezes, as pessoas que receberão a cura já morreram). Há algo multitemporal nesse circuito, em seu endereçamento do que está por vir por meio do que já se foi. A voz do Padre Edmilson desempenha um papel fundamental no intercâmbio de fluxos entre o dentro e o fora, entre produtores e audiência. Longe de serem meros espectadores, os membros da audiência estão ativamente engajados no enquadramento da oração comunitária. O padre sanciona as curas recebidas do Espírito ao ler os testemunhos que chegam à mesa do altar

61 Missa do Clube do Ouvinte, 7 de novembro de 2001.

por meios eletrônicos, enquanto os "aleluia" e "amém" vão adicionando ritmo às leituras. Conforme o circuito vai acelerando, surge uma vocalização crescente, dramatizada pelo falatório em línguas e seus sons, como rugidos, ininteligíveis. As mãos-em-toque sugerem uma comunidade de corpos interligados, integrados em um círculo móvel de luz.

O corpo do médium não tenta fazer a comunicação entre dois mundos. Não, o corpo — como acontece com o espaço e com o meio televisivo — é empregado como meio de circulação e transmissão de energia. Dito de outro modo, tudo no cenário — o corpo, o espaço, a mídia — participa desse movimento de transmissibilidade. As mãos-em-toque visam restaurar a harmonia no corpo, compensando uma carência emocional, física ou espiritual. Colocar as mãos, alternadamente, sobre si e sobre outro indivíduo, como solicitado pelo Padre Edmilson, acaba por reforçar o contato estabelecido entre o corpo pessoal e o coletivo, com o padre operando ali, o tempo todo, como uma fonte energética, um interruptor. O corpo do crente e doador em potencial se expande e se identifica com a dimensão tecnológica ao inscrever as transações do carisma, que se manifestam, em última instância, na forma de doações. Sendo a caridade, de acordo com São Paulo, a forma mais elevada de carisma — o dom transbordante —, o termo "doações" não se refere ao ato desencarnado de ofertar algo, mas a uma condição receptiva, uma característica que atravessa o corpo em adoração.[62] O ato de doar se torna, assim, mais um signo da despossessão que da possessão. Como dizem os carismáticos, "a gente existe na caridade". Ou, lembrando as palavras de Mauss, dar é doar a si, impulsionar ainda mais a circulação do "dom".[63]

Autoconsciência tecnológica

Não seria estranho pensar que, para manter sua própria mistificação em termos religiosos e econômicos, a Canção Nova teria de apagar seus traços tecnológicos. O que ocorre, entretanto, é o oposto disso. Longe de qualquer esforço de ocultamento, a comunidade Canção Nova leva sua audiência, de maneira constante, aos bastidores, para que veja o que

62 Em suas cartas, São Paulo lista os diferentes *kharismata* em termos de carismas da palavra, incluindo a glossolalia e a profecia; carismas da ação, incluindo a caridade e as curas milagrosas; carismas da cognição, incluindo o dom do conhecimento, discernimento e ciência. A caridade, porém, é o carisma que ele celebra como fundamento de todo o resto. As palavras "carisma" e "caridade" possuem a mesma raiz etimológica, passando pelo grego *kháris*.

63 Marcel Mauss, *The gift: forms and functions of exchange in archaic societies*, trad. Ian Cunnison (New York, Norton, 1967); ed. bras.: "Ensaio sobre a dádiva: forma e razão da troca nas sociedades arcaicas" em *Sociologia e antropologia*, trad. Paulo Neves (São Paulo, Cosac Naify, 2003), p. 183-194.

normalmente fica invisível, aumentando a consciência acerca das operações materiais que sustentam as transmissões "ao vivo". Doadores ganham acesso completo aos fluxos do capital, recebendo incentivos para acompanharem os registros das transações em tempo real, dado que a Canção Nova revela, incessantemente, as porcentagens obtidas em sua corrida mensal pelos 100% de doações.[64] A transmissão diária dessas entradas e saídas lembra bastante as figurações mercuriais de um radar meteorológico, contribuindo efetivamente para uma lógica estética da "transparência econômica".[65] Nos últimos dias do mês, o investimento emocional aumenta. A "chuva generosa" de dinheiro, nesse momento, é associada com frequência a uma nuvem altamente carregada, só que de orações coletivas — a oração, afinal, é pensada como algo que se concretiza pela respiração, tendo um impacto imediato na atmosfera circundante. A mistura da vida dinâmica e material do corpo com as características voláteis e imateriais do virtual, por meio do trabalho respiratório, produz uma justaposição efetiva entre meios e fins em concordância com a lógica do mercado global: mobilizando uma estética da transparência e toda a sua autorreferencialidade, o controle sobre o fluxo de capital e sobre as propriedades intelectuais é mantido sem maiores dificuldades.

Ao contrário do Padre Dougherty, cujos programas incluem comerciais de outras entidades religiosas, a Canção Nova é inteiramente autorreferencial em matéria de publicidade. Não faz propaganda de nada além de si mesma. Ao explicitar os meios tecnológicos — apontando a câmera para a câmera e para a própria comunidade —, eles retornam à cena da visibilidade; ou seja, a mediação performa sua negação ao favorecer a autorreferencialidade afetiva.

Falar em uma autorreferencialidade dessa ordem, no entanto, não é o mesmo que afirmar o retorno traiçoeiro da mediação à imediatez. O que está em jogo é uma ação — operação — que nem é mediação, nem é imediatez, elementos da lógica binária usada pelas teorias sociais da religião e da mídia.[66] O que temos, na verdade, é a recusa dessa lógica

64 Para dar um exemplo, no dia 30 de julho de 2001 a diferença entre o arrecadado (R$ 3.332.918,24) e os gastos (R$ 2.336.393,27) foi positiva (R$ 996.524,97). O fluxo de almas só acelerou na semana anterior. Ver *Revista Canção Nova*, edição de setembro de 2001.

65 Ver Rosaling Morris, "Modernity's media and mediumship? On the aesthetic economy of transparency in Thailand", em *Public Culture*, v. 12, n. 2, 2000, p. 457-475; Michel Taussig, "Viscerality, faith, and skepticism: another theory of magic" em Birgit Meyer e Peter Pels (ed.), *Magic and modernity: interfaces of revelation and concealment* (Stanford, CA, Stanford University Press, 2003), p. 272-303.

66 Ver Hent de Vries, "In media res: global religion, public spheres, and the task of contemporary comparative religious studies" em de Vries e Weber (ed.), *Religion and media* (Stanford, CA, Stanford University Press, 2001), p. 4–42; Jeremy Stolow, "Religion and/as media", em *Theory, Culture, and Society*, v. 22, n. 4, 2005,

por meio da recursividade imagética, como um olhar da imagem para si mesma. Ao voltar-se para si, como numa retroalimentação topológica, a imagem — aquilo que é oferecido aos sentidos — é a possibilidade de um circuito, uma coisa multitemporal, um reavivamento do corte. A mediação pode até ser parte disso, mas ela não é — e nem pode ser — encarnacional como ocorre na Canção Nova.[67]

Nela, há algo ainda mais elusivo em operação. Se Padre Jonas recusa toda a publicidade, todo o auxílio da propaganda externa, isso não se deve a uma desvalorização do modelo corporativo ou das possibilidades que o dinheiro traz; na verdade, ele enxerga no próprio afastamento a possibilidade de conjurar uma forma de administração que muito deve a uma doutrina teológica específica da encarnação. Nela, Padre Jonas foi capaz de encontrar sua práxis econômica em um período de grandes reformas econômicas no país, corrigindo, assim, o estatuto teológico do empreendimento: mecanismo definido como capacidade de anulação de si no momento mesmo da aparição (*kenosis*). Ao se anularem e retirarem

p. 119-45; Birgit Meyer, "Mediation and immediacy: sensational forms, semiotic ideologies, and the question of the medium", em *Social Anthropology*, v. 19, n. 1, 2011, p. 23-39; Marleen de Witte, *Religion and media*, op. cit.

67 Falar em mediar é falar no *entre* uma coisa e outra — entre as coisas sagradas e os atributos técnicos, por exemplo. Porém, é precisamente essa espacialidade, a ideia de um intervalo espacial entre duas coisas que a lógica operacional da encarnação carismática suspende. Na operação recursiva da câmera que olha para si mesma, fazendo com que origens e fins entrem numa espiral, o espaço de um *entre* pressuposto na mediação — assim como na presença — também passa por uma transformação. O que estava entre se torna um meio indefinido no retorno autorrecursivo da imagem. Podemos encontrar essa ideia já no engajamento de São Paulo com as filosofias do ginásio em Corinto. Sobre isso, ver Robert Dutch, *The educated elite in 1 Corinthians: education and community conflict in graeco-roman context* e Clarence A. Forbes, "Expanded uses of the Greek gymnasium", op. cit., p. 32-45. Seguindo a disciplina do ginásio, focando na exposição das possibilidades da retórica articulada pelo exemplo dos corpos bem lubrificados, Paulo pensa o espírito como um "articulador" que desafia o conceito aristotélico de *meio*, do qual dependem as teorias convencionais da mediação. Como escreve Samuel Weber: "O sentido primário de meio, no entendimento aristotélico, é o de um intervalo, um espaço entre pontos ou polos preexistentes e já constituídos, um espaço cuja vacuidade é enquadrada como não ser, vazio, de modo que há um contínuo". Samuel Weber, "Religion, repetition, media", em Hent de Vries e Samuel Weber (ed.), *Religion and Media*, op. cit., p. 52. Esse contínuo define o intervalo ou o espaço *entre* que Paulo e os carismáticos transformam com suas práticas. Esse outro senso de intervalo tem mais a ver com a experiência teatral de Constantin Constantius (pseudônimo de Kierkegaard), em sua investigação sobre a repetição, sobre a qual escreve o seguinte: "Ao invés dessa continuidade, ele [Constantius] encontra apenas disjunção e duplicação no 'vaivém' (gestual) do teatro [...] 'a separação nítida dos opostos é desfeita', circunscrevendo um terceiro espaço dinamicamente estranho, espaço 'vazio em sua plenitude, isolado em seu ser-apartado'". Søren Kierkegaard, *Repetition: an essay in experimental psychology*, trad. Walter Lowrie (New York: Harper, 1964), p. 52.

do contato com os agentes externos da publicidade, as câmeras de TV da Canção Nova devem se voltar para si mesmas numa espécie de abraço tautológico. Quanto mais o maquínico e o artificial são expostos no circuito interno da Canção Nova, mais o princípio de encarnação se faz visível como modelo dramatúrgico.

A Canção Nova foi capaz de transformar o valor do dinheiro em um aspecto imanente de sua administração pela graça. Esse modo de operação se tornou o orgulho da comunidade, um substituto para o *marketing*. Na prática, porém, o que a Canção Nova fez ao mercado foi o que o mercado neoliberal, na década anterior ao novo milênio, fez com o Estado brasileiro. Ela suspendeu qualquer referencialidade a uma ordem superior de modo a alimentar uma vulnerabilidade estratégica, do tipo que permitiria a transformação de incertezas e irregularidades — inerente ao caprichoso Espírito Santo que *sopra onde é ouvido* — em recursos para a governança, não em obstáculos. Autorreferencial e autorreflexiva, a Canção Nova incorpora valores como a caridade, a benevolência e a solidariedade em sua retórica carismática "anti-institucional". No entanto, como bem mostra Andrea Muehlebach, esse tipo de discurso anti-institucional, a declinação moral que coloca a "graça como ilegal" — existente fora da lei, da letra, como afirmava Paulo — tem sido e continua a ser favorável ao *complexio oppositorum* do Estado neoliberal.[68] Em sua presença ativa na anulação de si — o que chamo de "participação encarnacional" — diante da sociedade e da responsabilidade pelo bem-estar social, o Estado comanda indivíduos e mercados a se adaptarem a demandas que exigirão uma flexibilidade cada vez maior. Mais um ritmo do que uma localidade especificável, o poder estatal se faz presente nessa anulação de si. Trata-se de uma operação. Agindo dessa maneira, o Estado pode apelar ao bom senso de cada indivíduo, que deve ser generoso e caridoso: um cidadão cheio de graça.

A Canção Nova assimila mimeticamente a figura do mercado no momento mesmo de sua recusa. É possível fazer isso sem contradições porque o próprio mercado não está numa posição fixa a ser contradita por outra: tal como a Canção Nova, ele é um empreendimento atmosférico.[69] Ao mostrar as câmeras de TV em seu mostrar, a unidade dramática da ação é fraturada para dar lugar a um ritmo dinâmico de chegada-partida, bem mais apropriado a esse teatro político. Em nome

68 Andrea Muehlebach, "*Complexio oppositorum*: notes on the left in neoliberal Italy", em *Public Culture*, v. 21, n. 3, 2009, p. 495-515; *The moral neoliberal: welfare and citizenship* (Chicago, University of Chicago Press, 2012).

69 Ou então o que meus orientandos Ben Bieser e Aaron Su chamam de "pneumatoliberalismo", fruto de uma conversa que tivemos em meu escritório na Universidade de Columbia. N. da. E.: link indisponível.

da reencenação dos Atos dos Apóstolos, a Canção Nova visibiliza sua arquitetura excessivamente complexa do tempo, uma construção reticulada que, em seu crescimento contínuo, parece exceder todas as razões capazes de dotar as coisas de sentido, inclusive para si mesma. Nesse mundo autorreferencial de uma "medialidade sem fim", pode-se imaginar o motivo de termos como "adaptabilidade" serem relevantes, ou o porquê de membros da comunidade, até os dias de hoje, ficarem repetindo a incerteza positiva do caminho adiante. Cada passo da Canção Nova é uma investida ética na propriocepção.

Ementa

Esse capítulo dedicou-se a uma investigação acerca da questão da comunidade como sistema de comunicação. Ao invés de analisar o modo como essa comunidade usa a mídia para se imaginar instrumentalmente, tentei identificar a produção de mecanismos que permitem à comunidade se identificar com o ato mesmo de comunicação. Ou seja, decidi pensar a comunicação como uma forma de processamento comunitário. Analisei o modo pelo qual a noção pentecostal ou paulina do *pneuma* corporificado fornece à Canção Nova uma nova espécie de teoria religiosa da mídia, e explorei a articulação dessa teoria com um regime econômico de transparência baseado na aptidão do corpo para perceber e regular o movimento. Ao ser percebida por meio da mecânica da respiração e da circulação, não há uma posição exterior a partir da qual a comunidade possa ser claramente definida. O que importa, na verdade, são os ciclos e as recíprocas entre dentro e fora, bem como a necessidade de manter o equilíbrio proprioceptivo entre ambos.

Ciente de como a maioria da população brasileira demonizava a mídia de massa, Padre Jonas sabia que, antes de começar a usá-la para fins de conversão, ela mesma teria que ser convertida; seus demônios teriam de ser expulsos e seu ar, reciclado. Para isso, ele precisaria começar com o que nele havia de mais íntimo e irrefutável: seu próprio corpo fragilizado. Ao invés de se unir às forças que operavam no contexto político polarizado do Brasil, ele resolveu focar nos atributos motores de seu corpo — o meio de seu *ser*. A partir disso, em diálogo com seu entorno imediato, começou a abrir caminho para uma circuitagem expandida, balanceada. Embora tenha deixado ao Padre Dougherty a honra do pioneirismo, Padre Jonas o usou como uma espécie de corta-vento contra a mentalidade crítica local. Longe de ser a grande obstrução que inicialmente parecia ser, a falta relativa de recursos redirecionou-o para uma forma de capital intangível, o carisma, que se mostrou um agente eficaz sob as novas condições da economia global.

Tendo poucos recursos para conseguir resultados bem-sucedidos em termos estritamente econômicos, Padre Jonas ofereceu, em vez disso, um retorno profético bem-encenado da comunidade apostólica, cujo poder reside na capacidade de performar a própria manufatura, sempre em movimento, sempre incompleta: uma comunidade que existe no processo mesmo de sua feitura. Deixando de lado a oferta de instrumentos palpáveis ou de um esquema bem-definido, ele incorporou um tipo de precariedade produtiva que o tornou capaz de jogar a mediação para o interior do plano tecnológico, ao mesmo tempo que redirecionava seus procedimentos de marketing para um campo relacional aberto de fluxos. Como motor de circulação e autorregeneração, a Canção Nova estrutura o imaginário associado às dinâmicas respiratórias e constrói sobre ele. Nesse sentido, não é uma "esfera do poder" (como diria Jürgen Habermas), em que significados discursivos são inerentes, mas uma atmosfera cuja volatilidade impede qualquer tentativa de definição nítida das fronteiras dessa comunidade-em-construção.

Painel bizantino na Igreja Nossa Senhora do Perpétuo Socorro, Diocese de Santo Amaro, São Paulo (Brasil). Foto: Maria José de Abreu.

2 Confissão, tecnicamente falando

Queremos estar perto do vazio, mas não para cair nele.
— Georges Bataille, *The accursed share*[70]

No ônibus de São Paulo para Cachoeira Paulista, notei que um grupo jovem cantava alto músicas do último álbum de Dunga, *Água humilde*, batendo palmas, alegres. O destino, pensei eu, devia ser o acampamento de três dias da Geração PHN na comunidade Canção Nova. O programa PHN (Por Hoje Não!) oferece a oportunidade de ser um jovem católico com um estilo reconhecível, expresso em camisetas modernosas e cheias de brilho, bonés, acessórios e revistas. No ônibus, passavam de mão em mão vários CDs, uma câmera digital e outra de vídeo que seriam usadas para gravar tal e tal show, ou então a fala do Padre Roberto, líder da Toca de Assis, grupo neofransciscano um tanto peculiar, ativo nas megacidades do país. Completavam o pacote os rosários bizantinos de dez contas ao redor de seus pulsos. Como estava a caminho da Canção Nova para acompanhar os eventos, amplamente divulgados na TV da comunidade, decidi me aproximar e perguntar sobre seu entusiasmo e expectativas. Eram três mulheres e dois homens de dezenove a 26 anos, estudantes de universidade em Campinas. Com exceção de um rapaz, todas as pessoas ali já haviam participado de eventos do PHN. Todas tinham, inclusive, pais e mães que frequentavam algum grupo carismático de oração. Já elas estavam nos grupos universitários de oração, sendo ativas em outros projetos, como os Barzinhos

70 Georges Bataille. *The accursed share — An essay on general economy, vol. II & III*, trad. Robert Hurley (Nova York, Zone Books, 1991), p. 109. N. da E.: A tradução brasileira de *A parte maldita* é parcial, portanto este e outros trechos citados pela autora não serão encontrados nela.

de Jesus.[71] Perguntei o significava para elas ser parte da Geração PHN. André, o mais velho, respondeu primeiro:

> ANDRÉ: Não sei se você sabe, mas PHN significa "Por hoje não, por hoje não vou pecar"... Dunga, o profeta dos jovens, criou esse conceito especialmente para os jovens, para todo mundo, claro, mas especialmente pra gente. Tem uma música de hip-hop que abre o programa dele, nas terças à noite, *Geração PHN*, um programa onde só vão os adolescentes e eles têm a oportunidade de fazer as perguntas deles, falar de seus testemunhos. É toda terça, dez e meia, ao vivo, passa na TV em São Paulo, depois repete aos sábados. A música é assim "Pode parar, vamos todos parar, vamos todos parar de pecar". [Todos cantam, batem palmas e se movimentam.] Nunca viu? Se você assistir, vai entender o que motiva a gente. O PHN nos deixa conscientes das tentações pequenas de cada dia. É um "não" devastador para o pecado. O Dunga enxergou na música uma forma de manter as pessoas jovens conscientes dos perigos do pecado.
>
> O que é a Geração PHN? É essa nova geração de pessoas jovens, como a gente, que vê os desafios de escolher, no dia a dia, entre o bem e o mal. Um dia tem muitas horas, muito mais minutos, e ainda mais segundos, então o PHN deve estar constantemente em nossas mentes para nos manter no caminho correto o tempo todo! Por que "hoje"? O dia é sempre o dia de hoje, cada momento, cada minuto, né, nesse mesmo minuto tem um monte de coisas ruins acontecendo, se não com você, em sua casa, então em outro lugar, na sala de aula... nós que somos PHN estamos conscientes o tempo todo da tentação. Todos os dias nós somos confrontados com a tentação, né, aquela coisa de sexo, drogas e *rock'n'roll*... mas apenas com o banho que você toma todos os dias, você pode se permitir dizer "não!". Você não pode se conformar com esse mundo. É a luta do espírito com a matéria... Mas é claro que, às vezes, é difícil lembrar disso sozinho, então esse é o motivo pra gente ir nesse acampamento PHN, para conseguir novas forças. Pra mostrar o meu "não", por hoje.
>
> MARIA JOSÉ: Vocês costumam usar as camisas do PHN, como agora? Ouvi vocês cantando, são músicas do Dunga, certo?
>
> MAURÍCIO: Sim, são do álbum *Águas humildes*... não vemos mais MTV, não ouvimos MPB, nem vamos em outros shows porque no PHN encontramos uma forma mais elevada de entretenimento, muito mais radical. Ela passa uma mensagem muito mais radical, que de fato transforma... porque, como posso dizer... como disse o André... é uma forma de entretenimento baseada na negação do mal, mas tem esse jeito rebelde, jovem também. Porque não é um trabalho fácil dizer "não!". Não é fácil... o PHN é

71 Um de muitos projetos que o movimento carismático cria para estimular e multiplicar justaposições entre cristianismo e vida pública por meio de eventos divertidos, práticos e de orientação religiosa. Outros exemplos que mostram como o movimento se alimenta de diversas áreas da cultura popular, absorvendo seus elementos, são: o carnaval com Jesus, a aeróbica do Senhor, a banda de heavy metal Rosa de Saron. Para mais sobre o que está politicamente em jogo nessa cooptação de elementos profanos, em termos da distinção entre *hiéron* e *hágion*, ver a nota 25 no Capítulo 1.

necessário para entender que o "não" nós dizemos não só nesses momentos do show, é algo que levamos para o cotidiano na escola, em casa, na nossa paróquia, com nossos amigos. É nosso DNA. Como diz o Dunga, o dia de hoje é um só. Ele nunca existiu e nem nunca vai existir [de novo], então é preciso concentrar no minuto, no segundo, no agora, e ficar dizendo "não!" — acumulando vários *nãos*. E, no fim do dia, nós nos perguntamos: quantos *nãos* eu disse hoje?... Quando queremos sair, tem esses Barzinhos de Jesus, organizados por grupos carismáticos de São Paulo. Lá aprendemos novas composições, novas músicas, coreografias também para adorar a Jesus. É bem legal... você é portuguesa, né? Eu percebi no seu sotaque. Como é a Renovação Carismática lá em Portugal?

MARIA JOSÉ: Bem, estou começando a me atualizar, mas não parece ser algo tão vivo como aqui no Brasil.

ANDRÉ: Aah! Sim, brasileiros são muitos musicais, gostam de ser espontâneos, né não? Ouvi que lá em Amsterdã, tem esses lugares feitos só para o pecado. Os cafés, as casas para prostitutas... Aqui, fica tudo ao ar livre.

O objetivo deste capítulo é descrever e analisar como, a partir da influência crescente do catolicismo carismático no Brasil, o sistema moderno de confissão tem sido ajustado de acordo com um novo programa confessional: o festival PHN. Essas mudanças são caracterizadas por quatro pontos centrais: em primeiro lugar, a substituição de um regime primariamente verbal por um corpóreo; em segundo, a transição do âmbito privado para uma performance pública, socialmente formatada; terceiro, o deslocamento do postulado do "pecado original", que deixa de ser uma crença fundamental para se tornar uma prática corporificada do meio-termo; e quarto, uma alteração na maneira de conceber o *eu*-confessional, em que a circulação do pecado passa a ser mais valorizada que a autorização de si. Mostro como esses deslocamentos oferecem a estrutura formal para as confissões de jovens carismáticos e carismáticas na Canção Nova.

O festival PHN é marcado por interrupções e repetições que sintonizam, de maneira progressiva, os ritmos do corpo aos da mídia mecânica, tornando visível o que normalmente fica invisível: a própria técnica. Voltado especialmente para a juventude, o festival de três dias se apresenta como alternativa à confissão privada. É uma espécie de manual prático para a guerra contra o pecado. Nesse contexto, junta-se tudo — a linguagem, a respiração, os gestos, os sons, as sensações — para fazer aparecer na confissão aquilo que o movimento carismático nomeia "a voz da terceira pessoa". Esse deslocamento do *eu*-confessional para os espaços da terceira pessoa — do Espírito Santo — rompe com as convenções tradicionais que dependem de um *eu* anterior. Confessar, a partir dessa perspectiva, significa dizer nada de específico.

Confessar expõe as articulações, o dispositivo espiritual que dá ao corpo a capacidade adaptativa de *despecar* repetidas vezes. A confissão envolve explicitar as técnicas físicas que reconhecem o pecado como condição de possibilidade e, a partir disso, trabalham o corpo de maneira preventiva — como anticorpos cuja presença diz da possibilidade de uma infecção. O sujeito confessional do PHN, prático e processual, nunca está contido no modo indicativo de um *lá*, no sentido de uma concordância do *eu* consigo mesmo. Estar na terceira pessoa significa, de maneira ideal, estar em passagem, ser extemporaneamente em relação a si mesmo, como no gerúndio de uma multitemporalidade permanente.[72] A ênfase no gerúndio perturba, pressiona a lógica causal inerente ao postulado do pecado original; pecado que, por sua vez, sustenta a forma ocidental da confissão. Se o sujeito é *sendo*, nunca exatamente lá — apenas de passagem — no interior do espaço da prática, então quem ou o que fala senão o aparato de mídia, senão o próprio fazer-confissão?

Realizados ao menos uma vez por mês, os festivais PHN atraem centenas de jovens, em muitos casos estudantes de ciências naturais. Essas pessoas não irão até a Canção Nova para confessar os feitos do passado, e sim, como elas mesmas dizem, para se "regenerar" ou se "atualizar", aumentando a resistência de seus corpos ao pecado. Paradoxalmente, o exercício da recusa treina o corpo para que se torne o melhor canal possível para a circulação do pecado visível. O desafio que o PHN faz à confissão moderna está no modo como o corpo da prática funciona, ao mesmo tempo como controlador e condutor dos perigos. É na própria exposição dos pecados — sempre em circulação pelo mundo — que os carismáticos treinam o corpo para o não pecado. Quanto mais uma pessoa se exercita, mais fluido é o seu comportamento nos shows do PHN, mais capaz ela se torna de testemunhar a realidade da impureza. Isso se deve ao fato de que, nesses eventos, o pecado é visto como chamado para o movimento, para a circulação, e não como algo a ser capturado e exorcizado (ainda que, em momentos extremos, isso de fato aconteça).

O que está em jogo é o modo como o corpo internaliza a própria estrutura que deseja combater. O pecado é sem limites e, portanto, o corpo deve internalizar essa ilimitação. Como veremos, ele deve se livrar de todos os artefatos fronteirizados para mobilizar certo corpo linguístico ao redor de uma "ideologia semiótica" específica — para usar a expressão de Webb Keane[73] —, algo que serve para instituir os termos da

72 Ver Samuel Weber, *Theatricality as medium*, op. cit.; Rafael Sánchez, "Channel-surfing: media, mediumship, and state authority in the Mariá Lionza Possession Cult (Venezuela)" em Hent de Vries e Samuel Weber, *Religion and media*, op. cit., p. 388-434.

73 Ver Webb Keane, *Christian moderns: freedom and fetish in the mission encounter* (Berkeley, University of California Press, 2007), p. 17.

ilimitação desejada. Praticar é expor o pecado e, ao mesmo tempo, fazer dessa exposição um sinal de como um corpo moral deve circular. Assim, no PHN, indivíduos são menos levados a confessar que a performar *o acontecimento da confissão*. O que se valoriza, nesse caso, é a circulação que afirma a passagem do pecado. Diferentemente do que ocorre nas iterações mais familiares do confessionário moderno, a responsabilização de si — em uma narrativa individuada em que o pecado é absolvido na conclusão — ameaça todo o circuito. Em última instância, é o corpo que falha ao deixar de participar da passagem, o corpo é que quer reivindicar o pecado como se fosse sua posse singular — "o meu pecado e de mais ninguém" —, como algo passível de se tornar, seguindo essa lógica, alvo de um tratamento também individualizado.[74]

Entre os vários males mobilizados para o aprimoramento das técnicas confessionais, temos o vício e a masturbação (muitas vezes os dois-em-um), assim como outras técnicas de sexo não reprodutivo. Tem se

74 Neste ponto seria interessante comparar/distinguir o estatuto da responsabilização em termos de "dar uma resposta" ["*answer*"] e "reagir" ["*response*"]. Samuel Weber trabalha com essa distinção no sentido de que, enquanto a função de uma *resposta* é trazer um encerramento, *reagir* é algo que estimula o ciclo por meio de um "depois disso". Ver Samuel Weber, "Afterword: the new-old media", em *Current Anthropology*, v. 58, Supl. 15, 2017, S160-S161. Nesse sentido, reagir não é trazer um fechamento, encerrar, e sim sustentar a abertura do circuito. Ver Thomas Carlson, *The indiscrete image: infinitude and the creation of the human* (Chicago, University of Chicago Press, 2008). Assim, por exemplo, Walter Benjamin usava o romance como exemplo de um meio que corporifica a lógica da "resposta", nomeadamente através da função exercida pelo leitor ou pela leitora que sobrevive ao fim do romance (portanto sobrevive ao fim ao se tornar espectador ou espectadora de sua própria morte). Ao contrário do que ocorre na narração de histórias, cujo objetivo é seguir adiante, de maneira indefinida, com reações à pergunta "e então?", "e aí?". Ou seja, o sentido da "responsivação [*response-ability*]" é reviver a pergunta sobre o que vem "depois disso". Ver Joseph Masco, "The end of ends", em *Anthropological Quarterly*, v. 85, n. 4, 2012, p. 1107-1124; Maria José de Abreu, "Technological indeterminacy: medium, threat, temporality", p. 267-284; Carlo Caduff, "After the next: notes on serial novelty" em *Medicine, Anthropology, Theory*, v. 5, n. 4, 2018, p. 86-105. Já Weber escreve o seguinte: "a reação a essa pergunta só pode ser uma nova história que, como todas as outras, reproduz e modifica as anteriores" (Samuel Weber, "Afterword: the new-old media", S161). Meu ponto aqui, e ao longo de todo o livro, é reafirmar o modo como os carismáticos suspendem a noção de escatologia ou a de fim, redefinindo a própria ideia de *mídia* como aquilo que nos conserva em um meio-termo ou ambiente indefinido, no sentido espacial, ainda que essa espacialidade seja essencialmente temporal. O espaço é fabricado a partir de um ritmo ou de um *balançando*. Nessa afirmação da medianidade, os carismáticos sintonizam a si mesmos com a sensibilidade temporal do neoliberalismo, e o fazem de uma maneira que lembra a lógica e a estética da contrarreforma barroca na poderosa articulação feita por Benjamin em *A origem do drama trágico alemão*. O que importa não é origem (o pré-) ou fim (o pós-), mas lançar ambos no redemoinho de um intervalo que absorve, para dentro de si e de maneira rítmica, o "antes" e o "depois" como moderações, meios.

estudado, academicamente, as implicações das sexualidades não reprodutivas para questões de nacionalismo, política muscular e soberania;[75] este capítulo se alinha a esses esforços investigando as implicações da condenação do sexo não reprodutivo em cenários governados pela lei da reprodutibilidade. Busco destacar as técnicas de deslocamento que produzem oscilações entre categorias generificadas e um referente não generificado maior ao qual os membros do movimento carismático se submetem. Pois, apesar de eles investirem na "desgenerificação" das relações de poder como parte de um deslocamento da subjetividade autoral para os espaços em que a terceira pessoa flui, esse deslocamento nada mais é que a expressão de um compromisso radical que, em última instância, exclui a própria abertura oferecida. É preciso dar atenção a essa lógica pois ela postula uma forma de totalidade na qual, no fim das contas, a lei ou a norma é cumprida precisamente ao ser desprezada. É algo semelhante à circularidade que constitui a arquitetura teatral do PHN, descrita neste capítulo, em que o começo de cada fala é também o fim, de modo que a evocação de uma terceira pessoa sem gênero reitera exatamente o que será a ela negado. O sêmen, por exemplo, normalmente relacionado à masculinidade, pode ser apresentado, nesse processo, em termos anônimos, mas as "graças" oferecidas são nitidamente patriarcais. O que se segue é um festival de três dias cuja teatralidade é marcada por três elementos fundamentais: rap, masturbação (ou melhor, sua negação) e ressurreição.

Sexta-feira: rap

Quando o ônibus chegou à Canção Nova, havia algumas centenas de pessoas no local, passeando pelos campos verdes que se espalhavam até a bela Serra da Mantiqueira. As vias eram pontuadas por inúmeras barracas coloridas e por homens e mulheres jovens que se fundiam para formar grupos cada vez maiores. Algumas dessas pessoas, tendo chegado no dia anterior, amontoavam-se em círculos ao redor de um homem ao

75 Georges Bataille, *The accursed share, vol. 2 and 3*, op. cit.; Eve Kosofsky Sedgwick, *Between men: English literature and male homosocial desire* (New York, Columbia University Press, 1985); Jydith Butler, *The psychic life of power: theories in subjection* (Stanford, CA, Stanford University Press, 1997); ed. bras.: *A vida psíquica do poder: teorias da sujeição*, trad. Rogério Bettoni (Belo Horizonte, Autêntica, 2017); Lauren Berlant, *The anatomy of national fantasy* (Chicago, University of Chicago Press, 1991); Joseph Alter, "The body of one color: Indian wrestling, the Indian State, and utopian somatics", em *Cultural Anthropology*, v. 8, n. 1, 1993, p. 49-72; "Yoga at the *fin de siècle*: muscular christianity with a 'Hindu' twist", em *International Journal of the History of Sports*, v. 23, n. 5, 2006, p. 759-776; Elizabeth Povinelli, *The empire of love: toward a theory of intimacy, genealogy, and carnality* (Durham, NC, Duke University Press, 2006).

violão, cantando e ensaiando canções do PHN. Muitas outras estavam no galpão audiovisual chamado Fundação João Paulo II, onde era possível adquirir todo tipo de parafernália da PHN: CDs, vídeos, fitas K7, camisetas, casacos, bolsas, livros e outros produtos midiáticos da Canção Nova. Outras faziam fila para entrar na cafeteria ou sentavam-se ao redor das mesas com amigos e amigas, intensificando as expectativas sobre o festival com uma série de gestos, desses códigos que contribuem para o assentamento e para a modelagem daquela realidade social: círculos feitos no ar, por exemplo, como um laço de caubói, ou o tão amado V feito com os dedos médio e indicador.

Por volta das duas da tarde, o galpão principal da Canção Nova, batizado Palco do Senhor, estava lotado de jovens. O espaço lembrava um ginásio com assentos em diferentes níveis, tudo ao redor de uma área central onde havia pessoas de pé. Na parte de trás do galpão, havia uma torre com os equipamentos necessários para as transmissões de TV. O aspecto ginasial era reforçado pela aparência uniforme das centenas de camisetas e casacos do PHN — comprados no departamento de vendas da Canção Nova —, que muitas pessoas vestiam como se estivessem numa partida de futebol. No fundo do palco, um pôster enorme com as letras PHN em estilo grafite. No chão, cabos multicoloridos forneciam energia elétrica para microfones, violões, amplificadores e um órgão. Com o preenchimento dos corredores internos e da área do meio, muitas pessoas acabaram ficando do lado de fora, mas ainda era possível acompanhar o espetáculo, já que os andaimes usados para levantar o galpão permitiam que vissem através da construção, aspecto deliberado da arquitetura. As pessoas se cumprimentavam, absorvendo o otimismo que as levava mais e mais para perto da cena, antecipada em parte por experiências anteriores.

O órgão elétrico, situado na parte traseira do palco, emitia um som familiar. Era a melodia do refrão da música PHN que ouvi no ônibus, um sinal sonoro antecipando a aparição iminente de Dunga. Às duas e quinze, o líder espiritual da Canção Nova, Padre Jonas Abib, apareceu de trás de uma cortina vermelha, segurando um microfone, para dar as boas-vindas às milhares de pessoas no *campus*. Um guitarrista, um organista, um baterista e dois *backing vocals* subiram para formar uma banda no palco. Depois de uma canção de adoração, Padre Jonas introduziu a programação dos três dias seguintes: os dois primeiros seriam dedicados a combater o vício e a compulsão pecaminosa, o último seria reservado para libertação e oração.

Nesse momento, Dunga apareceu no palco, produzindo uma onda de euforia que atravessou toda a audiência. A excitação atingiu o ápice quando trilha do PHN começou a tocar e as pessoas acompanharam, cantando junto. Vestindo um casaco PHN com capuz, Dunga coreografou a jovem multidão: "Pode parar, pode parar de pecar... Por hoje! E... pode parar! Pode parar!". Dunga seguiu se valendo da parataxe com o intuito de intensificar a música em torno do mesmo refrão. A parataxe, técnica linguística em que frases são colocadas lado a lado para induzir um ritmo, é um recurso importante na confissão pelas equivalências estruturais que produz em ações simétricas, como a respiração, o bater de palmas e o balanço rítmico do corpo. A fala paratáxica constitui, nesses casos, uma assinatura métrica fundamental. É o modo como a linguagem se dobra no corpo e o torna organicamente consistente. Juntamente com os enunciados tautológicos mencionados no Capítulo 1, como "parar de pecar é parar de pecar", "os Atos dos Apóstolos são os Atos dos Apóstolos" e — um favorito do PHN — "hoje é hoje", passagens bíblicas como "se for preciso morrer, morrerei" (Ester 4:16) são citadas com frequência nos shows PHN. O objetivo primeiro é estimular um circuito que leva o corpo não a se individualizar, mas a reduplicar ou estender a si mesmo. Como acontece com a parataxe, a função enfática da tautologia consiste em visibilizar os potenciais semióticos do "corpo que fala", de modo que a voz *canta a si mesma*, e não sobre um objeto específico. Esse cantar a si mesma marca a possibilidade de uma passagem para um espaço outro e simultâneo: um outro-aqui.

A confissão ao estilo PHN aprimora a percepção da relacionalidade, como no caso da relação entre linguagem e espaço. Será que a proposição é mais como um objeto sólido que ocupa um lugar específico, ou será que evoca a ilimitação, a ausência de fronteiras? No *Tratado lógico-filosófico*, Ludwig Wittgenstein associa a tautologia a essa segunda possibilidade, algo que ele chama de "espaço lógico". Uma "tautologia", ele escreve, "deixa à realidade todo o — infinito — espaço lógico".[76] Essa lógica do espaço afeta a sua relação com a significação. "Na tautologia", afirma ele, "as condições de concordância com o mundo — as relações representativas — cancelam-se mutuamente, de modo que ela não mantém nenhuma relação representativa com a realidade".[77] Em uma tautologia — "*tautós*"

76 Ludwig Wittgenstein, *Tractatus Logico-Philosophicus* (London, Routledge, 2001) p. 4.463; ed. bras.: *Tractatus Logico-Philosophicus*, trad. Luiz Henrique Lopes dos Santos (São Paulo, Edusp, 2017), 4.463.

77 Ibid., 4.462. Se para Wittgenstein (ibid., 4.463) a tautologia cede todo o espaço lógico à realidade; a contradição preenche todo o espaço lógico e não deixa nenhum ponto à realidade." Embora eu esteja interessada na influência dos opostos, isso não significa que se trate de contradição. O que torna a cena que estou descrevendo estranha à contradição é um regime de prática. Como pergunta Michael Lambek ("Anthropology and the study of contradictions" em *Hau: Journal of Ethnographic Theory*, v. 6, n. 1, 2016, p. 6): "Embora as proposições possam ser descritas como contraditórias entre si ou mesmo internamente contraditórias, o mesmo pode ser dito das práticas (como fumar e correr ou defender o ar puro) ou dos compromissos (como com um parceiro e uma profissão, ou mesmo com um

significa "o mesmo" —, um enunciado se torna verdadeiro ao ser dito duas vezes. Essa implosão de sentido pela redundância é a tática necessária para o alinhamento entre discurso e ato, também para que a linguagem objetifique sua própria práxis; algo que, de acordo com as teorias do performativo, constitui um ato de fala. Ritmicamente dupla, a tautologia apresenta a realidade em termos de um é o que é: oferece uma forma de totalidade, o *que é* tomando todo o espaço.

Ao mesmo tempo, porém, e exatamente pela repetição — como no "hoje é hoje, não é qualquer outro dia" do PHN —, a tautologia se define em termos do *que é* e em termos das possíveis modificações que a repetição permite. Assim, o que se produz pelo uso da tautologia vai além da mesmidade, pois há também a efetivação de um deslocamento ou de uma diferenciação que surge pela repetição. A tautologia postula uma instância da teoria butleriana da performatividade no que diz respeito à "iterabilidade social do enunciado", ou o que Butler chama de "enunciado excitável",[78] ou ainda o que Benjamin caracteriza, em seu trabalho sobre o teatro épico de Brecht, como a "capacidade" de dizer novamente: re-citar.[79] O dual no discurso tautológico, o ser-duplamente de sua operação, faz com que seu *isso* (presente do indicativo) se torne um *enquadrando* temporalmente aberto (particípio presente).[80]

Uma hora após o começo do show, a atmosfera no interior do galpão estava animada. Dunga começou a chamar atenção para os componentes formais do som. Para trabalhar "o coração de uma/da canção nova" de modo que a canção "ganhasse vida", para modular a passagem da semântica ao ritmo, Dunga afirmou que a música "tem que encarnar ou então não é música". Moldando sua intervenção com técnicas do *rap*, ele foi picotando a canção para produzir pedaços vocais ainda menores. Os versos foram divididos em unidades, em enunciados, palavras, sílabas, letras, sons. Reduzidos ao mínimo, foram impressos na carne do cantor. Com o microfone próximo à boca, Dunga levou a melodia ao ritmo e,

amigo e outro)? De certa perspectiva, podem ser consideradas como inconsistências, em vez de contradições. Elas podem produzir conflito (novamente diferente de contradição) e a sensação de ser puxado em direções opostas — situações que são resolvidas por meio de julgamento prático e, às vezes, ruptura. Elas também podem levar a várias táticas ou estratégias, incluindo repressão (inconsciente), racionalização (subconsciente), ambivalência, autoengano, mentira (consciente) ou tentativas de compromisso" ou, como ele mesmo estuda na possessão espiritual Malgaxe, à ironia e à dupla postura. Ver também Michael Lambek, *Ordinary ethics: anthropology, language, and action* (Chicago, University of Chicago Press, 2007).

78 Judith Butler, *Excitable speech*, op. cit.; ed. bras: *Discurso de ódio*, op. cit.; e também *The psychic life of power*, op. cit.; ed. bras.: *A vida psíquica do poder*, op. cit.

79 Samuel Weber, *Benjamin's-abilities*, op. cit.

80 Maria José de Abreu, "Acts is Acts", op. cit.

às vezes, à rima. Levantando a voz num momento para, de repente, suspendê-la em outro, produzia sons que expunham sua própria permutabilidade por meio de adições, atrasos, intervalos, iâmbicos, duplicações silábicas e inflexões cadenciadas. O objetivo era organizar esses blocos sônicos, aprimorando a consciência das muitas possibilidades de sua recombinação — uma canção pode sempre ser dividida e recomposta.

Para os carismáticos, além de ser proposicional, a tautologia deve ser experimentada no corpo. Especificamente para o PHN, a duplicação simétrica no enunciado tautológico mimetiza os mecanismos respiratórios que tornam a fala fisiologicamente possível. Pode-se dizer, então, que a tautologia é algo bom para respirar junto. Se fosse apenas proposicional, teria implodido as fronteiras de seu próprio *ser*. Um círculo perfeito, um espelhamento impecável entre duas orações estáticas. Quando ela é levada, porém, ao nível do corpo empírico, este consegue extrair a forma (*pneuma*) através da repetição. Se a tautologia é incorporada na canção, cantada, torna-se mais difícil ainda fechar o círculo. Fica, portanto, mais fácil sustentar uma prática que tem como marca registrada o gerúndio. O desafio que o catolicismo revivalista assume para si é o de como circular sem cercar, como fazer o meio avançar sem sair dele — evitar a clausura total de todas as maneiras possíveis.

Após desmontar a música do PHN e produzir essas unidades isoladas de som, Dunga ordenou sua interrupção: "Pode parar!" — ele estava apenas brincando, pois a música começa com um "pode parar". Um corte foi introduzido onde o começo e o fim se encontram, na palavra/no som "parar". Esse comando produziu uma relação tensa com o conteúdo lírico, comando que havia operado antes como gatilho para o início da música. A palavra "parar" dividiu o verso, produzindo uma indecisão incisiva, no centro da música, entre cessação e incitação, gerando uma tensão entre o limite sintático e o fonológico, anunciando e arrastando o encerramento. Essas séries disjuntivas, como um *enjambement* precário, produziram uma circularidade dinâmica em que, como diz Daniel Heller-Roazen, "o começo do texto passou a estar impregnado da antecipação de seu próprio fim", reentrando em seu ciclo não teleológico.[81]

A música nos torna cientes dos atributos messiânicos do tempo; o tempo que o tempo leva para chegar ao fim.[82] Nesse intervalo que sobrou, não havia começo ou fim para a canção de Dunga. A música

81 Daniel Heller-Roazen, "Speaking in Tongues", em *Paragraph*, v. 25, n. 2, 2002, p. 94.

82 Giorgio Agamben, *The time that remains: a comment on the Letter to the Romans*, trad. Patricia Dailey (Stanford, CA, Stanford University Press, 2005); *O tempo que resta: um comentário à Carta aos Romanos*, trad. Davi Pessoa e Cláudio Oliveira (Belo Horizonte, Autêntica, 2016).

andava em círculos enquanto se expandia pela circulação repetitiva. O "parar" jogou o tempo para ambas as direções, passado e futuro, expondo a divisão ou o intervalo da respiração como aquilo mesmo que articula a circularidade temporal em termos de *pré-* e *pós-*. O que era para ter remetido a um fim — um parar de fato — se tornou um grande meio para o *sendo*. Reencenado múltiplas vezes, o *parar* se tornou a assinatura sonora de uma indistinção temporal, de um meio bagunçado com extremidades borradas — trabalho em andamento.

A cantoria seguiu até o fim definitivo, mas até mesmo esse fim era uma extensão em potencial. O fim era mais meio do que antes. Em sua operação circular, o verbo "parar", na música, afastou-se da realidade referencial que a letra "parar de pecar" representava, tornando-se, além disso, uma pontuação que mexia com a estrutura rítmica da música. Dessa maneira, a atenção das pessoas se voltava para a circularidade do texto enquanto essa circularidade afetava o próprio meio da circulação. Uma movimentação que se dava por paradas e, eventualmente, por espasmos e engasgos.

Estávamos na Quaresma, então Dunga escolheu um versículo que pensou ser apropriado para o momento: 2 Coríntios 6:2. "Eu te ouvi no tempo favorável e te ajudei no dia da salvação. Agora é o tempo favorável, agora é o dia da salvação". Ele combinou a leitura da Bíblia com notícias recém-transmitidas pela rádio da Canção Nova: a morte de traficantes na terça-feira anterior em uma favela paulista. Para combater o que ele chamou de "pecado do vício", Dunga se citou citando a Bíblia: "agora é o 'tempo favorável' para colher, não para tirar vida"; era o momento de se "viciar no espírito", não ceder ao "vício ruim". "Agora me digam, o que é o vício?", ele perguntou. "Quem está em casa também", acrescentou enquanto olhava para a câmera de TV. Então leu outro versículo, dessa vez de Mateus 15:22: "E eis que uma cananeia, originária daquela terra, gritava: 'Senhor, filho de Davi, tem piedade de mim! Minha filha está cruelmente atormentada por um demônio" — e prosseguiu: "Você, jovem, que está aí, sabe qual é o oposto de vício? a.... a... a virtude! Amém, filho de Davi". Então, usou os dedos médios e indicadores das duas mãos para fazer um sinal de V. "Na vitória", disse, "aliás, também na vitória, certo? O espírito quer que esse V aqui [vício = violência = dedos da mão esquerda] seja derrotado por esse outro V [virtude = vitória = dedos da mão direita]". Ele pediu para as pessoas presentes que fizessem o mesmo, um V com a mão direita, e com os dedos como se fossem uma tesoura cortassem o V da esquerda. Pediu também que esticassem os braços, as mãos e os dedos para levar o V-tesoura o mais longe possível. Em seguida, ordenou que o irmão ou a irmã à esquerda cortasse o V na mão esquerda da pessoa à direita, e depois no da pessoa à frente, e depois no da pessoa que estivesse atrás. Foi como se, com esses gestos, a interioridade dos sujeitos, pressuposta no confessionário moderno, deixasse de fazer sentido. Ao invés de serem contidas pelo sujeito, as mãos pareciam levar o corpo para um outro lugar. Nesse ambiente eletronicamente carregado, as mãos e os dedos apontavam para — até mesmo performavam — uma digitalidade *avant la lettre*.[83]

Dunga prosseguiu: "O espírito que respira nessas palavras [São Mateus] quer que esse PHN seja um momento de declarar uma guerra implacável contra o vício [o V à esquerda], não apenas [uma] guerra às drogas, mas ao vício também, ao uso, ao abuso, ao mau uso do seu corpo... O Espírito Santo quer que esse PHN seja um 'não' devastador contra o vício. Vamos trabalhar esse 'não' em cada um de nós". Nesse momento, as pessoas começaram a repetir "não" umas dez vezes, alternando com palmas: não! *Palmas*! Não! *Palmas*! Não!... depois do décimo, Dunga voltou ao refrão "pode parar". Ele pediu que as pessoas parassem de pecar, e não de cantar. "Não é fácil, mas você consegue. Você só tem que continuar a parar! [*pausa*] Pare!".[84]

A banda tocou músicas de *Água humilde*, novo CD de Dunga. Faixa por faixa, a multidão cantou junto, dançou e aplaudiu sem cansar por vinte minutos. A multidão ali reunida conhecia todas as melodias, as letras, a coreografia, os protocolos, e até mesmo o zumbido monótono e hipnótico ao qual elas estavam prestes a se entregar. De perto, pude notar alguns conflitos na coordenação do movimento; de longe, no entanto, o público parecia se mover como *um* só, acompanhando as canções melódicas e prosódicas. Ainda assim, como antes, a função do espetáculo era modificar o texto, modificar o roteiro: fazê-lo desintegrar-se com o poder da repetição, ampliar o intervalo entre a palavra escrita e sua pronúncia, empurrar a canção para as margens do tempo, bem como para as extremidades do corpo, deixando-a pairar sobre a multidão.

83 Os esforços de digitalização da Canção Nova começaram na década de 1990, com um website oficial e a participação no *Second Life*, mas foi apenas no dia 2 de abril de 2018 que a comunidade conseguiu alcançar seu objetivo de instalar uma TV digital (canal 59.1) em São Paulo, disponível para 18 milhões de pessoas em onze cidades diferentes.

84 Como muitos estudos sobre *hip-hop* têm mostrado, um elemento central do gênero é a subordinação do escrito ao oral — algo não muito diferente do tipo de experimentação que abordo aqui. Na performance, a voz efetiva o texto escrito alienando-o de sua enunciação primeira. Esse procedimento estilístico circunscreve a oscilação entre o cantar e o falar. Quando combinadas, essas duas funções revelam os mecanismos da reinterpretação — não apenas o modo como a canção é cantada, mas também o que o canto faz com a canção. Os mecanismos de tensão e relaxamento, ascensão e queda, retorno e elipse moldam a música para que ela se torne um abstrato que duplica a cena rítmica do corpo. Para uma ampla variedade de abordagens dessa ideia, consulte o *Journal of Hip-Hop Studies*.

Na performance de Dunga, mais importante que o enredo são as possibilidades de improvisação das canções. Entretanto os níveis de improvisação tendem a ficar restritos à gama de possibilidades abertas pelo encantamento; ou seja: improvisar tem menos a ver com a adição de algo inteiramente novo e mais com a exposição da elasticidade interna da canção, de modo que passagens dela se tornam receptivas à citação. Assim, o que se prioriza na canção é a sua capacidade de ser citada. Em vez de ela expressar a vida interna do indivíduo, deve expor as próprias articulações — sua capacidade de ser deslocada, de se tornar disponível para ecos futuros; em última instância, de confundir o aqui-agora da performance com a possibilidade de um alhures. Nesse contexto, cantar é expor as condições que lhe dão existência, as operações de sua própria reprodutibilidade. Na prática, isso se traduz na transformação da canção em uma entidade infinita cujas possibilidades são múltiplas. Um único verso é simultaneamente curto demais e ilimitado, pois cantar é ir sempre mais fundo na constituição do próprio cantar, onde o *pneuma* exibe o princípio de sua suposta presença dramática — presença em passagem. Eis o horizonte diafragmático de uma canção PHN, batida por batida convergindo em direção a e na mais completa indireção desacelerante do *tata-rum-ta-rum-mara*.

Ao fazer com que as canções se tornem citáveis — e excitáveis —, Dunga transforma o estatuto da autoria.[85] No palco, ele insistia que o autor era o Espírito Santo, "o Criador que nos dá a capacidade de respirar".

85 Ver Jacques Derrida, *Limited, inc*, op. cit.; Judith Butler, *The psychic life of power*, op. cit.; ed. bras.: *A vida psíquica do poder*, op. cit. Essa é a ideia central da abordagem que Derrida faz da noção de performativo em *Quando dizer é fazer*, de Austin — ideia que Butler (ibid.) desenvolveu bem no que diz respeito às questões de gênero e aos processos de materialização que dependem de convenções ritualizadas e normas repetidas. Ver também Stanley Cavell, "What did Derrida want of Austin?", em *Philosophical passages: Wittgenstein, Emerson, Austin, Derrida* (Cambridge, MA, Blackwell, 1995), p. 42-65. Benjamin também aborda esses pontos recorrendo ao teatro brechtiano e à centralidade da citação na encenação das próprias operações teatrais — daí a razão pela qual se fala em *citabilidade*, a capacidade de citar, mais do que apenas citação. Ver Benjamin, "The work of art in the age of mechanical reproduction", op. cit.; ed. bras.: "A obra de arte na era de sua reprodutibilidade técnica", op. cit. De todo modo, o trabalho de Butler marca um momento em que sentido e matéria estão em desacordo. Porém, como diz a teórica da religião Amy Hollywood, há bastante trabalho a ser feito no que diz respeito à relação tensa entre esses dois conceitos. Na minha leitura, penso que isso envolve uma conceitualização mais forte do intervalo criado pelo deslocamento que se dá entre a norma e a iterabilidade, ou seja, pensar o que acontece com a própria noção de intervalo na repetição ritualizada da norma — ver Capítulo 1, nota 39. Para uma análise dessa ideia em outro contexto, ver Maria José de Abreu, "Medium theory; or, 'The War of the Worlds' at regular intervals", em *Current Anthropology*, v. 60, n. 5, 2019, p. 656-673; "States of extreme: body politics, quick takes, states of exception", em *Political Theology Network*, 11 de fevereiro, disponível online.

Tal deslocamento da autoria é condição para a exposição correta das possibilidades que a citação traz. Deixando-se citar, a canção é desancorada de qualquer origem e pode realizar seu trabalho transformador no ato mesmo de seu enunciado. Daí a importância de afirmar que há apenas canções sendo cantadas, nenhuma pessoa cantando. A função de Dunga não é performar *para* uma audiência, é dar visibilidade ao poder que a música tem de borrar as fronteiras entre performance e multidão, entre o palco e as extensões do auditório. É importante notar que esse borramento não indica a capacidade de se colocar no lugar da audiência, não é apelo a um sentimento de empatia qualquer. O que importa é a suspensão do posicionamento subjetivo que a empatia demanda. O que se tem ali, na verdade, é o senso de uma origem (Dunga) que emerge na adjacência pragmática do espaço da música. Isso significa, tecnicamente falando, que a origem se dá no meio. O propósito geral do show era expor um ritmo relativo à flexibilidade da canção, e não estabelecer um *télos*, ou uma narrativa integrada. Num arranjo desse tipo, a canção coincide com o cantar, com o seu ser-oscilante. Se quem dá origem à música se torna anônimo, as operações condicionantes da música se tornam mais visíveis, assim como o meio de sua circulação.

Entender a importância do deslocamento aqui é crucial, pois ele estrutura a lógica segundo a qual pecado e confissão são experimentados pela Geração PHN. Como mencionado, a função do autor, figura originadora, nesse contexto, é desaparecer por trás da canção de maneira a expor a infraestrutura que torna possível o cantar — martírio da autoria. Mais adiante, veremos como esse desaparecimento pouco tem a ver com um esforço de externalizar Deus, de demonstrar o extremo do transcendente. O que ocorre, de fato, é que Deus é "enmeiado"[86] — como os fasmídeos (mesma origem de "fantasma"), o bicho-pau que

86 A comparação é inspirada em um texto de Roger Caillois sobre imitação, onde ele compara a "falsa rigidez típica de um corpo", nos insetos fasmídeos, ao "espetáculo da imitação" que encontramos em *As tentações de Santo Antão*, de Gustave Flaubert. Cito: na descrição de Flaubert, "os vegetais não se distinguem mais dos animais [...] Insetos semelhantes a pétalas de rosa cobrem um arbusto [...] E assim as plantas se confundem com as pedras. Pedras soltas aparentam crânios, estalactites parecem tetas, veios de ferro são com tapeçarias ornadas de figuras" [Gustave Flaubert, *As tentações de Santo Antão*, trad. Luiz de Lima (São Paulo, Iluminuras, 2004), p. 164]. Ao ver os três reinos da natureza fundindo-se uns aos outros, Antão sofre a tentação do espaço material: ele quer se partir por inteiro, estar em tudo, "penetrar cada átomo" (Ibid., p. 165). Há certamente proeminência das características panteístas e mesmo excessivas dessa descida ao inferno, mas isso não muda sua aparição como forma de generalizar o espaço às custas do indivíduo, a não ser que se empregue um vocabulário psicanalítico e que se fale de reintegração com a insensibilidade originária e o inconsciente pré-natal — uma contradição em termos. Ver Roger Caillois, "Mimicry and legendary psychasthenia", trad. John Shepley, em *October*, n. 31, 1984, p. 31.

assimila o tronco da árvore por mimese. No trabalho de camuflagem que ocorre no ambiente coletivo do PHN, não há motivação alguma para o drama da introspecção e do arrependimento que tanto encontramos no confessionário moderno. Na verdade, essa jornada em direção à pessoalidade é vista como uma de muitas tentações a serem evitadas, pois a capacidade que o corpo tem de regular fluxos que *já se encontram* no mundo é mais importante do que a criação ou geração de novidades. Dominar um espaço de circulação que já estava, em alguma medida, em operação se torna mais pertinente do que anexar um conteúdo pecaminoso à singularidade do culpado, ou do que agir sob uma justificação e uma expiação redentoras. A *metánoia* (conversão) cristã é reinterpretada por meio de um modelo de circulação que articula e alinha o corpo a um ambiente midiático e, finalmente, a uma forma de se relacionar que é marcada pela substituição.

Nesse *circulando*, encontramos um modelo de comunicação que visa superar o contexto em que se dá o confessionário moderno, pois ele é baseado no que Michael Warner chama de "troca localizada",[87] um ato de fala que envolve sujeito falante e destinatário. Nessa tradição, a confissão visa confinar o pecado no âmbito absolutamente privado sob o selo do *sigillum confessionis sacramentalis*, que de fato proíbe toda circulação possível. Publicizar o pecado se tornou, assim, meio de reconhecer a lógica da circulação que, nos termos de Warner, constituem a própria esfera pública. O pecado estava longe de ser ouvido ou mesmo visto; era sentido como manifestação passageira, impulso. Testemunhar, publicizar (tornar público) ou — para falar da perspectiva da comunidade Canção Nova — "martirizar" o pecado são práticas que moldam ativamente um público-em-circulação, público porque em-circulação.

Apesar disso, em momentos específicos, Dunga chegou a retomar seu papel de liderança. Depois de um período acompanhado pela audiência — que cantava junto e dançava —, ele voltou à posição de

87 Vale a pena revisitar toda a passagem do texto de Warner onde ele realça a importância da circulação autorreflexiva na produção de um público. No entanto, ele está se referindo a um nível discursivo que talvez não seja suficientemente subcutâneo, por assim dizer, para capturar como, entre os membros do PHN, o que é comunicado é o próprio signo de uma circulação comunicacional enquanto ela ocorre. Como ele escreve: "Nenhum texto isolado é capaz de produzir um público. Nem uma voz isolada pode, um gênero só, ou mesmo um só meio. Tudo é insuficiente se pensamos na criação do tipo de reflexividade que chamamos de 'público', dado que um público é espaço contínuo de encontro para o discurso. Não são os textos que criam os públicos — é a concatenação de textos ao longo do tempo. Somente quando há a possibilidade de pressupor um discurso prévio, e quando há a postulação de um discurso em resposta, é que um texto pode se endereçar a um público" — Michael Warner, "Publics and Counterpublics", em *Public Culture*, v. 14, n. 1, 2002, p. 90.

pregador. Se antes havia ousado se tornar *um* com a multidão, nos momentos derradeiros daquele dia, que ainda era o primeiro de três, ele subiu de volta ao púlpito e convocou o público para o que chamou de "momento decisivo da jornada". O órgão prolongou uma nota. Segurando firmemente no microfone, Dunga começou a falar baixinho, com longas pausas entre as frases:

> Libere agora o corpo.
> Se deixe chacoalhar pela música e pela palavra.
> Deixe a música entrar... agora.
> Deixe...
> Penetrar carne e coração.
> Vibre e trema.
> Para que os frutos podres caiam.
> Aliviando, vivificando o Espírito.
> Ó confessor.

Com o órgão gemendo ao fundo um soluço alongado e vibrante, a atmosfera no galpão ficou silenciosa. Como no silêncio anterior ao trovão, o ar parecia cheio de estática. Aqui e ali, ouviam-se erupções incipientes de orações faladas em línguas que logo acabavam. Foi como uma longa suspensão, um momento de inatividade para as pessoas se recuperarem da dança, das palmas, da cantoria; uma pausa para respirar. O silêncio destacava toda aquela massa de calor corpóreo no galpão: febril, atônica, estranha. E assim, sem qualquer sinalização física, um som vocal cortou a arena de maneira veloz, selvagem. Um amontoado de vozes se reunia e se dispersava, não era uma linguagem coordenada. Era um som trovejante serpenteando como um estorninho, dando voltas e mais voltas pelo local. Mãos começaram a entrar nos bolsos, nas carteiras, nas bolsas. De todos os lados, centenas de objetos foram lançados ao ar em direção ao palco: cigarros, camisinhas, isqueiros, haxixe, calendários eróticos, fósforos, batons, tudo que a audiência associava ao pecado. Foi uma remoção, uma expulsão, uma ejeção massivamente coordenada. O som da euforia era intenso. As massas jovens começaram a pular, apontando para o palco, expressando rejeição, gritando bem alto "NÃO! NÃO! NÃO!". Por toda parte as pessoas gritavam intensamente. Com o órgão ainda ligado, como um zumbido monotônico, estável, a atmosfera da performance ritual de um sermão foi transformada em uma confissão pública em massa, bem mais ajustada ao temperamento de um espetáculo pop caótico e selvagem. Reconhecendo o que ocorria ao seu redor, Dunga levantou a mão fazendo um V (de vitória) e finalizou pedindo à audiência que oferecesse um "grande aplauso para Jesus".

Sábado: autoafecção

No dia seguinte, às nove e meia da manhã, Dunga reapareceu no palco e recebeu uma ovação retumbante. Começou, então, o hino PHN, dando boas-vindas com a euforia costumeira. Voltando-se para a jovem plateia, disse:

> Silêncio, por favor. Aposto que dormiram bem nas tendas depois de ontem, e não nas *tend*ações, certo? Ahá! Então, por favor, juntem as suas mãos agora em oração, palma com palma, dedo com dedo, pressiona, pressiona, pressiona... Diga, enquanto pressiona palma com palma, por que o dia de hoje é tão especial? Porque hoje é único, é tão único que, mesmo que quem está aqui tenha estado antes, ou esteja amanhã, se não está aqui hoje, nunca vai estar aqui hoje: Por hoje não! Hoje não! Repitam. [*a audiência repete a frase*] Com as mãos juntas, orem comigo. [*o órgão começa a tocar*] Senhor, me ajuda a ser casto. Hoje. Ajuda meus olhos, meus ouvidos, minhas mãos a ficarem longe das tentações fáceis. Hoje. Tentações que ofendem a Deus como também me ofendem, a minha saúde, o corpo de minha comunidade. Diga: Por hoje, não. Diga com toda a força, pressionando as palmas das mãos... Agora eu quero voltar ao momento em que terminamos nosso encontro de ontem... para... bater palma para Jesus. Nós começamos hoje onde "paramos" ontem. Então vamos aplaudir de novo, e de novo, e de novo. Isso. Por hoje, não, não... Pode parar, por hoje. Bate palma, meu irmão, minha irmã, bate até a palma ficar vermelha, azul, amarela, escura, machucada, todas as cores do arco-íris, bate palma sem parar, como se você já não tivesse muita certeza de que as mãos são suas. Vamos aplaudir o aplauso de vocês. Vocês são bons nisso. Vamos aplaudir um pouco mais. Isso.

Aplaudir é pressionar uma mão contra a outra. É comandar o ar entre as palmas. O som produzido confirma o gesto que o produziu. O ritmo estabelece o intervalo temporal desejável para o aplauso. É o que Henri Lefebvre, em seu trabalho sobre ritmanálise, caracterizou como medida musical.[88] Repetido certo número de vezes, o bater de palmas se torna automatizado, marchando de maneira intuitiva em direção ao futuro. A repetição das palmas gera variações, conduz novos andamentos, orienta novas trajetórias e ressonâncias. Os membros do movimento carismático

88 Henri Lefebvre, *Rhythmanalysis*: *space, time and everyday life*, trad. Gerald Moore e Stuart Elden (London, Bloomsbury, 2013). Parece apropriado referir-se a Lucio Pinheiro dos Santos, que, segundo Bachelard (em quem Lefebvre se baseia), cunhou o termo ritmanálise. Pinheiro dos Santos, filósofo e cientista português, exilou-se no Brasil durante a ditadura militar em Portugal, e o documento original sobre ritmanálise continua perdido até hoje. Para Pinheiro dos Santos, o universo, incluindo o moral e o ético, consistia em ritmo e ondulação. Nos últimos anos, houve sérias tentativas de recuperar a obra fantástica de Pinheiro dos Santos. Ver, por exemplo, de Pedro Baptista, *O filósofo fantasma* (Sintra, Nova Aguia, Zefiro, 2010).

costumam dizer que as palmas são extensões da batida do coração. Às vezes, a comparação é com o som das asas do Espírito Santo. A conexão entre ovação e óvulo, ou ovo, é outra dessas relações que, pouco a pouco, tornam-se aparentes no ritual PHN, no trabalho do aplauso, graças à obsessão deles com os canais que carregam sêmen. O movimento repetitivo do encontro das palmas, mão tocando mão — sentir-se sentindo — bombeia o sangue e o faz circular. Como ocorre com o movimento e a filtragem das toxinas corporais, a circulação, ao ser energizada pelo movimento constante de câmeras, filtra a presença passageira do pecado.

O pecado, no festival PHN, não é mobilizado para que seja reconhecido como propriedade e daí expiado. Ele é uma entidade órfã, algo decorrente do trabalho de parto e só. Se essa ideia fosse um gesto, seria o gesto de instalar uma lâmpada, movimento rotatório repetido da mão em que a consciência se move gradualmente em direção ao circuito entre movimento e energia. Instalar uma lâmpada é trazer luz a alguma coisa, mas o ato remete a uma obscuridade trabalhosa no próprio gesto da iluminação. Já que ninguém deve possuir o pecado, deve apenas deixá-lo passar por si, é importante conservarmos em mente uma ideia de recepção. O pecado, na verdade, vale por sua condutividade. Acima de tudo ele ilumina.

Isso não quer dizer que os PHN desconhecem qualquer forma de culpa personalizada, pois é a posse dela que será sacrificada em nome da circulação do espírito. A situação corresponde ao que Eve Sedgwick apresenta como um "transmissor timpanicamente responsivo", ou seja, o trabalho da ignorância necessário para que o desejo não seja interrompido.[89] Como explica Sedgwick, o processo deve ser calibrado para chegar a um meio-termo, já que o sucesso do trabalho da ignorância exige, de maneira um tanto paradoxal, que o indivíduo saiba que pode ser tentado ou manipulado para se apropriar daquilo que deve circular.[90] Em outras palavras, aposta-se numa forma de entender a responsabilização que não pressupõe uma origem autoral, pois ela é deslocada para o meio de um processo, ou o meio de uma práxis na qual encontraremos atos — "tendências" no vocabulário de Sedgwick — sem atores. Falando de maneira ideal, o pecado é mobilizado como índice polifônico de que *uma* circulação está operando por trás da verbalização e da responsabilização pessoal. O pecado passa e, passando, abstrai a si mesmo do confinamento na carne. Ele é abstraído e alienado de seus

89 Eve Kosofsky Sedgwick, *Tendencies* (Durham, NC, Duke University Press, 1993), p. 38-39.

90 Com sua habitual perspicácia, Sedgwick (ibid., p. 29) chama atenção para as descrições da heroína de *The Nun*, de Denis Diderot, em termos do "estranhamente desancorado imperativo da ignorância".

autores enquanto cada corpo se torna hóspede em potencial — ou o que o filósofo Michel Serres chama de "parasita", no sentido de um "excitador térmico"[91] — um palco para o drama do derramamento.

O que importava, no festival PHN, era testemunhar a existência do pecado em si e, paradoxalmente, fazer do reconhecimento de uma realidade inevitável um exercício preventivo, misturando passado e futuro num *agindo*. Não basta, portanto, alterar esse entendimento da responsabilização pessoal como processo que termina em absolvição — a reflexão entre os participantes se dá apenas retroativamente, estando ausente do evento. Em vez disso, o que é reformado é a própria (pr)áxis, o eixo entre o ato e o pecado. O pecado, por não ser afastado, torna-se mecanismo pedagógico a ser visibilizado — somaticamente solicitado —, de modo a operacionalizá-lo em direção a sua própria negação.

Para o movimento PHN da Canção Nova, mostrar a absorção efetiva, pelo corpo, das operações confessionais é algo feito na somatização do pecado, como numa passagem. A somatização se diz de muitas maneiras: tontura, náusea, levitação, perda de peso, sensação de envelhecimento, desequilíbrio, alongamentos involuntários dos braços, formigamento e dormência nas extremidades (como mãos e dedos), paroxismos, dores de ouvido (no osso vestibular), sensação de choque, perspiração, palpitações, garganta seca, movimentos musculares descontrolados (apertar a mandíbula por exemplo), movimentos rápidos dos olhos, pressão baixa ou alta, um desejo incontrolável de rir ou chorar (frequentemente as duas coisas), visões, excitação, uivos, latidos, gritos e, muitas vezes, dissociação, ocasionalmente acompanhada por desconexões na percepção, visões proféticas ou revelações. Essas manifestações só fazem sentido porque tornam aparente a passagem da "informação" pelos corpos. Essa informação, por sua vez, transmite algo autorreferencial — informa o acontecimento da própria circulação.

Aplaudir funciona como um ritmo de base, estrutura elementar da percussão corpórea à qual tudo retorna como uma espécie de *comum*. O ginásio carismático, como o tenho chamado, valoriza a sintonia como uma espécie de amor, e Paulo, dentre todos os apóstolos, é quem reivindicou o poder da oratória no recrutamento do primevo, algo feito numa rebelião cega contra a lei, conectando o arcaico a uma batida tecnológica. Isso não significa que todos os ritmos fossem igualmente eficientes no espetáculo confessional. Ocasionalmente, havia dissonâncias que pediam alguma intervenção reparadora. Um bom exemplo — apesar de mais frequente em encontros de adultos e não em um acampamento juvenil como o festival PHN — são as erupções que ocorrem em uma

91 Michel Serres, *The parasite*, trad. Lawrence Schehr (Minneapolis, University of Minnesota Press, 2007).

única pessoa na audiência cujo aplauso acaba numa espécie de desarranjo, fora de sintonia com o resto. Nesses momentos, o que deveria ter funcionado como técnica de fusão com o meio coletivo se torna o contrário: um processo de individualização, modo de chamar atenção para si. Há sempre a possibilidade de que uma manifestação somática cristalize em torno de uma pessoa específica e isso acabe causando, talvez sob o disfarce do satanismo, o enfraquecimento ou mesmo a interrupção da "multitemporalidade" das coisas. Quando isso acontece, a pessoa — na forma de um *eu* — é auxiliada por outras mais próximas; estas, no fluxo da terceira pessoa, têm que intervir recorrendo a uma prática chamada de "imposição das mãos". Quem está ao redor da pessoa individualizada deve ir até ela e "carregá-la" para que fosse resgatada e levada de volta ao fluxo. Se não funcionasse, se o corpo da pessoa estivesse "demasiado fechado", ela receberia, então, a atenção de um carismático leigo ou de um padre da comunidade. Nessas ocasiões, a pessoa tinha de sair do galpão — para longe das câmeras de TV —, sendo levada para um canto afastado onde sofreria uma intervenção mais profunda de um membro da Canção Nova. Durante as missas de cura e libertação, onde pessoas adultas tendem a ser maioria, havia uma tenda montada para atender esses casos de "aprisionamento" ou "blecaute".[92] Por outro lado, os shows

92 Como pesquisadora na Canção Nova, fui advertida certa vez por uma mulher cuja mão havia escurecido enquanto intercedia por mim, uma intercessão que ela havia dito que eu "precisava". Conforme o evento foi se desenrolando, eu (confesso que) não estava imersa na "participação" (quase nunca estava), e aquela "escuridão" (demoníaca) traduziu minha presença em um "curto-circuito" ou um "blecaute" no ambiente. Naquela noite, minhas fitas foram confiscadas e examinadas por membros da comunidade, e eu acabaria por aprender que a falta de participação é algo comparável ao conhecimento, que por sua vez relaciona-se com o diabolismo. O que essas coisas têm em comum, como me disseram na época, é que elas separam, dividem. Ficou claro para mim como a minha "presença escura" permitiu aos carismáticos iluminarem os riscos contra os quais eles se protegem de maneira tão enérgica — o risco era, acima de tudo, o de delimitação do sagrado, e esse medo de uma fronteirização tinha como objeto a episteme moderna e as tradições religiosas que enfatizam a separação (*hiéron*). Se a Canção Nova tinha de superar os preconceitos relativos a quaisquer colaborações entre a mídia de massa e o sagrado — como aconteceu no Brasil, em parte pela demonização intelectual do evangelismo —, o motivo era o entendimento, por parte dos carismáticos, de que todas as instituições (igrejas, corpos, palavras, pulmões, ícones, coisas) são residência do *hágion pneuma*, algo que Nicéforo, o patriarca de Constantinopla, articula em seu *Antirrhetici* (Marie-José Mondzain, *Image, icon, economy*, p. 147; ed. bras.: *Imagem, ícone, economia*, op. cit., p. 190). Os carismáticos da Canção Nova atribuem à mídia eletrônica as possibilidades de abertura que Nicéforo via no ícone quando disse que se tratava de uma "abertura gráfica ao divino". Da mesma forma, o que quer que interrompa a circulação natural (leia-se, artificial) do ícone não pode ser simplesmente eliminado; deve iluminar o que está em jogo, em especial os mecanismos operacionais da iconicidade. É por isso que os escritos sobre iconografia bizantina ajudam a ver como (depois de Nicéforo) o valor do ícone reside

da Geração PHN, frequentados por uma maioria jovem, só demandavam esses espaços paralelos em "casos bem especiais", como disse um "libertador de espíritos" que conheci no local e que sugeriu que essas ocorrências eram mais raras entre pessoas jovens.

Já as manifestações somáticas, por si mesmas, eram bem-vindas desde que não se anexassem demais a um corpo específico. O pecado só se tornava mesmo uma questão quando o circuito era interrompido e o corpo adquiria o poder de individualizar e circunscrever. Queimaduras intensas, por exemplo, coceiras ou garganta seca são inscrições da figura da circulação. O problema, nesses casos, não é a inscrição em si; o problema é quando ela também se torna circunscrição, quando captura estaticamente uma "primeira" pessoa e a remove do fluxo da "terceira". Estamos, portanto, em um cenário em que a confissão não ocorre por conta de um *eu* circunscritível, culpável — o ímpeto de circunscrever deve ser evitado de todas as maneiras possíveis. Isso porque, como dito anteriormente, o objetivo primário do PHN não é a confissão de algo que ocorre com um indivíduo ou por meio dele; o objetivo é inserir essa prática no processo de treinamento que permitirá, no futuro, que o pecado seja evitado. É o que diferencia, essencialmente, a individualização da encarnação.

Essa lógica autorreferencial, além de metodologia direcionada a um objeto, faz desse objeto um modo de operação seu. Referindo-se às milhares de cartas anônimas enviadas semanalmente ao estúdio da Canção Nova — muitas delas lidas no programa de auditório semanal do PHN —, Dunga repreendeu a audiência com um estilo calmo e bem-pensado:

> Ah! Masturbação não é pecado? Como não é pecado? Vocês já viram alguém se masturbando olhando para um poste? Aaii, poste, você é tão gostoso! Claro que não! A pessoa se masturba para ter o prazer do corpo... Porém é verdade que você tem que botar pra fora. Mas seu corpo faz isso pra você. Seu corpo bota pra fora. A graça que você tem que pedir a Deus é a de ter polução noturna sem o sonho erótico, sem pornografia. Eu costumava rezar para o Senhor, na frente do Santo Sacrifício: Senhor, que essa noite eu tenha polução noturna sem nenhum sonho erótico. Senhor, eu não quero me masturbar porque, se eu me masturbar, vou pensar naquela mulher, comprar aquela revista, ouvir aquele pornofônico, assistir aquele pornocênico, vou ficar excitado até que vou, sozinho, para o meu quarto me masturbar. Tem que lutar. Não é só ir lá no confessionário, ir até algum confessor. [*ele começa a imitar um confessor*] "Ah! Pega leve! Masturbação não é pecado!". É claro que é pecado, filisteu! Sim, pecado, porque envolve pensamentos e sentimentos que não agradam a Deus.

na forma como suas propriedades técnicas (e sua administração, sua *oikonomia*) instituem uma "semelhança formal que nada mais é do que a própria possibilidade do pensamento". Bishnupriya Ghosh, *Global icons: apertures to the popular* (Durham, NC, Duke University Press, 2011), p. 75.

No seu excelente trabalho sobre linguagem performativa na comunidade carismática norte-americana, Thomas Csordas nota que erguer as mãos em adoração ou para bater palmas é uma estratégia usada para manter as "mãos à vista". Nos encontros PHN, porém, esses gestos vão além de estratégias de distração ou sublimação recreativa, pois devem produzir transformações ético-fisiológicas. Mais especificamente, os exercícios PHN são artifícios de arrastamento rítmico voltados ao sistema circadiano. O objetivo primário é regular o corpo e induzi-lo a liberar a polução noturna. Com isso, o cronograma circadiano responde à retroalimentação temporal que surge nos exercícios físicos e vocais realizados nos shows. Dunga, muitas vezes identificando sua trajetória de vida com a de Santo Agostinho — um convertido tardio, um "grande treinador de almas" —, defendia a ideia patrística de que poluções não poluem a vontade porque são involuntárias. A involuntariedade do sono, entretanto, é aquilo que o movimento busca combater com seus exercícios disciplinares, fazendo das poluções uma espécie de ação ou atividade, algo além de um efeito colateral e residual. Trata-se da perturbação de uma distinção tradicional, feita no importante tratado de Aristóteles sobre ética, entre *enérgeia* [ato, operação] e potencialidade. Lá, o sono, sendo um estado potencial, é pensado como inferior em relação à *enérgeia*. Toda essa perturbação, porém, ainda pressupõe a hierarquia afirmada por Aristóteles entre sono e vigília.[93]

Já a masturbação é vista como prejudicial para a alma e para o corpo. É como copular com um demônio, uma *súcubo* nefasta, ato ao mesmo tempo preguiçoso e voluntário. Uma das propostas do acampamento era encontrar uma concordância biológico-moral entre performance corpórea e resposta biológica. O ritmo através dos gestos, o ar preenchido de palavras, concordâncias estudadas entre os pulmões e o coração, tudo isso

93 Idealmente, portanto, os carismáticos divergem da distinção aristotélica entre "atualidade primeira" (traduzida, às vezes, como "realização") e "atualidade segunda", que encontramos em *Da geração dos animais*. Aristóteles estava interessado em definir o alcance da alma e, para fazer isso, ele considerou a noção fronteiriça de sono, introduzindo dois sentidos de atualidade: um correspondente ao conhecimento possuído, outro ao conhecimento exercitado. Seguindo esse raciocínio, o sono é algo que possuímos, não algo que exercitamos. Já os carismáticos defendem que o sono pode e deve envolver um exercício, aquilo que Aristóteles considerava uma segunda ordem, a "realização". Aristóteles, *Generation of animals*, trad. A. L. Peck (Cambridge, MA, Harvard University Press, 1942), p. 41-42. Para uma abordagem da maneira aristotélica de pensar virtude e sono, ver Giorgio Agamben, *The use of bodies*, trad. Adam Kotsko (Stanford, CA, Stanford University Press, 2016); ed. bras.: *O uso dos corpos*, trad. Selvino J. Assman (São Paulo, Boitempo Editorial, 2017). Agamben cita a seguinte passagem de Aristóteles: "Se um homem passa a vida dormindo, certamente não o consideramos feliz" (*Magna Moralia*, 1185a9-14). Ver, em Agamben, o Capítulo 1, "O homem sem obra", e o Capítulo 5, "O uso de si", para mais sobre a relação entre ética e autoafecção.

era importante na regulação da relação do corpo consigo mesmo. A respiração se torna particularmente emblemática por envolver uma autorrelação, de modo que o excesso de inspiração, a hiperventilação, acaba sendo associado à autocópula.[94] Para combater essa possibilidade, é mobilizada toda uma simetria muito bem construída entre canção e oração — em especial a Oração do Coração, feita de acordo com o terço bizantino (Capítulo 4) —, que atua no equilíbrio entre inspiração e expiração. O objetivo, além disso, é levar essa economia balanceada do ar (*pneuma*) para as mais profundas cavidades do corpo humano, de modo que a ação dê lugar ao ser-agido. O que está em jogo é participação ativa na anulação de si.

Da mesma maneira, o que se condena é o autoerotismo voluntário e não a polução noturna. Esta é apresentada como válvula natural de escape sexual, ao contrário de artifícios como filmes, imagens, palavras e sons. A experiência dessa descarga, como explicou Dunga, deve ser tão natural que nem mesmo o sonho erótico é tolerável. Não tendo a sublimação como destino, esse tipo de sonho é considerado um produto dos atos conscientes da imaginação, pois esta teria deliberadamente absorvido sons e imagens com maior probabilidade de excitar o corpo, de provocá-lo. Ao contrário do que ocorre na elaboração freudiana, em que o sonho erótico é uma espécie de alucinação atenuada em relação ao recalcado e é responsável por proteger o nosso sono, a visão carismática é que esse fenômeno é uma extensão ativa de imagens e filmes pornográficos usados nas práticas autoeróticas. Toda a teoria do recalcamento é descartada, impedindo, assim, uma associação com as teorias que exaltam os benefícios catárticos do sonho erótico. Preferiu-se, em vez disso, uma teoria da ação que pudesse penetrar mais fundo, para além do domínio onírico, na mecânica crua e desprovida de imagens da biologia humana.

94 Há uma tradição cristã de associar respiração à educação espiritual do corpo, como bem notado pelo místico e anatomista Emanuel Swedenborg, para dar um exemplo, em "Influx and intercourse between the soul and the body", em Samuel M. Warren (ed.), *A compendium of the theological writings of Emanuel Swedenborg* (West Chester, PA, Swedenborg Foundation Publishers, 2009), p. 561-576. Diferentemente dos carismáticos, que apelam ao *Filocália*, um dos primeiros livros onde encontramos a Oração do Coração, Swedenborg reivindica o que ele chama de disciplina do "tempo ininspirado", ou tempo da "respiração interna". Como escreve em seu diário: "Quando inspiramos, uma legião de ideias vem de baixo como se passasse por uma porta aberta, passando, assim, para a esfera do pensamento; quando seguramos a respiração, expiramos apenas lentamente, sustentamos, de maneira profunda, o momento presente no curso de nosso pensamento e nos comunicamos, por assim dizer, com a faculdade mais elevada da alma, como tenho observado por conta própria inúmeras vezes. Suspender ou segurar a respiração é interagir com a alma; trazer o ar para dentro ou expulsá-lo é interagir com o corpo" — citado por John Bigelow, *Emanuel Swedenborg*: *Servus Domini* (New York, G. P. Putnam and Sons, 1888), p. xlviii.

Como já mencionado, no movimento PHN não se lida com a confissão por meio do desmascaramento hermenêutico e da expiação dos feitos passados. Ela deve ser um trabalho dos membros, um modificador dos ritmos fisiológicos que atravessa pensamentos e sonhos conscientes — e mesmo os inconscientes — para se tornar *um* com o perfil hormonal-circadiano. Dito de outro modo, não se procura o PHN para confessar; o que se quer é lidar com a interdição do pecado, uma interdição que envolve seu reconhecimento prático. Resumindo, a lógica é: corpos participam de exercícios; nessa participação, reconhecem o que já se sabe, a existência do pecado no mundo, sua presença em nosso interior. De fato, o pecado somos nós. Conforme ele circula, porém, transformações ocorrem e mostram que o pecado está sempre de passagem. Expor o pecado é exercitá-lo e exorcizá-lo preventivamente. Os corpos mostram (performam) o que tentam evitar.[95] Pode-se dizer que confessar é potencializar a "comunidade autoimune", proteção que incorpora a lógica do objeto da condenação, objeto que, exatamente por isso, será protegido contra a própria proteção: o *pecado*.[96]

O que o movimento carismático condena na confissão verbal e sacramental é a relação preguiçosa entre palavras e ações, a afirmação de uma origem por meio da reflexão introspectiva, bem como a lógica do confinamento que faz do *eu* um recipiente e não um transmissor do espírito. É mais urgente, explicam os carismáticos, trabalhar as condições que *já* estão dadas no corpo (a possibilidade de pecar ou não pecar). É pelo fato de o corpo corporificar a contradição entre o bem e o mal — pois o corpo também é anticorpo — que ele se torna fundacional para o exercício ético. Nesse trabalho preventivo, ao exercitar as condições morais e biológicas para o não pecar, flerta-se com o perigo,[97] pois os próprios meios de prevenção do pecado que favorecem a reprodução biológica colocam também a pessoalidade em risco. Como já indiquei, todo o aparato do PHN promove a circulação; só que ela, por sua vez, é um meio de alienação de si. As pessoas que participam do movimento são "povoadas por outras".[98] Nesse sentido, os integrantes do PHN

95 Assim, temos uma oposição à — e ainda assim um espelhamento da — leitura psicanalítica do fetiche, em que a negação de uma ausência temida por meio de uma substituição também enfatiza a ausência que se tenta encobrir. Ver Marilyn Ivy, *Discourses of the vanishing: modernity, phantasm, Japan* (Chicago, University of Chicago Press, 1995), p. 10.

96 Tomo essa noção de *autoimunidade* de Jacques Derrida, mais especificamente do texto "Faith and knowledge", em *Acts of Religion* (New York, Routledge, 2002).

97 Talal Asad, *Genealogies of religion: disciplines and reasons of power in Christianity* (Stanford, CA, Stanford University Press, 1993).

98 Expressão de Jacqueline Rose citada por Valentina Napolitano, "Anthropology and traces", em *Anthropological Theory*, v. 15, n. 1, 2015, p. 48.

adotam a mesma lógica relacional do sujeito masturbador que precisa deixar o *eu* dormente para inflamar a outridade. A filosofia carismática da prática se dá na explicitação do que se quer superar. Trata-se, portanto, de um exercício de autoimunidade que transforma o paradoxo da proteção autoimune — proteção obtida por meio da exposição controlada ao perigo — no tema apropriado de sua performance.

No galpão, os aplausos duraram alguns minutos, foram se acumulando e, eventualmente, aceleraram em direção ao fim. Dunga pediu que levantassem as "mãos fogosas" e fizessem contato com o Espírito Santo: era preciso sentir o fervor nas mãos, na ponta dos dedos, e então imaginar os corpos como antenas ou transmissores, extensões da (obra da) Canção Nova. Com o órgão ainda soando no fundo, Dunga começou a rezar. Pediu ao público que desse as mãos e formasse um circuito humano: "Com o coração sentimos, com a mente pensamos, com a boca comemos, com os pés andamos, com as mãos fazemos as coisas; conforme você segurar a mão da pessoa ao seu lado, convide o espírito para que passe, deixe-o passar, sem pressa, sem forçar nada. Está passando agora. Sinta-o através das de suas mãos reaquecidas, de seus dedos. O que é isso que você está sentindo? O que é isso?". Em seguida, ordenou que cada pessoa sentisse a mão em sua mão, como se o eixo da pessoalidade tivesse sido deslocado para essa conexão, para essa estranha copresença sentida de ambos os lados. Ao trazer as extremidades ao centro, nesse contato de mão com mão, cada pessoa se tornou quase-pessoa, o próprio *ser* da circulação.

Com o dia terminando, Dunga cantou uma balada com dois rapazes e uma mulher fazendo os *backing vocals*. Tivemos, depois, mais uma rodada de aplausos. Com esse exercício, as inscrições do pecado apareciam na superfície do coletivo — não do indivíduo —, demonstrando o trabalho de proteção e autoimunização do corpo contra transgressões futuras por meio de sua passagem no presente. De acordo com essa lógica, o pecado original perde sua relevância. O objetivo é regular o que está desde sempre no mundo, e não purificar a origem revisitando-a ou conjurando uma espécie de tábula rasa. O *eu* da confissão é replicativo, e não autônomo; indiviso, e não delimitado. Um *eu* que é meio, *eu* como outro de si, *eu* como terceira pessoa. Essa ideia ficou bem nítida quando Dunga pediu ao público que performasse a onda humana, "*la ola*" inspirada na Copa do Mundo mexicana, um dos elementos teatrais mais populares nos eventos carismáticos. Acompanhando a mão esticada de Dunga, que desenhava círculos no ar como se fosse o ponteiro de um relógio, a onda atravessou a multidão, produzindo, em sua multitemporalidade, a impressão de um corpo oscilante que tudo abarcava. A coreografia, que envolvia ficar de pé, levantar os braços, sentar e repetir tudo de maneira coordenada, expunha os componentes fundamentais do espetáculo PHN: participação em uma forma de circulação que faz com que os elementos — "informação", "pecado", "Espírito" — sejam transportados e transformados.

Apesar disso, a nadificação de um *eu* agencial, capaz de se responsabilizar, suscitou ansiedade em torno da irrestrição, de toda essa fluidez excessiva do signo. Havia a necessidade de impedir que ele se tornasse errático demais e incontrolável. Era preciso encontrar um equilíbrio entre o estímulo da fluidez corpórea através da excitabilidade e o risco de uma significação sem fim. Por causa dessa demanda contraditória, carismáticos — e o festival PHN em particular — evidenciaram uma preocupação intensa e permanente com questões de sexualidade desviada, com destaque para a masturbação. Isso não se deu simplesmente porque o autoerotismo tem figurado como tema em boa parte da história do pensamento cristão, mas porque ele oferecia, aos membros do movimento, uma estrutura primeira por meio da qual é possível pensar a relação entre o *eu* e a alteridade. Essa lógica paralela, que sustenta tanto a masturbação quanto aquilo que os carismáticos coletivamente visavam — o deslocamento da autoria na habitação do espaço de um não-*eu* —, é precisamente o que faz do autoerotismo um tema importante na estruturação do exercício. Dado o foco no aprimoramento do corpo para combater as tentações do sexo não reprodutivo, o objeto da expulsão tem de ser semelhante, de um ponto de vista estrutural, à metodologia que torna a expulsão possível. A lógica da autorrelação que constitui o autoerotismo sempre dependeu do fato de que o mal deve ser combatido de acordo com as regras de seu próprio jogo.[99] No segundo dia de festival, a autorrelação, concebida dessa maneira, era tratada como anátema e remédio ao mesmo tempo. Essa ambivalência permitiu a criação de um terceiro espaço como sistema de pensamento e manifestação.

O imperativo do exercício implicava um paradoxo produtivo. De um lado, ele reforça a ideia de que o seu corpo não é seu, pois é produto de um ritmo incorporado e performado coletivamente, o que desfaz a necessidade das técnicas de natureza suplementar — masturbação, coito interrompido, métodos contraceptivos — que perturbam e obstruem o sexo reprodutivo. De outro, os exercícios PHN lutavam contra esses perigos suplementares fazendo uso da mesma lógica encontrada nos mecanismos fisiológicos do corpo, sendo assim compatíveis com o trabalho da reprodutibilidade técnica. O que importava, acima de tudo, era alternar o movimento entre as duas *mãos*, como se não fossem em nada opostas, como se fossem ponteiros de um relógio conduzindo o tempo e o espaço à existência: circular sem cercar.

99 Marie-José Mondzain, "Can Images Kill?", trad. Sally Shafto, em *Critical Inquiry*, v. 36, n. 1, 2009, p. 20-51.

Domingo: ressurreição

Chegamos ao terceiro dia de acampamento. O público dos dias anteriores era composto, em sua maioria, de pessoas de dezoito a 35 anos. No terceiro dia, porém, gente de todas as idades apareceu para a Missa da manhã. Em seguida, tivemos sermões e canções de adoração. O *banner* PHN em estilo meio hip-hop ainda estava lá, mas agora no palco, havia também um ícone bizantino de Theotókos, a Mãe de Deus. Foi a primeira vez que parei para pensar no hip-hop e na iconografia bizantina juntos, ainda que, naquela altura das coisas, a dissonância já fosse um padrão familiar para mim. No centro do palco, havia um altar portátil. Pela entrada principal, uma procissão com cinco noviças lideradas por um padre que carregava o ostensório entrou no Rincão do Meu Senhor — galpão principal da Canção Nova. Havia ainda outro padre balançando um turíbulo, incensório metálico usado em cerimônias de adoração. Após a convenção, o acólito segurou o incensório com a mão direita, na altura do peito, e depois o levantou até a altura dos olhos; com a mão esquerda, deu-lhe um empurrão para frente, balançando-o em direção ao altar, depois em direção aos padres da procissão, depois ao altar mais uma vez — um, dois, três, quatro. Era a cardinalidade e não a ordinalidade que dominava esse último dia de festival.

Mesmo com o sol matinal atravessando a decoração trançada do galpão, havia duas velas queimando em cada um dos lados do altar. O número de pessoas praticamente dobrou em relação aos dias anteriores, e muitas tiveram que acompanhar a Missa por meio de telas colocadas ao longo da passagem que levava até o local da cerimônia. Esta foi mais rígida e solene que as performances anteriores. As vestes dos padres, o altar, os adereços do Missal e da Eucaristia adicionavam um peso e uma autoridade institucionais — nem sempre vistos com bons olhos pelos carismáticos — que estavam ausentes dos outros dias. Essa institucionalidade parecia incompatível com tudo o que era associado à "terceira pessoa", ou seja, ao Espírito. Trata-se, mais uma vez, de uma instância da *complexio oppositorum*, onde a tensão entre opostos favorece o caráter inclusivo de um *corpus ecclesia* autoimunizado: graça e instituição, Paulo e Pedro, dissonância e tradição.

Historicamente falando, o destino da maioria dos movimentos católicos tem sido readaptar, de maneira lenta e progressiva, suas configurações, suas ideias e suas técnicas em relação ao cânone, ele mesmo uma inspiração para a mudança. Isso faz do catolicismo a mais "elástica" das religiões, como bem nota Carl Schmitt.[100] As tensões e as

100 "Sua elasticidade [da Igreja Católica] é de fato surpreendente, no sentido de que, ao longo da história, ela foi capaz de formar alianças com as mais opostas

fricções podem se tornar aparentes, porém nem sempre são vistas como problemáticas em si mesmas, desde que adaptações sejam executadas com o compromisso e o equilíbrio necessários para que a graça continue sendo derramada, para que se autorize o que de outra forma poderia ser subversivo. Afinal, as tensões e os conflitos definem o que, no catolicismo, é mais apreciado como signo de sua heterogeneidade e de sua capacidade de abraçar — incluir — o extremo dos extremos.[101] Não há nada de errado com a extremidade, desde que suas bordas toquem o ponto no círculo onde tudo recomeça.

A Missa foi celebrada com os ritos introdutórios, o louvor e três leituras. A liturgia da Eucaristia voltava a atenção de quem estava presente para a preparação do altar e das oferendas. Enquanto a congregação permanecia de pé, o padre a exortou a rezar: "Orai, irmãos, para que o nosso sacrifício seja aceito por Deus Pai Todo-Poderoso". Ao que a congregação respondeu: "Receba o Senhor por tuas mãos este sacrifício, para glória do Seu Nome, para nosso bem e de toda Santa Igreja". Após a transubstanciação, houve silêncio no galpão, um silêncio capaz de integrar a multidão conforme a hóstia se desintegrava nas bocas. Os minutos seguintes trouxeram uma quietude ainda mais pesada. Parecia que os celebrantes seguravam a respiração, e a sensação era de que o ar estava poderosamente carregado, eletrizado. Então, como no primeiro dia, o silêncio foi desfeito. Com o clérigo no altar diante da multidão, a arena

tendências, os mais opostos grupos" — Carl Schmitt, *Roman Catholicism and political form*, op. cit., p. 6. Como insiste Schmitt, essa elasticidade extraordinária tem raízes epistemológicas; na verdade, ela é epistemológica, uma forma de saber no sentido de uma "captura" ou "apreensão". Sobre a pertinência do pensamento de Schmitt para abordarmos a lógica contemporânea do "pensamento militarizado", ver Samuel Weber, *Targets of opportunity*: *on the militarization of thinking* (New York, Fordham University Press, 2005).

101 O imperativo de esticar as coisas até o limite por meio da tensão e do conflito é o que caracteriza a complexidade do movimento carismático no Brasil. Como já mencionado, o que é singularmente notável nesse esforço explícito de levar as coisas ao extremo é o fato de que, quanto mais longe se vai, maior a capacidade de afirmar o centro (personificado na figura de Roma) em relação ao qual é preciso se distanciar ou se descentralizar. Essa ideia de uma combinação de opostos, em que as oposições permanecem inalteradas para que sejam dobradas formando um centro, é o que distingue a *complexio* da *coincidentia oppositorum* de que fala Schmitt em *Roman Catholicism and political form*, a "união entre opostos" que Nicolau de Cusa, o neoplatônico do século 15, toma de Heráclito de Éfeso. Ao contrário do que temos no vitalismo aberto da *complexio*, a *coincidentia* expressa, de maneira explícita, a reconciliação harmônica dos opostos como seu maior e mais luminoso objetivo. Para uma análise fabulosa dessa ideia nas teorias do olhar e da iconografia visual, ver Michel de Certeau, "The gaze of Nicholas of Cusa", em *Diacritics*, v. 1, n. 3, 1987, p. 2-38. Para uma investigação sobre essa ideia na teologia medieval e em nosso presente tecnomidiático, ver Carlson, *The indiscrete image*, op.cit..

foi varrida por uma falação tumultuosa, ressonante em línguas, que atravessava os espaços silenciosos de modo violento, cercando a multidão de todos os lados, independentemente de quem falava.[102]

Três fileiras atrás de onde eu estava sentada, uma jovem começou a tremer. Ela inclinava o corpo para os lados como se estivesse prestes a desmaiar. As pessoas ao redor começaram a rezar por ela, estendendo as mãos, mas ela não demonstrou sinais de que estava se acalmando. A tremedeira foi ficando cada vez mais expressiva e a mulher caiu no chão como se estivesse tendo um ataque epilético. Outras duas a levantaram e a conduziram para um dos bancos no lado de fora; a essa distância, os sons da adoração haviam perdido a sua realidade corpórea. Quando o médico da comunidade e mais duas outras mulheres se aproximaram para ajudar, a que caiu respondeu que estava melhor, "apenas tonta", e afirmou que isso já havia acontecido antes sem maiores problemas. Uma das que ajudaram desde o começo disse às recém-chegadas que, enquanto saíam do galpão, ela havia tomado um choque ao tocar a jovem. Fiquei surpreendida ao ver como a que foi "tomada" tranquilizou os membros da comunidade sobre sua condição, quando o normal teria sido o contrário. Ela havia ido tão fundo em seus pulmões que seu corpo tremia como se ele fosse extensão de sua fala: *estoummbem*.

Quando os atributos mobilizados se tornam prejudiciais pelo excesso? Quando circular demais leva a um estado que pode ser interpretado como aprisionamento? A mulher que caiu parecia incorporar, naquele momento, tudo que o movimento PHN havia tentado alcançar com as longas performances de cantoria e movimentação: uma voz em sintonia com a matéria-prima da confissão, falando por todo mundo e ninguém, uma fala sibilante — obscurecida demais? — que se interrompe de acordo com o andamento do corpo de onde ela violentamente transborda. Era uma fala que ameaçava virar o corpo do avesso. Também era verdade, porém, que o estado de coisas interpretável como ápice de uma

102 Vale a pena fazer uma distinção entre glossolalia e xenoglossia. Esta introduz uma alteridade linguística no interior do *eu* que parece mais apropriada ao cristianismo carismático se levarmos em consideração a imagem do transbordamento no Pentecostes e no Cenáculo ("sala superior"). Além disso, dada a conexão entre o corpo e a arquitetura no interior do movimento carismático brasileiro, seria interessante pensar no Cenáculo como um músculo peitoral, uma sala superior do corpo, em oposição à parte inferior, normalmente associada ao feminino — como em *ruha*. Para uma abordagem generificada da xenoglossia, ver Christine F. Cooper-Rompato, *The gift of tongues: women's xenoglossia in the Later Middle Ages* (University Park, Pennsylvania State University Press, 2010). Para uma análise brilhante das diferenças estilísticas e linguísticas entre glossolalia e xenoglossia, e isso em relação ao repertório sonoro da Canção Nova, ver Evandro Bonfim, "Glossolalia and linguistic alterity: The ontology of ineffable speech", em *Religion and Society*, v. 6, n. 1, 2015, p. 75-89.

conquista idealizada — cantar o corpo elétrico[103] — tinha de ser contido, desempoderado, ele mesmo interrompido. Como um conector disfuncional, aquela jovem teve de ser restaurada e reintegrada ao circuito.

Não importa o quanto a circulação seja desejável nos espetáculos do PHN, há sempre censores regulatórios capturando tudo que se mostrar dispêndio excessivo, momento em que a circulação passa a sinalizar a capacidade que o diabo tem de apropriação mimética. Como vimos, apesar de a mimese ser o caminho a seguir na Canção Nova — o mal deve ser combatido em seus próprios termos —, também pode ocorrer o oposto. A apropriação diabólica exige que o membro carismático seja hipervigilante quanto ao excesso, para que possa expulsá-lo e abordá-lo longe das câmeras. É a exposição dessa consciência do excesso e da circulação excessiva que permite, ao catolicismo carismático, distinguir-se em relação às outras vertentes — como o evangelismo pentecostal que, de acordo com algumas pessoas, parece-se demais com ele. A obsessão com o diabo, a expulsão dos espíritos, o exorcismo são elementos que há muito são condenados por católicos e liberais no televangelismo pentecostal. Há quem argumente que, se os carismáticos querem mesmo ancorar seu regime confessional nos trabalhos do Espírito Santo, da terceira pessoa, eles não podem se rebaixar a essa exibição pública de expulsões.

A diferença entre a confissão PHN e a dos grupos evangélicos, como me disseram Dunga e alguns membros da Canção Nova, está no próprio tratamento conceitual da terceira pessoa.[104] Como insistem os carismáticos, a terceira não é uma não-pessoa. Quando pastores evangélicos expulsam demônios na TV, aniquilam a pessoa. Ali, diante das câmeras, dizem, está a figura que não é a da primeira, da segunda e nem da terceira pessoa, mas algo como uma "quarta pessoa ao quadrado", o demônio que, externalizado fervorosamente pelo exorcismo, vem a ocupar a totalidade do espaço. A retirada de um indivíduo que se encontra fora de sintonia com o circuito da confissão, feita por reguladores humanos do espetáculo — às vezes, por participantes —, é uma medida que investe na remoção do "mal em excesso", tanto quanto, se não mais, na transformação desse gesto em exibição da diferença em relação às outras denominações cristãs (não católicas). Nessas circunstâncias, a declinação não é apenas dos pronomes da primeira e da segunda pessoa, há também

103 Como no famoso poema de Walt Whitman "I sing the body eletric", em *Leaves of grass* (New York, Penguin, 1961); ed. bras.: "Eu canto o corpo elétrico", em *Folhas de relva*. Trad. Rodrigo Garcia Lopes, 2. ed. rev. (São Paulo, Iluminuras, 2021).

104 Conversa com Dunga na Casa de Missão da Canção Nova em São Paulo, em março de 2003. É lá que ele transmite seu programa PHN, imensamente popular na comunidade jovem carismática, uma contraparte confessional do festival e do acampamento que este capítulo descreve.

uma terceira que tudo abarca e que, por isso mesmo, não pode ser reduzida a um *eles/elas*. Por isso, "nós não somos *eles*", disse o Padre Edmilson — que celebra a Missa semanalmente na Canção Nova — enquanto caminhávamos pela horta comunitária.

A existência de uma zona longe das câmeras é importante, pois, além de distinguir carismáticos de evangélicos ("eles têm limites, os evangélicos não"), ela possibilita aderir à ideia de que a economia providencial e visceral da terceira pessoa é incompatível com o artifício na produção televisiva ao vivo e de que essa economia exige a exibição das operações editoriais por trás da imagem. Desde a década de 1990, quando o movimento carismático na Canção Nova decidiu não mais usar o referente externo da publicidade (meio para um fim), ficando só com o que se encontra "no ventre de Maria", ou seja, toda a economia administrativa do lugar (*oikonomia*), das máquinas até a terra, que técnica deixou de ser associada à falsidade. A exposição do artifício é precisamente o que eleva a "imagem" ao sentido próprio da vida: esta é "como imagem", dizem os carismáticos.

E, assim, aquela jovem fora de sintonia, ao invés de ser avaliada — "discernida", para usar o vocabulário local — pelas pessoas ao redor como exemplo bem-sucedido da terceira pessoa em circulação, foi vista como *presa*, *fechada*, *carregada*. Os próprios sinais associados à circulação — tremor dos membros, borramento das fronteiras entre *eu* e outro na oração em línguas — deveriam ter feito dela uma espécie de heroína da confissão nos termos do PHN. O que ocorreu, porém, foi que o grau de sua externalização subiu em proporção direta ao seu enclausuramento; foi tanta externalização que ela se tornou contraintuitiva para o espaço relacional da terceira pessoa. Ao mesmo tempo, se a "pessoa" é levada para longe, é para que se dê sua reentrada no circuito, algo que nos diz muito sobre como a comunidade expressa firmeza e flexibilidade, limitação e abertura — os fundamentos da renovação. São esses os aspectos que o movimento carismático no Brasil tenta manter em equilíbrio, como ficou evidente quando perguntei se a ênfase no espírito e no carisma não levava a uma ruptura com a Igreja, apenas para ouvir de lideranças e seguidores, em termos que, pela reiteração excessiva, passaram a soar impessoais, que "esticar até o limite é conhecer os limites do esticar". A problemática no catolicismo carismático, como os membros não cansam de lembrar, é a da transfiguração e não a da ruptura.

Uma coisa importante é que o PHN, organizando um espetáculo confessional que culmina no falatório de línguas — no idioma de uma fala que suspende toda referencialidade que não seja condição de sua própria referência —, dramatiza a locução da voz média.[105] Ela postula um

105 O importante estudo que Émile Benveniste faz da "voz mediana" toca num regime de endereçamento conveniente para o que o movimento PHN usa em seus

campo de anonimato e ipseidade genérica pelo ritmo regulado. É no seio desse trabalho de anonimização, porém, que um sistema ontológico totalizante é reinstituído. O absoluto tautológico — que Jacques Lacan identifica como o *eu* que diz "eu sou o que sou" — irrompe no próprio esforço de suspender toda especificidade. Trata-se de um *eu* tautológico que, além da linguagem, repete-se nas imagens. Ao fim do terceiro dia, do grafite PHN ao "ventre de Maria, Mãe de Deus", voltamos ao *Um* totalizante e patriarcal que se torna possível, paradoxalmente, com a abertura radical induzida pelo trabalho.

Esse é o oxímoro que a santa terceira pessoa produz no corpo de Maria: um útero orgânico e mecanizado onde se desdobra, para os carismáticos, a tensão produtiva entre catolicismo e pentecostalismo. No último dia, com os mecanismos de influxo no auge, fica claro como é servil essa concessão ao patriarcado. Os chamados à castidade se tornam ferramentas de reinstituição da doutrina sobre o corpo feminino, que é — e deve continuar sendo — virgem e mãe, origem e reprodutibilidade. Se tudo ocorrer de acordo com o programa, no encerramento dá-se a última volta do fio na costura da rede. Até o próximo festival PHN de confissões.

Ementa

A circulação, por confirmar as circunstâncias sob as quais ela mesma funciona, deve expor os ritmos disciplinados que a estruturam e a capacitam com certa ordem percussiva. Se a interrupção e a quebra são aparatos necessários para o alinhamento do corpo aos seus ritmos mecânicos, há sempre o risco de se transformar um leve movimento em apreensão e

espetáculos (ver Émile Benveniste, *Problems in general linguistics*, op. cit.; ed. bras.: *Problemas gerais de linguística*, op. cit.). O que nos chama, na voz mediana, de acordo com Benveniste, é uma entidade relacional que é meio como uma terceira pessoa. Ele postula uma teoria dos enunciados performativos (como os atos de Austin) em que a gramática é toda espacializada. A ideia de voz mediana mostra que, na voz ativa, os verbos denotam um processo que começa no sujeito e fora dele ao mesmo tempo: "No médio [...] o verbo indica um processo do qual o sujeito é a sede; o sujeito está no interior ao processo" (Émile Benveniste, *Problems in general linguistics*, op. cit., p. 168; ed. bras.: *Problemas de linguística geral*, op. cit., p. 187). A voz da terceira pessoa, portanto, é a voz que abre as operações envolvidas em sua "enunciação". Isso é feito, no entanto, apenas enquanto um contexto previamente autorizado é reproduzido — ver Michael Silverstein, "Shifters, linguistic categories, and cultural description", em Keith H. Basso e Henry A. Selby (ed.), *Meaning in anthropology* (Albuquerque, University of New Mexico Press, 1976), p. 11-55; "The indeterminacy of contextualization: When is enough enough?", em Peter Auer e Aldo Di Luzio (ed.), *The contextualization of language* (Amsterdam, John Benjamins, 1992), p. 55-76; e também Benjamin Lee, *Talking heads: language, metalanguage, and the semiotics of subjectivities* (Durham, NC, Duke University Press, 1997).

captura. Tiques, espasmos e convulsões são coisas boas quando não são efetivamente espasmódicas. O que se move em direção ao surto não pode se deixar levar por ele; assim, de modo paradoxal, o surto se faz possível exatamente não-surtando. O movimento PHN desloca o centro dramático para acolher um exercício que se dá longe do *eu*. Para que o sagrado se manifeste, tecnicamente falando, o que se exige da comunidade é a capacidade de deslocar o *eu* para que surja uma terceira pessoa, um espaço mediano; a capacidade de afetar pelo sofrer afecção, de traduzir e explicitar o espírito ou a terceira pessoa que flui no interior dos limites sancionados.

Ao invés de confessar seus atos, o que se demanda da juventude é que ela interfira nas circunstâncias de funcionamento do pecado. A confissão, nesse caso, é um plano prático para a automação, prevenção e multiplicação da vida, e não um descarrego catártico. O que pode ser interpretado, de início, como catártico quanto às intenções — como a purificação coletiva de objetos infestados de pecado que ocorreu no primeiro dia — desvia do entendimento usual do termo, pois o gesto não é meio de externalização de um *eu* autêntico, nem deve ter a ver com o reconhecimento de como o pecado habita as reentrâncias do que somos. As pessoas no festival PHN estavam se livrando, na verdade, do próprio *eu*-confessional, ou seja, do contrato sacramental que define a absolvição como recompensa para a verdade dita e verbalmente mediada pelo padre na esfera privada.

Muitos padres brasileiros criticaram ferozmente a ideia de que esse formato de confissão pública, midiatizada, fosse capaz de substituir o sacramento tradicional. Esse debate gerou centenas de encontros teológicos, convenções, missivas entre membros do clero, estudos e publicações dentro e fora do Brasil. Quando questionados sobre esse fato, carismáticos insistem que a intenção não é substituir a confissão tradicional, e sim chamar atenção para o fato de que a melhor maneira de combater o pecado é abordá-lo diretamente. E "diretamente", aqui, quer dizer transformar o próprio ato da confissão em exercício disciplinar de prevenção.

Treinar a juventude católica para transformá-la em uma multidão de imitadores exemplares — agentes de citação, de cópia, de um trabalho em mosaico —, por meio dos quais o pecado entra e sai de cena, torna-se bem mais importante do que delinear o espaço do arrependimento e da salvação pessoais. Assim, o expurgo cerimonial é uma forma de encenar o enquadramento e a prática que expõem a natureza incontroversa do pecado, da transgressão e da tentação, assim como o desejo de superar tudo isso. Essa ênfase em como o pecado opera no interior do mundo — não só como uma condição humana, mas como algo que *condiciona* as ações humanas — demanda certo sacrifício do *eu* em nome da circulação-como-meio. Para os componentes fanáticos do arrastamento, é essencial que os corpos exponham o arquivo humano da iniquidade, ainda que isso sirva apenas para mostrar que pecados são replicativos, que os mesmos pecados retornam de novo e de novo no fluxo do vaivém que cada momento efetiva e dissipa.

Não importa o pecado que você tenha cometido, ele sempre poderia ter sido cometido por uma outra pessoa. Essa possibilidade, esse condicional, esse *outramente* é o que de fato importa. Deve-se humilhar o próprio pecado — não o sujeito, não quem peca — fazendo uso de citações e disseminações incessantes. Na despersonalização que surge desse processo, dissolve-se qualquer coerência de um sujeito proprietário que possa reivindicar o pecado como seu. A humilhação do pecado — concentrada, disciplinada, recorrendo à expropriação e ao deslocamento proprietário —, ajuda a explicar o motivo de a câmera de TV da Canção Nova se movimentar pelo espaço, oscilando da direita para a esquerda: é como se explicitasse a fungibilidade do pecado, alinhando de maneira efetiva a função mecânica da filmagem — circulação e reprodutibilidade — ao seu *transferindo*, seu *cruzando*, seu *deslocando*.

O falar em línguas se tornou o clímax do confessionário PHN. Podemos nos perguntar o que — ou quem — está confessando nesse contexto. Como Michel de Certeau argumenta, a glossolalia reabre a superfície do discurso aos ruídos da outridade. O "*eu*" falado dobra, no interior de si, outros *eu*s, outras línguas, marcando sua identidade como uma língua que se anula e perde qualquer significação definida. "Falar em línguas", como escreve Daniel Heller-Roazen, "é falar sem sentido definido, sem sequer expressar a si. Trata-se apenas de falar, nada mais".[106] A natureza autorreferencial do discurso glossolálico — o falar que fala — é algo que os membros do movimento carismático valorizam como alternativa à "presença real". Isso será abordado mais detalhadamente no Capítulo 3.

Para a juventude PHN, mostrar seu compromisso com a reprodução pela condenação de todas as formas de encontro sexual não reprodutivo envolve uma concepção bem específica de sujeito, e dela dependem os sentidos que serão dados ao pecado, à confissão e à salvação. Além disso, toda essa demonstração revela ansiedades relativas ao controle da fluidez quando é anexada a um sujeito anônimo, ritualisticamente fabricado, não mais contido ou ancorado em um indivíduo proprietário. Este capítulo abordou esse paradoxo como uma tensão peculiar das problemáticas da confissão na Renovação Carismática brasileira. Como em outros momentos do livro, a intenção é habitar essa tensão e também as extensões que os paradoxos possibilitam — ao invés de obstruir — na formação de uma política do *pneuma*. No Capítulo 3, analiso o modo como tais extensões se desdobram no cerne do mais profundo mistério cristão: a Eucaristia.

106 Como assinala Daniel Heller-Roazen ("Speaking in Tongues", op. cit., p. 93): "A linguagem é arrancada de seus fins semânticos e intencionais."

Santuário Mãe de Deus, São Paulo (Brasil). Foto: Maria José de Abreu.

3 ■ Extraordinária elasticidade

Um desejo tão pleno pelo vazio.
— Bataille, *The accursed share*

"Um monastério para as clarissas?", perguntei incrédula. A procissão inicial havia acabado de entrar no corredor entre as fileiras de cadeiras, vinda de uma das entradas traseiras do galpão. O padre que a liderava ergueu o ostensório. "Isso mesmo!", disse uma mulher com quem eu havia feito amizade, acrescentando: "elas vieram aqui por causa de um momento assim, que nem esse, uma quinta-feira que nem essa, quando a Canção Nova estava oferecendo contemplação da Sagrada Eucaristia". Animada e perplexa, fiquei pensando se um espaço de confinamento como o mosteiro das Pobres Clarissas de Assis poderia mesmo existir no interior de um *campus* de mídia global, pentecostal — uma ordem religiosa mais antiga, conhecida precisamente por seu acolhimento do silêncio, situada ali na barulheira de toda aquela expressividade religiosa hipermidiatizada? Fundada no século 13, tempo de São Francisco de Assis, as Pobres Claras se distinguem pelos ritmos disciplinares rigorosos, organizados em torno da Liturgia das Horas. Além dos votos de castidade, pobreza, silêncio e confinamento, as participantes da ordem são conhecidas por vigiarem, dia e noite, a Sagrada Eucaristia, por isso também são chamadas de Irmãs da Adoração Perpétua. Assim como outras ordens que surgiram do começo ao meio da Idade Média, as Pobres Claras transferiram o silêncio que outros buscaram no deserto para o interior do monastério. O claustro se tornou, assim, ambiente para se exercitar a alma, levando-a para outros lugares.

"Olha pra miiiiim", diziam, em celebração, as vozes ritmadas como num espasmo. A hóstia estava no centro do altar. Ficaria ali durante uma hora inteira — a Hora da adoração — para fins de contemplação.[107] A Hora era um teste de atenção e resistência, também momento de derramamento de milagres: curas, profecias, discernimento.[108] Saí do galpão por uma longa passagem, na qual diversas telas mostravam a Eucaristia bem de perto, e apressei-me em direção ao ponto do *campus* onde, de acordo com o que me informaram, estava o mosteiro. Toquei o sino da porta da frente, esperei diante de uma segunda porta com a placa "não entre". Uma abadessa veio lá de dentro e me aconselhou a ir até um cubículo escuro perto do corredor. Alguns minutos depois, uma jovem freira saiu da entrada que conectava o lugar onde eu estava ao mundo lá fora, introduziu-se como Irmã Rita. Foi só então que percebi, enquanto mexia desajeitadamente no meu gravador e pensava em como proceder, que a entrevista teria de ser conduzida com portões de ferro entre nós. Eu estava mesmo em uma casa monástica dentro de uma rede global católico-pentecostal de multimídia.

MARIA JOSÉ: Devo admitir que estou surpresa de te encontrar aqui, uma Pobre Clara... [em] um mosteiro, em um lugar desses.

IRMÃ RITA: Tudo começou com a inspiração que uma de nossas irmãs teve, na cidade de Santa Catarina; se chamava Clara como Santa Clara. Por causa da imobilidade dela... a família ofereceu uma TV para pôr lá na casa de repouso do mosteiro, para que ela e a enfermeira pudessem acompanhar a Missa. Um dia, numa quinta-feira como essa, na tela, estava o Santíssimo... ela estava vendo Jesus exposto na TV quando recebeu a revelação. Era a revelação de que um mosteiro teria de ser construído na Canção Nova... a sensação foi tão forte que ela teve de fazer uma confissão à abadessa do mosteiro. Ela relatou tudo que havia acontecido. Ela estava em dúvida se as irmãs levariam a sério, ela estando naquela condição... Ela pensou que elas achariam que ela havia enlouquecido. Só que, então, elas rezaram juntas, e entenderam que tinham de entrar em contato com o Padre Jonas. Elas escreveram uma carta para ele, contaram da revelação. Quando Padre Jonas leu, respondeu na hora: "Madre, isso é nada além da resposta às minhas preces. Estou agora mesmo retornando de Assis, na Itália, onde visitei o mosteiro de Santa Clara e perguntei sobre como ajudar a nossa comunidade, que está sofrendo com muita resistência e descrédito". E foi então que ficou claro, Santa Clara estava mesmo desempenhando um papel de mediação de nossa presença aqui...

MARIA JOSÉ: Mas por que Santa Clara?

IRMÃ RITA: Santa Clara, você não sabe?... houve esse episódio na vida dela, século 13... numa noite de Natal, confinada à cama, ela não tinha como se juntar às outras irmãs e a São Francisco para a Missa. As outras foram, deixaram ela lá, sozinha, doente no confinamento dela. Porém,

107 Apesar de o programa de TV ser chamado *Quinta-feira de Adoração*, o ritual de observar a hóstia é mais conhecido como Hora da Adoração.

108 N. da T.: Sobre discernimento, ver a nota 13 no capítulo "Os atos midiáticos dos Apóstolos".

> quando as irmãs retornaram da festa, elas estavam prestes a relatar o evento, e Santa Clara disse o seguinte: "Não há necessidade de me contar, pois eu vi e ouvi tudo pelas paredes de minha cela". Por causa desse episódio, em 1958 [mais ou menos quando a televisão foi inventada], o Papa Pio XII fez dela a santa padroeira da televisão. Santa Clara é a santa padroeira da televisão. É por isso que Padre Jonas foi a Assis.

Saí do mosteiro maravilhada. Que realidades entrelaçadas se agitavam em torno do significante material da Eucaristia? Que disputas em torno da "presença real" de Cristo na Eucaristia giravam ao redor de uma entidade tão inteiramente evanescente? Será que a ideia de um "alhures" é precisamente o que define a presença eucarística real na narrativa da Irmã Rita? Ou será que há algo *outro* em jogo que afeta o que há de mais fundamental em nossas concepções herdadas de presença, mediação, materialidade, silêncio, visão e singularidade? Algo que diz respeito, talvez, à própria ideia de oferecer atenção, ou mesmo frequentar — aquilo que, juntamente com as Pobres Claras, a TV Canção Nova chama de *hora da adoração*?

Minha surpresa ao descobrir tudo isso sobre as Irmãs da Adoração ali na comunidade me lembrou, por sua vez, de uma esfera de influência mais ampla que havia notado previamente, já que, falando com representantes da Igreja Católica no Brasil, pude registrar seu desconforto — seu asco, às vezes — quando ouviam sobre esse mosteiro.[109] Como pode uma ordem espiritual de alto prestígio coexistir com um pentecostalismo midiático tão recém-estilizado? Não seria uma contradição em termos fundamental, a profundidade da primeira e a superficialidade da segunda? A Canção Nova, uma das faces mais importantes da renovação carismática no Brasil, foi alvo de contestação, desde o início, pela parcela tradicional da Igreja. Na década de 1990, com praticamente vinte anos de existência, a renovação carismática era vista, por alianças mais progressistas dentro da Igreja e intelectuais simpatizantes, como uma "mensagem superficial que fazia uso de um meio igualmente superficial". Nesse sentido, a inclusão de um mosteiro medieval, um mosteiro das irmãs de Assis, no *campus* midiático era um enigma, uma profanação, ou até mesmo uma completa aberração.

Em 1999, quando se espalharam as notícias sobre a construção de um mosteiro das Pobres Claras no interior da Canção Nova, muitas das pessoas nessa ala tradicional verbalizaram uma oposição feroz, enfatizando a intraduzibilidade das cadeias disciplinares presentes nas duas tradições. De acordo com a narrativa mais comum, as clarissas zelavam por uma espiritualidade muito mais pura do que o espírito

109 Maria José de Abreu. "TV St. Claire", em Jeremy Stolow (ed.), In *Deus in machina: religion, technology and the things in between* (New York, Fordham University Press, 2013), p. 261-280.

prêt-à-porter da Canção Nova. A rigorosa conduta de expiação e rememoração merecia um "corpo bem mais robusto" que aquela que a Canção Nova — com sua religiosidade toda "vamos pôr as mãos para o alto" — era capaz de oferecer. Por sua vez, de maneira geral, a Canção Nova e o movimento carismático viam nesses argumentos sinais de que, como de costume, a ala tradicional da Igreja estava priorizando critérios institucionais e negligenciando a graça e o *pneuma*. Mais que isso: a tensão relativa a esses critérios apenas confirmava o quanto todas essas coisas eram inseparáveis, dado que se tratava de uma instituição amplamente acolhedora. Afinal, como se dizia, o que caracteriza mais profundamente — não superficialmente — o catolicismo é a capacidade de acolher realidades apartadas, sua extraordinária elasticidade. Deixemos, então, esse momento da Hora da adoração operar como ilustração dessa capacidade — eis a proposta carismática. Que a santa atenção oferecida à Eucaristia seja confirmação de uma potência maleável que se estende até um alhures, e não a confirmação do que simplesmente está aí, por inteiro presente a si mesmo.[110]

Neste capítulo, argumento que a inserção de um dos mais antigos braços da Igreja Católica no interior da Canção Nova estabelece uma linha coerente, sendo bem mais que uma aberração. Podemos acompanhar essa linha conforme passa por noções contestadas acerca da visão, disputas com uma longa história no interior do Catolicismo Romano, do Protestantismo, do Cristianismo Ortodoxo — disputas sintetizadas de maneira dinâmica na televisionada Hora da adoração. Pode-se ver a Hora como algo que não faz sentido para as Irmãs da Adoração Perpétua, porém, aqui, pretendo examinar as zonas de interseção e semelhança, analisando primeiramente toda a teorização por trás do artifício televisivo; em seguida, o sujeito-espectador que é convocado a reagir a uma (não-)presença paradoxal televisionada, assim como os modos de "visualização" implicados nisso; e por fim, a forma como Irmã Rita articula seu próprio pertencimento à Canção Nova, afastando-se do que pensam outros padres e teólogos sobre a graça e o milagre, sobre silêncio e visão. Como em outras partes do livro, deve-se notar o fato de que, para os carismáticos, a questão nunca é a ruptura com o que é institucional. Ao contrário, trata-se de uma maneira de integrar a tensão pneumática como a condição mesma de um fortalecimento possível da instituição como *corpus*. São essas as regras do ginásio carismático, em especial no que diz respeito à Santa Missa. Sujeita a uma deformação

110 Samuele Collu, "Refracting affects: affect, psychotherapy, and spirit dis-possession", em *Culture, Medicine and Psychiatry*, 43, n. 2, 2019, p. 290-314; e Emily Ng, *A time of lost ghosts: mediumship, madness, and the ghost after Mao* (Berkeley, University of California Press, 2020).

homeomórfica, o corpo da Eucaristia deve se expandir, ser dobrado e espremido, sem nunca romper. De tudo que vive e é sagrado, a Eucaristia segue imperturbável diante da tensão entre os opostos.

No movimento carismático, há muito se fala das "milícias de Deus", que se mantêm vigilantes convocando os poderes do Espírito Santo, os quais se estendem por todos os tempos e lugares. Durante a década de 1990, os sentidos da atenção e da vigilância mudaram no Brasil. Logo após os anos de chumbo e em preparação para o que viria a ser conhecido como o "choque do neoliberalismo", clamava-se por novas ordens do visível e do calculável alinhadas com novas formas de habitar o espaço-tempo. À medida que o país entrava em uma ordem político-econômica caracterizada por compromissos entre os campos ideológicos à esquerda e à direita, na tentativa de deixar a rigidez dos anos militares para trás e levar a sério o chamado a uma flexibilidade — necessária para a abertura às arenas globais então emergentes —, surgia uma sensação de que era necessário explorar diferentes níveis de coordenação entre eventos e reações proprioceptivas. Mais tarde, veremos como a flexibilidade não sucedeu ao autoritarismo, tendo com ele convivido por mais de vinte anos, alimentando-se da presidência liberal-conservadora dos dois partidos, o Partido dos Trabalhadores (PT) e o Partido da Social Democracia Brasileira (PSDB). Na política, como na religião, os debates entre esses campos giravam, ao menos em parte, em torno da capacidade de acolher os opostos. Essa abordagem levou um tempo até chegar à esfera social, e foi apenas no mandato de Jair Messias Bolsonaro que encontrou seu ponto mais alto.

Os carismáticos, no entanto, há muito têm postulado a presença dual da totalidade (Pai) e da adaptabilidade (Filho) como aspectos organizacionais da economia pneumática trinitária. A função do Espírito, como terceira pessoa, é extrair realidade a partir dessa tensão. Para essa facção católica revivalista, é isso que deve ser cultivado, assim como o centralismo no governo. O fato de os carismáticos terem pensado assim mostra que sua atenção ao espírito do tempo era ela mesma compreendida como expressão da unção divina.

David Marno, em seu trabalho sobre a "santa atenção", aponta para o fato de que a palavra *attention* chegou ao inglês pelo latim, verbo *attendere*, que significa "esticar para frente", ou estar sob certa tensão.[111] Já no português, o parentesco se mostra na ligação entre "atender" e "tendão". Marno descreve o modo como a atenção oscila entre modos transitivos e intransitivos, ou seja, o exercício feito nessa tentativa de alcançar um estado ideal de atenção implica uma circularidade, pois é preciso prestar atenção no próprio prestar atenção para que se preste atenção. Essa

111 David Marno, *Death be not proud: the art of holy attention* (Chicago, University of Chicago Press, 2016), p. 10.

circularidade deixa evidente a maneira como "estender para frente" dificilmente pode ser compreendido como meio para um fim, sendo mais uma ação que visa expor a estrutura específica ou o meio específico pelo qual o estender é possível. Longe de ter a ver com uma busca por acréscimos, alongar, estender envolve um retorno constante a um ponto-zero, ponto de anulação de si que expõe o próprio exercício da atenção.

Este capítulo, portanto, é uma reflexão sobre os mecanismos de produção da atenção criados nos espaços de articulação entre o mosteiro e a TV Canção Nova. Em 2000, quando assisti ao programa *Quinta-feira de Adoração* pela primeira vez, as tecnologias de filmagem da comunidade eram ainda rudimentares. A totalidade do *close-up* refletia uma estética deliberada, mas também as limitações da filmagem, em que o enquadramento do plano era reduzido ao básico, como no uso do tripé para sustentar a câmera num ângulo normal, na altura dos olhos da Eucaristia. Alguns anos mais tarde, a Canção Nova pode ajustar suas técnicas de acordo com as novas linguagens da produção televisiva, favorecendo enquadramentos múltiplos e enfoques, e até mesmo justaposições. Essas adaptações técnicas e tecnológicas, além do sucesso econômico e da possibilidade de incorporar efeitos visuais de ponta no processo de filmagem, refletiam a cooptação do movimento carismático pela hierarquia da Igreja no Brasil. Muito do que se segue foca nos estágios embrionários da produção televisiva na Canção Nova. A análise está centrada no *mise en abyme*[112] da exposição da Eucaristia por meio de três operações-chave: um esvaziamento estratégico da tela, o uso da voz, a arte da atenção.

As três operações

Quando saí do mosteiro, a maioria das pessoas já havia deixado o Rincão do Meu Senhor, galpão onde se dava a adoração da Eucaristia. Apenas alguns técnicos e o câmera sobraram, desplugando os eletrônicos todos e liberando o espaço para o evento seguinte. Fiquei por ali um tempo e me aproximei do câmera para perguntar sobre o seu trabalho como produtor de imagens. Conversando sobre os processos semanais de filmagem e edição, que ocorriam no galpão e nos estúdios, ele mencionou o caráter singular do programa *Quinta-feira de Adoração*, que exigia algo "especial". Sua explicação: ainda que tecnicamente feita para filmar movimento, a câmera tinha que permanecer absolutamente quieta por toda uma hora — "tão, mas tão parada", ele disse, "que ninguém vai saber dizer a

112 N. da E.: *Mise en abyme* é um recurso técnico que pode ser entendido como "o sonho dentro sonho", ou "a narrativa dentro da narrativa", ou ainda "a imagem dentro da imagem", produzindo um efeito de reflexividade ou recursividade que dá uma sensação de infinito.

diferença entre um instante e o que vem depois". "É como uma fotografia?", perguntei. "Não, nada a ver com fotografia, porque a imagem tem que ser *ao vivo*", ele disse arregalando os olhos para dar ênfase à expressão. A partir disso, passou a descrever as mais surpreendentes trocas envolvendo as possibilidades da visão. O olho da "câmera da TV vai dando *zoom* no olho do ostensório", e se demora ali com tamanha intensidade que "dá para imaginar uma troca encantada de olhares entre duas pessoas apaixonadas". "Não são rivais?", perguntei. Ele ajustou os pensamentos e disse: "para levar o espectador até o caminho de Deus, tem que seguir as regras". Com o auxílio dos dedos, ele explicou, então, que havia "três regras fundamentais de operação para considerar".

Em primeira instância, a relação entre câmera e ostensório — receptáculo da hóstia — não é exatamente de captura: "Não tem a ver com capturar e projetar uma imagem, não". Fazer isso seria instituir uma hierarquia entre câmera e objeto. "Como que pode alguém capturar o que é... infinito?". Capturar implica a finitude do objeto filmado, algo que, por sua vez, viola o entendimento da Eucaristia como sem fronteiras, incontível. A câmera, portanto, apenas justapõe. Isto implica o ajuste da câmera ao espaço físico da Eucaristia: dar *zoom*. Ou seja, a câmera espelha o seu alvo, não sendo ferramenta de captura. Os poderes constituídos e constituintes entram em uma relação de circularidade. Suas respectivas operações — ver e ser visto, visão e imagem — se entrelaçam numa espiral. Sendo assim, a primeira regra é maximizar a justaposição.

A segunda regra se relaciona com a primeira: é a regra da quietude. Nesse momento, o câmera me explicou que, em um cenário ideal, a tela seria unidimensional, estaria de acordo com a superfície da hóstia, ou seja, o que uma coisa é a outra também é — o ideal é uma tautologia visual perfeita. Essa mistura de entidades, câmera e hóstia, ao ponto da equivocação — *con*fusão na *di*fusão — implica uma lógica específica da exibição. A tela deve ser *uma* com a hóstia para que a hóstia funcione como uma espécie de tela. Ela se torna seu próprio parasita. A hóstia [*host*] hospeda [*hosts*] a si, por assim dizer. Isso significa que a tela não mostra absolutamente nada. A lógica autorreferencial empregada nessa operação, ao mesmo tempo simples e complexa, resulta na ideia de que o que é mostrado é a própria possibilidade do mostrar: a técnica de visibilização. Pode-se dizer, em termos um tanto metafísicos, que há uma anulação da tela; há apenas o olhar e o desejo por mais. De acordo com a explicação do técnico, se a câmera se move, se ela balança, introduz ângulo e perspectiva, e isso não é nada adequado. Não é adequado porque ângulo e perspectiva reintroduzem a tentativa de mostrar algo *específico* — precisamente aquilo que o câmera deseja suprimir, de acordo com a primeira regra e sua aspiração ao universal. Isso será feito por uma aproximação que resulta no acordo perfeito com o alvo da filmagem. A relação entre câmera e ostensório deve ser a de uma anulação da perspectiva e do movimento. "Partícula nenhuma pode ficar de fora", ele enfatizou. Qualquer toque na câmera adiciona movimento (o que pode até ser positivo em alguns casos, como veremos adiante). O movimento, por sua vez, adiciona perspectiva, dimensionalidade, ao passo que nosso reino é substância. Seria como introduzir uma sombra em um ícone bizantino, ali onde ela tradicionalmente está ausente, dada a recusa da finitude e do ângulo naquela iconografia. A quietude e a justaposição cooperam da seguinte maneira: a tela deve nada mostrar para mostrar a possibilidade da visão. A brancura e a quietude da imagem se tornam mais do que produto de uma visão particular — a visão da câmera. Em vez disso, o efeito operacional torna-se a causa ou o fundamento para visibilidades futuras.

A quietude da imagem no mesmo plano contínuo só funciona na demonstração da presença iminente de seu contrário: movimento e reprodutibilidade. É por isso que se adiciona uma terceira e última regra operacional para a presentificação mística na Canção Nova, que tem a ver com notificar o espectador e a espectadora de que, apesar de toda a aparência de uma quietude justaposta, a imagem está realmente em movimento. Essa operação introduz o extremo porém necessário oposto das operações prévias. O que está em jogo é garantir que nenhum plano da Eucaristia será igual ao seguinte. Essa é a razão para a presença da expressão "ao vivo" no canto superior direito da tela, lembrete de que o que parece ser o mesmo — uma imagem, *a* imagem — é fundamentalmente outro. O que parece *quieto* está, na verdade, *de passagem*. O que, de outra maneira, seria mesmidade e nada mais, afasta-se disso graças às possibilidades técnicas da transmissão. Resumindo, apesar da quietude, *ainda* estamos vendo uma gravação ao vivo, algo quieto em movimento, a plenitude de um vasto movimento.

Essas três operações fundamentais — justaposição, quietude, ao-vivacidade — do programa televisivo são os princípios básicos da *Quinta-feira de Adoração*. Como veremos, os requisitos procedimentais existem em uma intimidade tensa com uma série de demandas responsáveis pela constituição de espectadores como praticantes ativos e ativas, desafiando os entendimentos ordinários da visão como sentido impróprio para a contemplação devota.

Uma atenção cuidadosa

O que há de tão "especial" na *Quinta-feira de Adoração* é que "a gente olha para ouvir", diz a devota Nora Joaninha, nós duas sentadas em sua sala de estar enquanto a Eucaristia é transmitida na TV. Esse ver pelos ouvidos não é a mesma coisa que sinestesia. Trata-se de uma demonstração do poder da voz, uma voz que fala através do nada "ali", uma espécie de deserto ou espaço negativo em que a tela se transforou. Ainda que o meio seja a televisão, é a voz e não a imagem que fala ao longo da Hora da Adoração. Fora do enquadramento, o padre anuncia as muitas curas, os milagres que ocorreram durante a semana. Ele lê mensagens enviadas ao estúdio por meio de cartas, email, ligações telefônicas e faz suas orações a partir delas:

> Uma mulher que não conseguia ter filhos fala sobre como "as ondas eucarísticas" a ajudaram, abriram seu ventre como Deus fez com Raquel naqueles tempos. Três meses depois, estava grávida de uma bebezinha. Um homem de 24 anos, Jerónimo Sayrne, escreveu sobre quando viu uma imagem da Torre de Babel "invertendo, girando, invertendo", com o topo se tornando base e a base se tornando topo. De acordo com seu discernimento — ele havia sido reconhecido por seus pares como tendo o dom da palavra e da ciência —, essa inversão arquitetônica correspondia a uma diferença entre Babel e Pentecostes. Se, em Babel, todas as pessoas falavam uma língua comum e, ainda assim, não eram capazes de entender umas às outras, no Pentecostes elas falavam diferentes línguas e se entendiam.

Essa visão foi descrita por uma voz como a causa da libertação de sua dislexia. Aquele homem não mais teria de se esforçar para entender a escrita, não mais teria que se conformar às normas da linguagem. A pessoa "ali" simplesmente passaria a dizer as palavras que Deus colocou em sua garganta. O mesmo aconteceria com a pessoa que tinha uma "gagueira séria... Olha para a tela agora. Lembra que Deus escolhe também os que gaguejam, como Moisés que gaguejava, para serem líderes". Acompanhado pelo som de um órgão eletrônico, que murmurava de modo monotônico entre a escala maior e a menor, a voz continuava com seus relatos e comentários sobre outros testemunhos. Em determinado momento, ela apresentou uma sequência de curas e revelações; elas chegavam de maneira tão torrencial que a voz se interrompia com frequência, fazendo interjeições como "aleluia!" e "amém!" como se tentasse controlar a linguagem por meio do refrão, por meio de uma discursividade fática. Retomando a fluidez, a partir de um inventário rítmico, ela continuou assim:

> E agora esta fala lá do estado do Maranhão que nos conta de uma visita que o Espírito Santo fez num sonho, onde dizia que haverá cura para alguém que sofre de dor aguda no abdômen. E outra pessoa com pedra nos rins... e outra será curada de uma perna com passada mais curta do que a outra... e um miasma e uma dor na parte debaixo das costas... e, para você que está deprimido, que está deprimida, chegou aqui uma fala dizendo as palavras

de Isaías 35:8: "E haverá uma vereda pura, que se chamará o caminho santo; nenhum ser impuro passará por ele, e os insensatos não rondarão por ali". Você caminhou e vai caminhar. Amém.

Havia três velas acesas no parapeito da janela de Nora, uma em nome do Pai, outra em nome do Filho, uma terceira em nome do Espírito Santo. Ela me informou que acende todas no mesmo horário, mas a do Espírito sempre vai na frente das outras. Era um enigma que ela explicava pela crença de que as velas queimavam de acordo com a concentração. Ela achava que, durante a Hora da Adoração, como ocorria naquele momento, o Espírito Santo queimava impetuosamente porque muitas pessoas no Brasil e em outros lugares estavam expressando sua adoração, testemunhando, rezando. Nora discorda de quem se relaciona com a TV como se fosse rádio. O raciocínio era o seguinte: como havia uma imagem que, ao longo de uma hora, parecia a mesma, as pessoas — sempre muito ocupadas como são — aproveitavam e andavam pela casa, apenas ouvindo. Fazer esse tipo de coisa, no entanto, era fugir da vocação contemplativa e deixar de vigiar a Eucaristia como era a tradição ensinada pelas clarissas. Nora estava respondendo, portanto, aos apelos feitos pela Canção Nova para que as pessoas não tirassem os olhos da TV, para que contemplassem ativamente a imagem da Eucaristia durante uma hora inteira — era essa a prática ritual por trás do programa.

Os membros do movimento carismático, nessa valorização da atenção, referem-se a uma passagem específica da Bíblia, no Evangelho de São Mateus, que sustenta essa ideia de ter toda uma hora dedicada à "adoração perpétua". Nela, algumas horas antes da crucificação, Jesus pediu a Pedro, no Jardim de Getsêmani, para que os apóstolos permaneçam acordados por uma hora, dizendo-lhes: "ficai aqui e vigiai comigo" (Mateus, 26:38). Porém, eles adormecem.[113] Por isso, os carismáticos corrigem quem diz que estava "vendo" ou "olhando" para a Eucaristia na televisão durante a Hora da Adoração: o certo é dizer "eu estava vigiando" — trata-se de uma transmissão ao vivo. Esse imperativo "vigiai" exige uma forma de visualização que excede o mero olhar.[114]

113 A inspiração para a Hora Santa vem de Mateus 26:40, quando Jesus diz a Pedro: "Então, não pudestes vigiar uma hora comigo...".

114 Em suas reflexões sobre a televisão, Samuel Weber chama atenção para o fato de que, na língua inglesa, usamos o verbo "*to watch*" [observar com atenção, com cuidado, por um tempo; vigiar] quando falamos sobre TV, e não "*to look at*" [olhar para] ou "*to see*" [ver], que usamos ao falar de fotografia ou de um filme. A explicação de Weber é a de que a escolha dessa palavra tem a ver com as fantasias de imediatez que o regime de visibilidade oferece, traduzidas na ideia de que a imagem na televisão está viva de alguma maneira. Apesar de as operações de filmagem se darem em outro lugar, esse *outro lugar* se faz *presente* no aqui-agora

É um ver relativo ao cuidado.[115] Não se deve apenas fixar os olhos na imagem, pois é preciso iniciar uma troca de olhares que combine cuidado e vigilância. O ritual da Hora da Adoração encena um corpo vulnerável que não pode ser abandonado pelo olhar contemplativo; deve ser objeto de uma guarda, de um cuidado.

Para telespectadores e participantes da Canção Nova, para frequentadores e para quem oferece a sua atenção, essa falha dos apóstolos, que não conseguem vigiar o corpo de Cristo, intensifica a necessidade de vigilância. Nora me descreveu como ela se preparava para essa vigilância de uma hora: se alguma outra coisa tivesse de ser feita nesse período, ela preferia desligar a televisão a virar as costas para ela, para que o "Santíssimo não fique sozinho *ali*". Essas mesmas palavras foram usadas pela Irmã Rita quando conversamos, enquanto ela comentava sobre o epíteto "Irmãs da Adoração Perpétua" pelo qual são conhecidas. O nome aponta para uma tradição, ela me explicou, de contemplação do Santíssimo 24 horas por dia, algo que havia começado com Santa Clara de Assis e sua contraparte masculina, Francisco, para quem a Eucaristia era fonte de iluminação, objeto de contemplação e escudo contra o inimigo ao mesmo tempo.

Vejamos o caso de um "milagre eucarístico" muito comentado, em que, numa noite do ano de 1244, Santa Clara estava vigilante em sua cela quando milícias árabes, que haviam recém-invadido o vale de Espoleto, escalaram os muros do mosteiro de São Damião em Assis. Segurando o ostensório, ela cegou os invasores com a luz intensa que emanava do centro desse artefato. Então, se Santa Clara está com a Canção Nova, quem pode ficar contra? E era isso que os carismáticos diziam toda vez que ressurgiam os debates sobre a presença das irmãs naquele espaço. A vigília é uma prática tradicional na história do cristianismo, em especial na da Igreja Ortodoxa Oriental. Durante a Contrarreforma, com o calendário tridentino criado sob o comando do Papa Pio V (1545-1463), a lista de vigílias no Livro de Oração Comum foi reformada. Durando uma noite inteira, elas costumavam ser celebradas, regularmente, nas vésperas dos domingos e de festas religiosas importantes,

da transmissão. Ver Samuel Weber, *Mass mediauras*: *form, technics, media* (Stanford, CA, Stanford University Press, 1996).

115 N. da T.: O verbo "*to look*", que podemos traduzir como "olhar" e "ver", quando aparece na expressão "*to look after*" adquire o sentido de *cuidado* e de *responsabilidade*. Cuida-se de alguém não apenas pelo olhar, claro, mas a visão desempenha uma função importante nessa forma de atenção, o cuidado misturando-se com a vigilância e com a produção de segurança. Além disso, "*to look after*" pode dizer também do ato de acompanhar algo atentamente com os olhos. Infelizmente, o verbo "assistir", mais usado por aqui para dizer da relação entre ver e televisão, não passa o mesmo sentido de demora e atenção que o verbo "*to watch*", que está inclusive no título desta seção do livro: "*Watching after*", variação de "*Looking after*".

tornando-se parte da Liturgia das Horas. Com certa frequência, porém, também se praticava a vigília em sentido militar, como meio de reconhecimento da proximidade do inimigo ou da vulnerabilidade do corpo, como na cena do Jardim de Getsêmani, quando os que tinham de vigiar dormem e, pouco depois, Jesus é levado por soldados, ou na lenda de Santa Clara contra os invasores árabes.

Embora a vigília também seja praticada no catolicismo ocidental, como nas reuniões que precedem um funeral, o oriental associa esse rito à força que vem dos números, da resistência e da repetição.[116] A lista de vigílias é fortemente conectada a um regime de oração por meio de versículos, como nos *stichera*, hinos caracterizados pelo andamento e pelas fórmulas melódicas bem específicas que, como flechas, atravessam o véu do sono, mantendo as pessoas devotas em estado de vigilância controlada contra as aparições que se dão na calada da noite. É essa prática disciplinada pelo número e pela repetição que os carismáticos querem retomar no Brasil contemporâneo. Nesse sentido, temos uma frequência extraordinária de encontros, eventos, simpósios em nível regional ou continental ou mesmo global. Assim, o que poderia ser melhor que as tecnologias midiáticas de massa para sustentar a autoridade da repetição e da resistência — ambas, por sua vez, sustentando a vigilância e oferecendo a imagem que protegerá e acabará com todas as outras que, sorrateiramente, invadem as câmaras sublunares no momento do sonho?

Já a adoração é a imagem da medialidade. Contemplam-se as operações que permitem ver, mas a condição para essa permissão é que os olhos não deixem, nem por um segundo, de iluminar a Eucaristia que os ilumina. Para que o visto e quem vê se tornem uma coisa só, é preciso haver em cena uma circularidade e uma técnica de operação remota, como num vórtex temporal que, em última instância, abre o meio profundo ao *um* totalizante que tudo abarca.

Vimos, no Capítulo 2, como a confissão pública, no festival PHN, visa ativar, nas pessoas que a praticam, certa vigilância no sono, um policiamento dos impulsos indevidamente eróticos sob o cinturão da consciência. O pneumatismo que sustenta os exercícios prenhes de oração na Canção Nova é uma prática criada para afetar as recessões mais profundas do sono, de modo que até mesmo nele a pessoa fique de guarda. Da mesma forma, há uma vigilância quanto ao que pode vir a nós por meio do ar; algo que também vimos anteriormente. Para os carismáticos, o

116 Niklaus Largier, *In praise of the whip: a cultural history of arousal*, trad. Graham Harman (Brooklyn, Zone, 2007); e também "The art of prayer: conversions of interiority and exteriority in medieval contemplative practice", em Rüdiger Campe e Julia Weber (ed.), *Rethinking emotion: interiority and exteriority in premodern, modern, and contemporary thought* (Berlin, de Gruyter, 2014), p. 58-71.

chamado à vigília tem a ver com o "dom do discernimento" que o Espírito oferece, uma sensibilidade cultivada por um *ver-através*: de uma situação, de uma narrativa, de uma pessoa ou de uma coisa. Como na história de Santa Clara, obstáculos físicos, das doenças às muralhas, não obstruem de fato a visão, pois são o limite constitutivo de um ver-através apropriado. Quando se recupera essa capacidade de atravessar o momento com a visão, torna-se possível prestar melhor atenção ao *aqui* e ao *através* que, de outro modo, estariam apartados na forma de um *alhures*.

Em tempos marcados por uma sensação intensificada de transitoriedade, como foi o período antes e durante a virada do último milênio, receber a unção do Espírito Santo — ser um carismático, uma carismática, transpirar graça — indica a capacidade de adaptação aos/dos tempos, de modo que o imprevisível deixe de ser um obstáculo para se tornar uma fonte de força. Esse regime visual, oferecido em termos de um *ver-através* que é mais circular do que teleológico — que é mais sobre os meios do que sobre os fins —, permite ao movimento carismático vincular despreocupadamente as tele-visões de Santa Clara em sua cela medieval à Hora da Adoração na TV da Canção Nova, e mesmo à salmodia do capitalismo tardio no Brasil. O que está em jogo para quem assiste o programa é um engajamento mais profundo com o conceito de "ao-vivacidade", assim como a necessidade de proteger aquilo que é "ao-vivo". Essa sensibilidade intensificada em relação ao que é ao-vivo é associada a um regime de visão. Assim, na observação atenta da TV, torna-se aparente uma lógica específica: não se presta atenção a algo porque esse algo está na televisão — o que lá está só existe porque se presta atenção. No momento da vigília, o posterior é também o anterior. O estar-diante é um estar-antes e depois.

Visualizando a fala

Sentar-se diante da tela, no entanto, não basta. Além do posicionamento, espectadores da Hora da Adoração focam na voz para excitar a própria visão. Como dito antes, trata-se de uma modalidade específica do ver-*através* da voz, quando a tela branca convida espectadores a produzirem a imagem. O objetivo último dessa coincidência fabricada entre a Eucaristia e a filmagem é maximizar o potencial do público-como-produtor. Assim, a imagem não é algo produzido para um público, ela faz do público um conjunto de operadores da imagem. A imagem em si não está ali — apenas latente, trata-se de uma espécie de deserção. A brancura do seu *ser* pode ser comparada à vacuidade do falar em línguas, também à cadeira monobloco e sua replicabilidade — esta última assunto do Capítulo 6. Branco é a cor do *pneuma* e do princípio de elasticidade que o abarca em seu desejo de absorver, ao mesmo tempo, tudo e nada em particular.

A voz sobreposta ativa o que está já-latente e incipiente no *plenum* de brancura da tela. De um lado, ventriloquiza outras vozes, vozes de quem escreve ou liga para o estúdio relatando suas bênçãos. Nesse sentido, ela organiza um fluxo dramático. Além disso, oferece comentários e adapta as mensagens recebidas para que se encaixem numa fórmula comum. Assim, as descrições dos milagres se tornam padronizadas, desgastadas, nada únicas nem personalizadas. O bom testemunho é valorizado pela possibilidade de ser citado, reproduzido, copiado, e não por sua excepcionalidade. A função da voz, portanto, é modular todos esses relatos para que se tornem apropriáveis, para que fiquem de acordo com um padrão, uma fórmula. O milagre efetivamente poderoso é o que se estende com facilidade a outras pessoas, adaptável e maleável para que se desdobre em reiterações diversas, não sendo, portanto, nada unívoco. "Ontem o olho dela, amanhã o seu. Essa semana o fígado de alguém no Nordeste, na próxima semana o de alguém no Sudeste... a Canção Nova quer conectar você que está aí".

No enquadramento da enunciação, a voz sobreposta constitui, em relação ao próprio falar, um *perto* e um *longe*. Ela não conta uma história com início, meio e fim; não se trata de *télos* e causalidade, nem de sequência, narrativa ou representação. A voz trabalha com a possibilidade de levar o conteúdo a outro lugar, de transportar e transmitir o relato para diferentes tempos e lugares. Ela performa a atenção que exige, no sentido de que é um alongamento em direção a si mesma. É por isso que ela pouco se importa com as especificidades de uma narrativa. A função da linguagem da voz é manter espectadores para sempre no meio, o meio que acolhe o olhar e que é constituído — tornando-se hóstia — pelo ser-olhado. A operação, aqui, é como a interface visual por meio da qual a brancura da Eucaristia se torna a tela em que é ativado todo um repositório multicamadas de imagens de cura e libertação.

Já a linguagem é rítmica e elíptica. Cada narrativa é ela também uma ponte para *alhures* — palavra que diz a copresença que sentimos de um outro momento, um outro lugar. Cada narrativa é tanto a carne quanto o tendão que a sustenta, sendo, portanto, também o que conecta, o que junta. Não é um falar pleno em línguas, pois, apesar de sua estrutura fragmentária, a voz sobreposta nunca se afasta por inteiro da semântica. Ela ainda se refere a certo evento, a uma cura, uma profecia, uma revelação. Ao mesmo tempo, porém, a tarefa dessa voz é desdizer ou talvez desacelerar o dizer, de modo que, nessa desaceleração, os princípios que garantem a portabilidade se tornam aparentes. A voz desdiz a si mesma. A hóstia exala uma forma discursiva que é franciscana e tecnológica, empobrecida e flexível ao mesmo tempo, ou seja, potencializada.

A voz não quer só atenção. Acima de tudo, quer comunicar as normas que governam a atenção. É por isso que, ocasionalmente, ela treme como uma cortina esvoaçante ao tentar gaguejar e suturar duas falas ou mais sem relação entre si: o senhor que perdeu o olho direito, o jovem que está em depressão profunda, a mulher que perdeu todo o patrimônio com jogos de azar, tudo isso é *aclamado* como "as escuras treeevaaaas... se ergueeendo em radiância... e dourado brilhante... por intervenção das ondas eucarísticas de Santa Clara de Assis". Na comunicação da gagueira, fazendo uso de rupturas e interrupções contínuas, pausas e hesitações, a linguagem abandona a exterioridade para focar em suas próprias operações. Ao mesmo tempo, publiciza a audição do que chega de outro lugar como testemunho e também a retransmissão, o desvio envolvido na transferência desse relato ao mundo. Assim, a linguagem permanece em estado permanente de martírio, predisposta ao testemunho de seu próprio princípio. Ela se torna apostólica no sentido cenótico — anulação de si. Sem nunca se tornar glossolalia, toda a filmagem exibe uma fluidez desviante, uma delinquência marcada pelo que Michel de Certeau caracterizava como "citações [...] e fragmentos de outras vozes que pontuam a ordem das sentenças com surpresas e breques".[117] É um falar que se alimenta da heteronomia, quase ao ponto de fundir voz e imagem numa espécie de homogeneidade auditiva dilatada.

A voz sobreposta, então, mais do que oferecer a aparência de uma série de enunciados dotados de sentido, evidencia o próprio fluxo, sem ter uma pessoa específica como destinatária. Roberta, que conheci num grupo de oração que ela coordena na Sé, no centro antigo da cidade de São Paulo, descreveu a experiência de devoção na Hora da Adoração da seguinte maneira: "Você se põe no lugar de ouvir a voz do padre. Então, ele fala todas as coisas que o Espírito Santo está falando, e você sente ali a força de todas essas graças se derramando, nada além disso. Foi assim comigo, no momento você não escuta mais direito o que o padre está dizendo, esse é o momento em que você está totalmente, então o Espírito Santo dá uma fala".[118] Nessa descrição, temos uma modalidade de atenção que produz uma espécie de abstração — e não uma distração —, uma espécie de esvaziamento que permite a reaparição de algo que emerge do fluxo de palavras, algo comunicado pela voz. A função dessa voz é reduzir a linguagem aos seus mínimos abstratos, entorpecer a significação

117 Michel de Certeau, "Vocal utopias: glossolalias", em *Representations*, n. 56, 1996, p. 29.

118 Conversa com Roberta, São Paulo, 5 de maio de 2001. Apesar de não estar envolvida com elementos midiáticos do movimento carismático, Roberta desempenhou uma função importante, introduzindo-me a informantes durante anos de trabalho de campo. Sou bastante grata.

pretendida para potencializar seu estoque semântico, a ponto de a mesma fala poder ser possuída por duas ou mais pessoas que talvez nada mais tenham em comum. A voz deve levar as coisas a um outro lugar, hospedar e teletransportar, de modo que, quando é ouvida, já se tornou a grande reunião dos olhares cruzados entre Eucaristia e televisão.

A voz performa, mimeticamente, o meio televisivo, algo que, como Santa Clara pode captar no interior de sua cela, lá no século 13, envolve um "ver à distância": uma tele-visão. O espelhamento ocorrido entre a santa na Europa medieval e a Pobre Clara no Brasil setentrional no fim do século 20 entra nesse espaço de uma ressonância mimética, em que a voz também aspira a induzir algo. A voz da Hora da Adoração é como o elemento invisível que gira no interior da substância e a molda, produzindo novas visões. E assim como existem normas técnicas para a transmissão visual da Eucaristia, também a voz deve aderir a algumas diretrizes.

Durante o encontro com um dos responsáveis pela transmissão da rádio Canção Nova, um membro leigo da comunidade que havia tido algumas experiências com radiofonia contou sobre discussões, ocorridas no passado, relativas a qual voz seria a mais adequada para comunicar os milagres durante o programa. A discussão tinha a ver com altura e tom. No começo, alguém havia sugerido que a voz fosse a mais neutra possível, a mais plana, de modo que ninguém perdesse de vista a preeminência da Eucaristia. Uma voz sem prosódia alguma excluiria toda a realidade para além dela mesma — não haveria significante anterior, nem externalidade. Nesse sentido, seria *uma* com o espaço universal da Eucaristia. Durante uma tarde, porém, o Padre Jonas recebeu uma "palavra de ciência" enquanto estava em oração, e disse para as outras pessoas presentes na discussão que falar sem tom cabia apenas a Deus. Uma voz sem expressão é como a que fala a Moisés no deserto, ou que fala "em línguas", às vezes chamada pelos carismáticos de "fala dos anjos". Ela tem a força de um comando e é vazia de toda anterioridade possível. É causa de si: "Eu sou o que sou".

Foi decidido, então, que a voz da Hora da Adoração teria de carregar a marca do humano, seria uma fala prosódica. Ela teria atributos variados de expressão, como timbre, altura e tom, precisamente pelo fato de que eles não permitiriam que a voz criasse alguma coisa original. "A voz sobreposta é a voz sobreposta", podemos dizer, para usar a forma tautológica que os carismáticos tanto amam. Sua função não é criar *ex nihilo*, pois é feita para ilustrar, de modo auditivo, o que se acredita *já estar* na imagem, acrescentando algo. A voz não está no interior da narrativa da imagem, nem é inteiramente extradiegética. Ela não é *nem* interna, *nem* externa em relação à imagem, entrando de maneira adjacente em suas realidades, como a loquacidade que encontramos na imagem da chuva oblíqua no título do poema de Fernando Pessoa. Sua única função é assumir a responsabilidade pelo ritmo, criar uma coerência equilibrada no reconhecimento da respiração impetuosa do Espírito.

Além de a voz não poder coincidir inteiramente com a sua fonte — essa coincidência indica a ausência de expressão que pertence unicamente a Deus —, há um outro risco, que é a margem excessiva de movimentação entre fonte e som. Afinal, o corpo de Cristo pode acabar se tornando demasiadamente humano, e essa possibilidade não deve ser negligenciada. Em termos históricos, desde o século 8, as orações de consagração da hóstia têm sido restritas, de maneira bem cuidadosa, a poucos homens. Essa restrição foi levada adiante pela infusão de poder sacramental nas palavras específicas que são capazes de produzir o corpo de Cristo. Assim, dava-se às palavras uma aura de segredo, algo acessível somente aos que foram ordenados padres. A restrição servia para controlar quem exercia o poder por meio dessas técnicas ritualísticas. Era também um meio de regular a produção, a multiplicação e a aparição desse corpo-de-Cristo destinado às mãos e bocas da comunidade leiga. Era importante, portanto, criar palavras de oração restritas a uns poucos, e todo um silêncio ao redor delas. Pois sempre houve o risco de que uma pessoa leiga, distraída, ouvisse sem querer o conteúdo dessas palavras, as anáforas, e as reproduzisse sem restrição, ou em lugares e momentos inadequados. Como dito por um padre cético em relação ao programa de TV: "Eucaristia é o pão, mas nem todo pão é eucarístico".

Dadas essas considerações, no final da década de 1990, a voz sobreposta durante a transmissão de *Quinta-feira de Adoração* foi por um tempo a de uma mulher, uma mulher leiga que participava da comunidade. Ter uma voz de mulher sobreposta à imagem da Eucaristia se tornou, entretanto, um problema no interior das estruturas amplamente patriarcais da Igreja Católica. Apesar de o movimento carismático ter desafiado as estruturas existentes com sua base leiga — incluindo a lógica da presença real associada à Eucaristia, como discutirei mais adiante —, o objetivo sempre foi o reforço da ortodoxia que insistia na associação entre feminino e poder místico, não institucional. Uma vez que a exposição da Eucaristia na TV se tornou assunto nas comunidades católicas, carismáticas ou não, veio junto uma vigilância institucional. E assim a hierarquia acabou por insistir na necessidade de uma voz masculina durante os cânticos.

Essa voz masculina se tornou a voz de um padre — um homem ordenado. A decisão foi facilitada e apoiada por uma mudança na técnica de filmagem ocorrida no início da década de 2000 com a valorização do ângulo e da variedade nos planos-sequência que excediam a Eucaristia, o que permitia abordar a infraestrutura física: o ostensório e o altar que o sustenta, assim como as audiências que assistem à filmagem do evento *in situ*, no Rincão do Meu Senhor. Nem Deus, nem leigo, o padre assume a tarefa de equilibrar uma dupla finalidade: a voz se torna o árbitro de certo equilíbrio econômico entre carisma e instituição. Ela será, ao mesmo tempo, som e censura, repórter e consagradora. É uma concessão que testa a própria elasticidade da substância em questão. Nada mais.

Circulação *real*

Nos anos de 1990, em especial na segunda metade da década, o Brasil buscava uma estrutura que pudesse enquadrar um senso de totalidade, mas que também pudesse excedê-lo. Isso significava recorrer a uma lógica que tudo abarcasse e a geometrias que tivessem a circulação como referente primeiro. O valor da circulação era mais bem demonstrado nas figuras que circulam sem cercar. Era real aquilo que podia circular, e o que circulava tinha de *ser* real. Foi assim que, nas décadas seguintes, moedas e hóstias, há muito unidas na história do cristianismo e do catolicismo, encontraram-se sob o signo comum do *real* brasileiro.

Em julho de 1994, após uma década de tentativas fracassadas de estabilização, agora sob a presidência de Fernando Henrique Cardoso, fundador do PSDB e representante da “terceira via”, o Brasil abraçava uma nova moeda: o real. O mercado, como se dizia quando Cardoso assumiu, não mais seria inimigo da esquerda, tornando-se um aliado, defensor de uma emancipação humanitária e pessoal. A nova moeda permitiria à nação articular suas ambições programáticas neoliberais por meio da gramática da monetização e da circulação. Dinheiro e transferibilidade do valor faziam parte das conversas diárias e penetravam toda a cena midiática que, por sua vez e de modo recursivo, absorvia esses mesmos elementos em sua constituição. A ênfase na circulação afetava o modo como, na explosão da mídia eletrônica e dos novos equipamentos tecnológicos, as relações com a produção imagética eram organizadas, reavivando também uma série de debates religiosos sobre o estatuto da presença, da mediação e da materialidade. A introdução do real coincidiu com a ascensão do PSDB, partido social-democrata, no meio da década de 1990, partido que, juntamente com o PT (Partido dos Trabalhadores) e com o PMDB (Partido do Movimento Democrático Brasileiro), viria a formar uma estrutura da política brasileira aparentemente tripartite. Não obstante as diferenças ideológicas, os três entendiam, cada um em seu ritmo e a partir de sua própria mundanidade, que era preciso aperfeiçoar a capacidade de fazer acordos — motivo para a manutenção paradoxal do conflito no interior do espaço político. Com a entrada em cena dos evangélicos, detentores de capital, saberes técnicos e influência, o Partido dos Trabalhadores — com o qual se identificava a maior parte da ala progressista do catolicismo e das pessoas de mentalidade mais liberal — teve de reorganizar as suas bases. Enquanto isso acontecia, os outros dois seguiram se dobrando e absorvendo quaisquer elementos que surgissem no caminho, de direita ou de esquerda, fomentando uma rede de ampla capilaridade que conectava Senado, mídia e evangelismo, tanto o protestante como o católico.

Na sequência da consolidação dessa tendência política, o Pastor Sérgio Von Helder, que aparece na abertura deste livro, atacou uma estátua da santa padroeira do Brasil em rede nacional, no meio de um feriado católico, gesto que deixou a nação em choque. Foi algo que excedeu a mera disputa religiosa, pois nessa transgressão havia uma rejeição da rigidez das estátuas em nome da flexibilidade das estruturas. Sim, o método do *bullying* adotado pelo pastor era mesmo polêmico, mas o chute dado na santa efetivava também a percepção de que os tempos eram propícios à mudança. Foi nesse espírito que, divergindo da ala esquerdista, bastante influente dentro da Igreja, a Renovação Carismática Católica buscou defender uma nova economia da imagem, engajando-se com o mais alto mistério da Igreja: o problema da presença real de Cristo na Eucaristia. Assim como o evangélico Von Helder, que recorreu à transmissão ao vivo para fazer com que a estátua parecesse ainda mais arcana, os carismáticos queriam reformar o sentido da presença real; diferentemente do pastor, porém, eles não estavam preparados para desrespeitar abertamente um ícone da Virgem, pois precisavam Dela, ainda mais porque era preciso hospedar de alguma maneira o Espírito Santo — eles eram católicos *e* pentecostais. Assim, acabaram por adotar uma operação mais sutil, inspirada no repertório bizantino — expressão sancionada de uma concessão —, que seria mobilizado para abordar o que havia de mais precioso e puro no cristianismo, ainda que incitasse muita discussão e desacordo.

Graças a Deus, a salvação e o resgate são coisas verdadeiramente cristãs. O que os bizantinos fizeram com o ícone, a Canção Nova se dedicou a fazer com seus experimentos de transmissão da Eucaristia. O ícone bizantino, tendo nascido de um acordo entre iconoclastas e iconófilos, encarna esse acordo dramático nele mesmo.[119] Para agradar ambas as partes, o ícone deve *ao mesmo tempo* estar e não estar ali. Chegando e se retirando, ele deslegitima a presença ao se tornar prototípico. Ele deve ser-em-passagem, e deve exibir essa passagem — como prática — na carne de seu *ser* dinâmico. Algo dessa renúncia da presença deve ser aplicado à Eucaristia para que se torne real. O ícone é o contorcionista supremo da forma que a Eucaristia espelha e — no sentido mais profundo do verbo — encarna. As operações em questão nada têm a ver com presença, com a mediação da presença, nem mesmo com qualquer

119 Marie-José Mondzain, *Image, icon, economy*, op. cit.; ed. bras.: *Imagem, ícone, economia*, op. cit.

materialismo. O real é a circulação, movimento cuja passagem firme demanda que a imagem oscile constantemente entre ascensão e queda, como os príncipes do barroco europeu no século 17, ou como as personalidades políticas do Brasil governado pelo PSL (Partido Social Liberal).

A cunhagem do real — moeda — pode, portanto, misturar-se semanticamente com a carne real e com esses corpos vigilantes que recorrem à adoração e à escuta para ver.[120] Pois, sendo em-passagem, aquilo que é visual conquista a estrutura do som: o *iara-rum-rara-hum* agora como imagem eletrônica. A exposição televisionada da Eucaristia, realizada pela Canção Nova no meio da década de 1990, encenava, assim, uma multiplicidade em suas intrincadas voltas: presença tecnológica e um *ver-através* místico, passado e presente, diante e adiante, todo um espectro de registros sensoriais — das visões às audições, das sensações hápticas às coabitações sinestésicas. Além disso, ela acolhia as residências profanas do poder, como as que existiam sob a égide do mercado no Brasil em vias de globalização. Foi esse o grau de elasticidade da substância em questão, emanando da Hora da Adoração. O anfitrião pode acolher tantas coisas em si que só se pode fazer jus a essa plenitude acontecimental pela exibição, na linguagem, de seu oposto: como a nadidade luminosa de um não-acontecimento. É por isso que, na tela, tudo e nada coincidem e convergem de maneira assintótica.

As analogias entre os dois universos — moedas e hóstias — têm sido reconhecidas, no mundo material das coisas que circulam, por historiadores e especialistas em semiótica. A hóstia, tal como a moeda, instancia a possibilidade de circulação pelos canais respectivos do sagrado e do profano, canais que mutuamente se sobrepõem com frequência.[121]

120 Em *24/7*, Jonathan Crary comenta o fato de que, em diferentes partes do mundo, no fim da década de 1990, houve um desenvolvimento de técnicas de vigília e hipervigilância, e fala sobre como isso ocorreu em sintonia com a ascensão de novos mercados globais e em resposta às diferenças entre noite e dia nos diferentes hemisférios. O chamado à vigilância constante, diz ele, tem a ver com o "imaginário contemporâneo para o qual um estado de iluminação permanente é inseparável da operação ininterrupta de troca e circulação globais". Esse chamado a um estado máximo de alerta se conecta com uma mudança em nossa cultura temporal, que tende a enfatizar as qualidades "vivas" do tempo enquanto evento. No entanto, essa ênfase também produz uma distinção entre o tempo vivo e o morto; portanto, entre ativo e passivo, produtivo e inerte. De forma paradoxal, o que significa estar vivo, ser ativo, produtivo também passa a ser associado a — na verdade definido por — uma forma soberana de vulnerabilidade, do tipo preciso que requer vigilância e um olhar cuidadoso permanente. Jonathan Crary, *24/7: Late capitalism and the ends of sleep* (London, Verso, 2014); ed. bras.: *24/7: capitalismo tardio e os fins do sono*, trad. Joaquim Toledo Jr. (São Paulo, Ubu, 2016).

121 Como aprendemos em *O dezoito de brumário de Luís Bonaparte*, de Marx, moedas — e hóstias — não concentram valor apenas nelas mesmas. Acima de tudo, a moeda ganha valor por sua capacidade performativa de se direcionar

A manufatura mecânica da hóstia no século 12 exibe seu caráter reprodutível e sua diferença em relação a outros artefatos e ícones, em que os traços da fabricação — pinceladas, cortes, marcas, restos de cera etc. — fazem parte do produto. O caráter monocromático e circular da hóstia, junto com a imagem impressa em seu corpo, destacam a ligação consubstancial entre forma e conteúdo. A hóstia deve ser pura medialidade, enquadramento coincidindo com a infinitude de sua circularidade. A semiótica da presença, aqui, diz respeito à circulação, à passagem sem fim, a fungibilidade indicando personalização e despersonalização ao mesmo tempo.[122]

Os experimentos carismáticos com a figuração ao vivo do solene não acontecimento da Eucaristia incorporam elementos de uma longa história de teorização acerca da linha que separa sagrado e mundano quando ambos se encontram no corpo da hóstia. Durante a Reforma, quando protestantes verbalizaram suas visões anti-Roma perguntando, como determinado arcebispo medieval o fez, "por que toda essa agitação para ver algo que nada tem de especial?", perdia-se de vista o fato de que nada poderia exaltar melhor a Eucaristia do que esse desprezo por sua não especialidade.[123] Essa forma de desqualificação tem a ver com a famosa suscetibilidade estratégica da Eucaristia ao se fazer notar. Tomás de Aquino falava da hóstia como uma "moeda conhecida por sua degradação", trazendo a ideia de que a Eucaristia facilita a sua própria

e se comunicar com a sua própria causa. O valor está na própria circulação. O que as moedas comunicam é certo espírito da contradição que se tornou possível sobretudo por sua capacidade de circular sem circunscrever. Karl Marx, *The eighteenth brumaire of Louis Bonaparte*, trad. Daniel de Leon (Overland Park, KS, Digireads, 2012); ed. bras.: *O 18 de brumário de Luís Bonaparte*, trad. Nélio Schneider (São Paulo, Boitempo Editorial, 2001).

122 Nos debates medievais do final do século 12, a analogia entre a hóstia e a moeda era importante. A perigosa possibilidade de que moeda e hóstias se confundissem reforçou todo tipo de paralelismo entre essas duas espécies. Havia uma espécie de diplomacia entre ambas: a hóstia emprestava à moeda sua aura de sacralidade e sacrifício em troca de "certa pureza da substância metálica" própria do denário (ou centavo). Vale ressaltar que as virtudes de um exercício ético não estavam nem em uma, nem na outra, mas no espaço entre elas. Ver Brigitte Bedos-Rezak, "Medieval identity: a sign and a concept", em *American Historical Review*, v. 105, n. 5, 2000, p. 1489-533; "In search of a semiotic paradigm: The matter of sealing in medieval thought and praxis (1050-1400)", em Noël Adams, John Cherry e James Robinson (ed.), *Good impressions: image and authority in medieval seals* (London, British Museum, 2008), p. 1-7; e também Lucia Travaini, "Coins, images, identity, and interpretations: two research cases — A seventh-century Merovingian tremissis and a fifteenth-century ducat of Milan", em S. Solway (ed.), *Medieval coins and seals: constructing identity, signifying power* (Turnhout, Belgium, Brepols, 2015), p. 65-80.

123 Ver o modo como Caroline Walker Bynum aborda esse legado católico em "Why all the fuss about the body? A medievalist's perspective", em *Critical Inquiry*, v. 22, n. 1, 1995, p. 1-33.

humilhação.[124] De fato, uma das maneiras mais eficientes de zombar da Eucaristia, na Europa medieval, era apontar sua artificialidade, expondo aquilo de que ela havia se separado: o pão. A sacralidade da hóstia dependia, portanto, do rito de consagração — no sentido de uma separação daquilo que é mundano — e da capacidade de demonstrar como ela era perigosamente semelhante à sua origem. Ou seja, a extraordinariedade da hóstia só aparece em sua anulação simultânea, exibindo desse modo sua reprodutibilidade artificial. As operações presenciais associadas à Eucaristia pouco têm a ver com o que passa do profano ao sagrado. Seu poder sacro vem da dramatização de opostos em coexistência. Foi precisamente a anulação da presença que instituiu a presença real.[125]

Por isso, há uma necessidade de hipervigilância. Citando Filipenses, os membros do movimento carismático afirmam que o paradoxo da Eucaristia tem que refletir o princípio encarnacional que se manifesta na ideia de que Cristo, "sendo ele de condição divina, não se prevaleceu de sua igualdade com Deus, mas aniquilou-se a si mesmo [*kenosis*], assumindo a condição de escravo e assemelhando-se aos homens" (Filipenses, 2:6-7). Da mesma forma, os carismáticos estão cientes do problema da compatibilidade entre presença e reprodutibilidade e de como ele afeta a relação entre mídia de massa e a Eucaristia — e não deixam de explorá-lo. Na Canção Nova, operando uma rede midiática, eles se apropriam de uma ideia há muito defendida de que a replicação e a serialização garantem a singularidade da natureza ritualística da Eucaristia. Como escreve o historiador Adam Kumler, "Foi essencial [na] performance ritualística que a hóstia fosse [um] objeto produzido de maneira seriada: semana após semana, participantes da comunhão recebem o mesmo objeto em suas bocas. Em cada igreja, a hóstia maior, usada pelo padre, tem sempre a mesma aparência; as menores, distribuídas múltiplas vezes ao longo do ano para fiéis, são réplicas infinitamente substituíveis — na prática e no dogma — após a consagração".[126] A multiplicação nos leva à lógica presente no impulso dos grandes místicos de relatarem seus feitos,

124 Aden Kumler, "The multiplication of the species: eucharistic morphology in the Middle Ages", em *Res: Anthropology and Aesthetics*, n. 59-60, 2011, p. 179.

125 Bynum oferece uma ótima reflexão sobre esse tipo de raciocínio que acompanha as concepções medievais da presença, comentando o papel do paradoxo e da contradição no pensamento acadêmico. Ver Caroline Walker Bynum, "Why paradox? The contradictions of my life as a scholar", em *Catholic Historical Review*, v. 98, n. 3, 2012, p. 433-455.

126 Kumler prossegue dizendo o seguinte: "A hóstia foi um objeto produzido por meios mecânicos e cujo valor excepcional, na cultura cristã medieval, estava paradoxalmente vinculado à repetição infinita, à presentificação dos mesmos detalhes formais toda semana. Dessa maneira, a hóstia é uma dessemelhança — ela recusa qualquer relação figural ou morfológica com seu referente maior ou com seu estado final, o corpo de Cristo. Ela acolhe processos de multiplicação enquanto

permitindo, a despeito de tudo que havia de maravilhoso neles, que se tornassem exemplos para outras pessoas.[127] A concepção de presença que interessa está na capacidade que o signo tem de circular e de fazer da circulação a fonte de seu valor.

Disputas em torno da tele-visão

A exposição televisionada da Eucaristia e do derramamento de revelações, curas e libertações da influência demoníaca, "como uma petição para provocar novas graças", recebeu fortes críticas de figuras centrais da Igreja no Brasil.[128] O Monsenhor Arnaldo Beltrami, presidente do setor de comunicação da Arquidiocese de São Paulo, mal conseguiu conter o sarcasmo quando o encontrei em março de 2001:

> Sim, a Igreja sempre teve movimentos diversos correndo em paralelo, mas o que temos agora é um movimento que absorve uma realidade inteiramente distinta e que ganha, além disso, prestígio e profundidade ao incorporar [essa outra realidade] em suas próprias premissas... Observe com atenção. Primeiro, as clarissas [Pobres Claras] são consagradas ao silêncio; já os carismáticos, veja só, eles gostam de barulho... [*ele levanta as mãos para o alto e imita o modo carismático de adoração*]. Eles cantam em bandas, eles têm TVs, dançam, falam em línguas etc. Segundo, as clarissas vivem em reclusão, [mas] os carismáticos só querem saber de visibilidade — o espetáculo. Eles têm a mídia, eles têm as barracas de camping, os ginásios etc. Depois você tem o terceiro voto, o da pobreza. As clarissas vivem com recursos bem humildes, [mas] os carismáticos têm dinheiro, têm meios especiais de fazer dinheiro, aha! ... Isso tudo lembra as técnicas dos evangélicos. E então você tem a castidade, mas a RCC é um movimento leigo, então... são muito diferentes. Acima de tudo, a diferença está na profundidade espiritual. As clarissas são uma ordem exemplar na história do misticismo católico. Pode até haver algumas pessoas na Renovação Carismática com intenções sérias, mas em geral temo que haja muito pouco fermento nesse pão,

conserva sua capacidade de efetivar a presença singular de Cristo" — Aden Kumler, "The multiplication of the species", op. cit., p. 180-181.

127 Peter Brown tem investigado as dificuldades relativas a esse fenômeno. Como ele e outras pessoas nos dizem, regimes de santidade sempre operam ao longo de uma linha instável entre a imitabilidade e a excepcionalidade. Ver Peter Brown, *The cult of the saints: its rise and function in Latin Christianity* (Chicago, University of Chicago Press, 1981); e "The saint as exemplar in Late Antiquity", em *Representations*, n. 2, 1983, p. 1-25. Ver também Elizabeth A. Castelli, *Martyrdom and memory: early christian culture making* (New York, Columbia University Press, 2004).

128 Entrevista com o Monsenhor Arnaldo Beltrami, São Paulo, 18 de março de 2001.

> ou [*falando comigo*] como dizem os portugueses — eles preferem colocar as coisas em termos de vinho, certo? —, é muita parreira, pouca uva.[129]

Assim como Beltrami, Dom Paulo Evaristo Arns — lendário líder da teologia da libertação e polêmico supervisor da Arquidiocese de São Paulo — criticou explicitamente a presença do mosteiro na Canção Nova. Logo após um preâmbulo em que denunciava a falta carismática de engajamento político com o problema da desigualdade social, ele prosseguiu dizendo o seguinte:

> São Francisco e Santa Clara foram pessoas muito próximas, não só no espaço, no tempo, espiritualmente também... e os carismáticos trazem toda essa ênfase no espírito, pensando que ser espiritual é só falar do espírito o tempo todo... Quando as irmãs foram celebrar a Missa com São Francisco sem Santa Clara, ela pode ter tido uma visão, claro, mas era uma visão cristalina, simples, espontânea. Estamos falando de uma visão que vem de uma devoção intensa, da oração, tudo isso no silêncio e no isolamento, nada tem a ver com o fenômeno que o movimento carismático está encorajando.[130]

Dom Arns oferece uma caracterização importante da experiência sensorial como algo que pode ser autêntico ou não, espontâneo ou não, demarcação mais ou menos coerente com as expectativas do indivíduo médio. Afinal, eu mesma, de início, não havia ficado chocada com a incongruência que senti na (não-)aparição da Irmã Rita por trás da janela trançada do mosteiro, a apenas alguns metros de distância das antenas parabólicas, dos microfones e das câmeras de TV? Ao examinar a interseção do movimento carismático e da mídia eletrônica, talvez o que tenhamos de nos perguntar, com a simplicidade agressiva de Mondzain, seja o seguinte: “O que significa ver uma imagem?”.[131]

129 Entrevista com o Monsenhor Arnaldo Beltrami, São Paulo, 18 de março de 2001. Beltrami tem forte afinidade com o cartel liberacionista — famoso por seu perfil intervencionista em arenas políticas locais e internacionais — que esteve na linha de frente da Arquidiocese de São Paulo durante a ditadura militar. Beltrami foi um aliado do líder franciscano Dom Paulo Arns, na época presidente da Arquidiocese.

130 Dom Arns, conhecido no mundo católico por seu trabalho como ativista dos direitos humanos e opositor ao regime militar, tornou-se um herói para muitos padres de mentalidade mais liberal, especialmente para os franciscanos. A simplicidade, o desejo de igualdade e a atenção dada às pessoas desfavorecidas que São Francisco personificava casava bem com os ideais marxistas. São Francisco servia como modelo a ser convocado para legitimar o ativismo político e a intervenção crítica à maneira católica. Depois de sua aposentadoria, Dom Arns se tornou escritor e associado da Igreja e Convento de São Francisco, na cidade de São Paulo. É lá que, em dias específicos e após solicitação por escrito, jornalistas e pesquisadores como eu têm a oportunidade de conversar com esse ex-ativista da Igreja.

131 Marie-José Mondzain, “What does seeing an image mean?”, em *Journal of Visual Culture*, v. 9, n. 3, 2010, p. 307-315.

Os debates sobre mídias televisivas e sobre quais seriam as práticas monásticas adequadas, em sua maioria, focam na natureza das diferentes formas de visão que encontramos nesses âmbitos. O filósofo Jean-Luc Marion, por exemplo, dedicou um longo tratado às possibilidades da "não-solicitação" que, diz ele, distingue a visão do místico do olhar televisivo. Marion estabelece uma correlação entre essa distinção e a separação entre ícone e ídolo, argumentando que a visão do místico ocorre sem a menor pressão no divino por meio de artifícios. O que define o milagroso é um acordo espontâneo entre o divino e a atitude interior de quem contempla, e que contempla sem fazer qualquer solicitação. Marion diz que o ícone é *voyant* [vidente], de modo que a visão milagrosa surge como desdobramento do "cruzamento de olhares" entre as diferentes entidades, enquanto o ídolo seria uma espécie de *voyeur* que "governa" a imagem em direção a certos fins.[132]

Dom Arns pensa da mesma forma que Marion sobre a importância de distinguir entre a natureza espontânea da visão mística e a natureza artificialmente fabricada da cultura televisiva. De acordo com Marion, a visão artificial força uma visibilidade distinta da milagrosa, que chega sempre sem ter sido buscada — ou seja, vem pela graça —, proveniente de um outro lugar. Esse é o tipo de distinção que inspirou acadêmicos como Hent de Vries a recuperar uma formulação teológica que expõe afinidades significativas entre milagre e artifício no pensamento de Marion.[133] De acordo com de Vries, o que orienta essa equivalência é o conceito de mediação, conceito que tem adquirido, por sua vez, um caráter quase sacramental nos estudos sobre mídia e religião. Não há nada perto de uma oposição entre "efeitos especiais" e "milagres", argumenta de Vries, pois são termos estruturalmente análogos na concatenação produzida pela mediação. Argumentando dessa maneira, vemos a influência da ideia schmittiana de que todos os conceitos importantes das teorias modernas são conceitos teológicos secularizados. E se é verdade que o pensamento e a prática do movimento carismático adotam relações analógicas — entre visão mística e televisão, por exemplo, ou entre fluxo pneumático e eletricidade —, o fato, porém, é que isso ocorre de maneira divergente dos parâmetros que orientam as teorias sobre presença mediada que têm recebido maior adesão.

Os carismáticos da Canção Nova se afastam dos entendimentos de Beltrami e Arns sobre a natureza da visão. Nos relatos de ambos, a visão mística, para que seja autêntica, deve ser espontânea, não solicitada.

132 Jean-Luc Marion, *The crossing of the visible*, trad. James K. A. Smith (Stanford, CA, Stanford University Press, 2003). Ver também Jenny Slatman, "Television", em Hent de Vries e Samuel Weber (ed.), *Religion and media*, op. cit., p. 222.

133 Hent de Vries, "In media res", op. cit.

Paradoxalmente, a condição dessa espontaneidade é que ela seja precedida por uma devoção intensa e por um tipo bem específico de oração — a silenciosa. De acordo com esse entendimento, portanto, a visão mística é algo que poucas pessoas conseguem alcançar. A disciplina leva à comunhão com o sagrado *na* imagem. A imagem, por conseguinte, é um referente-alvo da mediação. O movimento, aqui, remete a um modelo e procede do invisível ao visível por meio da instituição sacramental.

Na explicação de Irmã Rita, trata-se do contrário, pois nada há na imagem que algumas pessoas possam ver e outras não. O poder da imagem, na verdade, reside no modo como ela convoca essa vigilância prática da pessoa-vidente, que consiste em nada ver antes de ver-através da voz. Assim, temos um destaque aos atributos sônicos da Eucaristia: ela faz com que o som seja evangélico. Portanto, para Irmã Rita, o silêncio não é ausência de som, mas um ensurdecimento em relação aos "sons ruins" que podemos aprender. Falar em línguas, disse-me ela, é "outra maneira de não falar" — de ficar em silêncio —, uma fala tão crua que acaba por se dobrar em direção ao outro lado do ruído, assim como a brancura na tela durante a Hora da Adoração que abarca em si todas as visões possíveis.

Irmã Rita partilha com os membros da Canção Nova um entendimento multidimensional do silêncio que se afasta das perspectivas de Beltrami e Arns e do que, segundo elas, interdita o plano da experiência mística. Na Canção Nova, ver é discernir aquilo que permite a própria visão; e, mais uma vez, a condição dessa permissão é que a Eucaristia não deixe de ser iluminada pelos olhos que ilumina nem por um segundo.

> IRMÃ RITA: Nossos irmãos e nossas irmãs estavam se perguntando sobre as clarissas na Canção Nova. Não aceitaram a nossa presença aqui. Houve resistência, mas não tivemos medo. A madre [abadessa], então, teve de ir falar com eles e garantir também a palavra do Padre Jonas de que a espiritualidade das clarissas seria respeitada. Essa nova madre quer recrutar outras noviças, outras postulantes para que venham até a Canção Nova. Tem novas candidatas, porque antes éramos poucas, bem poucas, mas uma vez que o mosteiro for legalizado, que estiver certinho no papel e tudo o mais, seremos mais numerosas... E assim vivemos o nosso próprio carisma, respeitando o carisma da Canção Nova... Ficamos em silêncio, em obediência, separadas do mundo lá fora.
>
> MARIA JOSÉ: E como pode haver silêncio com toda essa cantoria na esquina, com milhares de pessoas vindo aqui semana após semana, [com] TVs em todo canto?
>
> IRMÃ RITA: Nossa madre diz, "silêncio não é o oposto do som, é o oposto dos 'sons ruins'". Ela [nos] ensina a aceitar a música e as orações que vêm da Canção Nova como "bons sons". Você não pode pensar que, porque nós gostamos do silêncio, não há música em nós. Nós somos as Senhoras da Adoração Perpétua. Tudo que fazemos, nossos atos cotidianos, tudo é uma forma de oração, uma canção diária... canção nova é canção nova.

MARIA JOSÉ: É isso que o povo da Canção Nova diz...

IRMÃ RITA: A cada quinze dias tem acampamento aqui na Canção Nova. Muitas pessoas jovens vêm participar desses eventos, sentem-se atraídas e vêm nos visitar. Por isso, tentamos respeitar nossos rituais diários, as horas de oração e tudo o mais, mas o mosteiro e a Canção Nova se uniram, e agora abrem muitas novas vocações.[134]

Enquanto a conversa prosseguia, Irmã Rita abriu seu livro e começou a ler um poema escrito pelo Papa Inocêncio IV (c. 1195-1257), inspirado pela figura de Santa Clara:

Oh! Grandiosa veemência
Do brilho desta claridade
No mundo foi esta luz cativa
No interior de um claustro
Todavia, radiou seu brilho
Cativa numa cela do convento
Espalhou, contudo, sua luz para todo o mundo.

Ementa

A Eucaristia televisiva na *Quinta-feira de Adoração* se expande para além do campo sacramental da mediação. Alçada ao nível de um encontro olho-a-olho, a relação entre câmera de TV e Eucaristia ativa — sem nunca mediar — o princípio ontológico da imagem: o Espírito Santo. O que é entregue aos sentidos é o seguinte: *na tela, nada há a ser visto além da figuração fantasmática de uma possibilidade de ver.* Essa é a

134 Assim prosseguiu Irmã Rita: "Já tem havido algumas experiências com moças jovens que ficaram aqui, na Sacristia, por uma semana mais ou menos, com nossa orientação, com nossa Madre. Não pode ser muito mais tempo do que isso porque nosso espaço é bem pequeno, mas depois desse segundo ano de teste, se tudo ocorrer bem, com a graça de Nosso Senhor Jesus Cristo, teremos um mosteiro de verdade, quando as celas e os claustros forem construídos na parte de dentro... Funciona assim: cada mosteiro da ordem tem sua autonomia. Cada um tem sua madre, sua mestra, sua vigária. Não depende de outro mosteiro. Mas toda vez que um novo mosteiro é erguido, ele é adotado por um outro da região, que oferece supervisão até que não seja mais necessário. Então, nós nos tornamos aqui uma espécie de mosteiro adotado. A Madre Federal também participa dessa decisão. No ano de 2000, uma nova madre foi indicada para administrar o mosteiro de Marília. Foi de grande ajuda o fato de ela ter sido indicada pela Madre Federal, porque ela teve um papel enorme na autorização deste mosteiro provisório. Na época, nossa própria madre tinha que resolver os problemas aqui na Canção Nova. Aquele ano de experiência terminou, e os documentos em Roma ainda não estavam prontos. Então a madre de Marília assumiu a responsabilidade por este mosteiro, e pediu ao bispo de Lorena mais um ano de experiência. Essa nova Madre Federal é mais experiente. Ela está organizando os documentos para que a gente receba um 'sim' definitivo para nossa permanência aqui".

lógica da presença encarnada que Canção Nova defende. A elasticidade é comprovada nessa capacidade de dinamizar extremos opostos no espaço ternário do espírito do Pentecostes — espírito que, ainda assim, nunca deve renunciar ao seu longo braço católico.

Apesar de a palavra "contemplação" ter sido por demais associada ao engajamento estético com a obra de arte — nomeando o que separa e posiciona o sujeito em relação ao objeto e o que confirma a aura desse objeto —, a verdade é que se trata de uma noção introduzida no tempo de Santa Clara (que certamente influenciou as caracterizações posteriores do santo como ícone de contemplação). A palavra, no português, remete à noção medieval de *contemplationem* como "ato de olhar com atenção". A contemplação, nesse sentido, nada tem a ver com um olhar para o mundo como se este fosse visto por meio de uma janela aberta, em uma perspectiva mais linear. Contemplar era participar dos augúrios e da divinação. Ou seja, dizia mais respeito ao *ver-através* do que ao mero ver, à prospectiva do que à perspectiva. De modo semelhante, a palavra "templo" — também derivada de "contemplação" — era usada para nomear espaços delimitados para os augúrios. Muito frequentemente, os espaços religiosos na Idade Média eram construídos como convite às pessoas para que transcendessem o espaço-tempo em que se encontravam e olhassem para um outro-lugar, e não para que olhassem o transcendente — função alcançada, de maneira aparentemente contraditória, pelo uso de uma capacidade bem cultivada de mergulhar no próprio espaço a ser transcendido.

A contemplação, assim concebida, era essencialmente participação em uma atividade extramural, ação que tinha mais a ver com a audição, por mais que pressupusesse uma ideia de visão. Como escreveu Gaston Bachelard em *O ar e os sonhos*: "Toda contemplação profunda é necessariamente, naturalmente um hino"[135] (lembremos que Canção Nova é o nome de um dos hinos católicos).[136] Não importa qual é o ponto adjacente de entrada na canção, a mensagem oficial é sempre esta: se, como defende o movimento carismático, Santa Clara foi capaz de ver

135 Gaston Bachelard, *Air and dreams: an essay on the imagination of movement*, trad. Edith Farrell e Frederick Farrell (Dallas, TX, Dallas Institute, 1988), p. 129; ed. bras.: *O ar e os sonhos: ensaio sobre a imaginação do movimento*, trad. Antônio de Pádua Danesi (São Paulo, Martins Fontes, 2001), p. 49.

136 Ainda pensando sobre a ideia da "presença real" nos debates sobre a natureza da Eucaristia — e apesar de minha abordagem não-fenomenológica —, vale a pena mencionar que Bachelard, em *O ar e os sonhos*, assim como em *A psicanálise do fogo*, compara o poder de contemplar a uma "*função do irreal*", que ele descreve como força imaginativa que permite criar novas imagens ao invés de apenas se ajustar à realidade dada. Gaston Bachelard, *Air and dreams*, op. cit.; ed. bras.: *O ar e os sonhos*, op. cit.

além das imagens na parede de sua cela, tendo visto através, visto um outro lugar, um outro tempo por meio de um movimento animado pelo Espírito; e se, setecentos anos mais tarde, outra Clara, enquanto vigiava a tela da TV em seu confinamento, recebeu a visão da necessidade de um mosteiro das Pobres Claras na Canção Nova, então o que aconteceu em ambos os casos foi um não ver. O ver ocorreu através delas — clarividência. Paredes e telas se encontram, impulsionadas por uma força espiritual agregadora. Cada momento, para frente e para trás, prefigura o outro como num jogo cósmico de espelhos. Esses momentos não estão no tempo linear, em uma sequência causa-efeito, pois se encontram numa espécie de volta intrincada que aloca o espaço-tempo sempre no meio.

Parte II

Tudo que você investiga suficientemente a fundo acaba se mostrando uma coisa musical.

— Orson Welles, citando (incorretamente) Carlyle em *Filming Othello.*

Salão interno do Santuário Mãe de Deus, São Paulo (Brasil).
Foto: Maria José de Abreu.

4 Aeróbica do Senhor[137]

"Padre Marcelo me deixa toda arrepiada", disse a mulher que caminhava para a saída do santuário acompanhada de duas outras pessoas que a ajudavam. "Dessa vez eu mergulhei bem fundo", acrescentou enquanto se sentava exausta no chão de cimento, apoiando-se no portão central. Era um dia bem quente de meados de novembro em São Paulo. A temperatura dentro do Santuário do Terço Bizantino devia estar em torno de 25 graus, mesmo com o novo sistema de resfriamento que espirrava água no público de fiéis durante o serviço dinâmico de adoração oferecido pelo Padre Marcelo Rossi, que ele mesmo chamava de "Aeróbica do Senhor". Também conhecida como "Missa da libertação", essa aeróbica consistia na combinação entre uma série de canções para serem cantadas junto com o padre e exercícios coreografados, todos eles baseados em técnicas bizantinas de oração, como a Oração do Coração, usada pela primeira vez pelos Pais do Deserto no egípcio, no século 4, parte da tradição do hesicasmo, cultivada durante dez séculos por monges gregos. Essa oração, valorizada por seus efeitos psicossomáticos, envolve uma série de atividades vocais e físicas. A ideia é fazer com que a voz pontue e seja pontuada pelas repetições rítmicas do corpo, como a respiração e os batimentos cardíacos, de modo que se torne extensão dessa respiração na forma de um som móvel. Ao alcançar a sincronia da voz, da respiração e dos batimentos, o sujeito é transportado gradualmente pelos diferentes estágios da ascensão mística.

Fazendo uso dessas técnicas ritualísticas ancestrais, Padre Marcelo elaborou um estilo de oração focado no comprometimento físico, na transformação corpórea, na experiência vivida do poder divino.

137 Algumas partes deste texto apareceram em "Goose bumps all over: breath, media and tremor", em *Social Text*, v. 26, n. 3 (96), 2008, p. 59-78.

Essa aeróbica, eletronicamente disseminada por meio de diferentes formatos de mídia, tornou-o famoso no país inteiro. Nela, importa a forma como a oração vocalizada, a aeróbica e a tecnologia compartilham entre si o signo da repetição. Atos simples como cantar, falar e mesmo escutar afetam o corpo de maneira aural, e a voz desempenha um papel fundamental no esquema aeróbico. Ao abordar esse regime neste capítulo, meu objetivo é mostrar as operações respiratórias presentes na costura de múltiplas relações e associações que ar-condicionam todo o campo da experiência religiosa. Analisar a estética dessa prática de oração midiatizada me permite rever a maneira como se tem entendido a relação entre mídia e religião, para que eu possa focar, então, no modo como as tecnologias de mídia contemporânea produzem as formas da experiência corpórea e da tatilidade que, há um bom tempo, têm sido mobilizadas para caracterizar e explicar a experiência religiosa.

Nos capítulos anteriores, dedicados à comunidade religiosa Canção Nova, investiguei como, nas três últimas décadas, o movimento carismático vem se relacionando com as tecnologias de mídia de massa. Em um país como o Brasil, em que a opinião pública progressista — incluindo a que encontramos no interior do catolicismo — associa esse tipo de mídia e o pentecostalismo a diferentes formas de alienação, o movimento carismático teve de refazer os termos de uso dessa mídia para fins de evangelização. Como descrito anteriormente, uma das vitórias da Canção Nova na superação desses preconceitos entranhados deu-se pelo afastamento da concepção meramente instrumental de mídia. O movimento pode, assim, articular uma forma de medialidade sem escatologia, numa economia providencial que, como demonstrado, busca sempre o meio.[138]

Deve estar claro agora que "meio" não significa o mero intervalo entre dois pontos. O que há de peculiar na forma como os carismáticos concebem o meio é precisamente a aniquilação deliberada da ideia de um "entre-lugar". Por quê? Porque dizer que algo está nesse "entre-lugar" já é aderir a uma lógica posicional. Já é dizer que a ação é orientada a um fim. O que atrai as pessoas à Missa do Padre Marcelo é a intensidade do movimento, seja ele corpóreo ou espiritual. É o tanto que cada canção, cada oração, cada gesto potencializa a subjetividade para que a presentificação se torne a travessia para um outro-lugar. Essa sensação de transiência, como se o indivíduo estivesse em fuga de si mesmo,

138 A lógica do fim dos tempos é abordada, portanto, em termos de um estar para sempre no meio. Dizer que os fins estão no meio — na mídia — também é remover da noção de mídia qualquer ideia de instrumentalidade, de meio para um fim. Trata-se do exato oposto: o fim de toda mediação é a interrupção — é a medialidade em si mesma. Ver Kathleen Stewart e Susan Harding, "Bad endings: American apocalypsis", em *Annual Review of Anthropology*, v. 28, n. 1, 1999, p. 285-310. Abordo essa noção de maneira mais detalhada em "Technological indeterminacy", op. cit.

é efetivado de maneira intensa no arrebatamento da pele. Esta deixa de ser um órgão que separa o interior do exterior do corpo e, como veremos, torna-se um ambiente passível de regulação.

É preciso enfatizar que a distinção entre as partes I e II deste livro é a mudança de foco da comunidade para o indivíduo. No caso da Canção Nova, a gramática da comunidade serve para reencenar o Ato dos Apóstolos num empreendimento midiático global e de massa, enquanto Rossi está mais para um lobo solitário de vigor inesgotável: jovem carismático, especialista em mídia, usuário confesso de esteroides, muito bem-sucedido na expansão da renovação carismática para as multidões.[139] No Padre Marcelo, as preocupações pneumáticas do movimento carismático encontram sua expressão mais concentrada e disseminada. Respondendo ao que ele interpreta como chamado para se tornar um "treinador de almas" — extensão da capacidade atlética que o Papa João Paulo II havia exibido em sua visita ao Brasil no ano de 1997 —, Rossi se tornou o mais proeminente ginasiarca que a renovação carismática teve até o momento. Com sua aeróbica espiritual toda coreografada, declarou guerra à obesidade metafísica; suas técnicas de oração são mandamentos direcionados aos músculos e às juntas; seu site é uma espécie de spa virtual com exercícios variados de cura e oração, vários links para conteúdos médicos e de autoajuda.

Ser mais um agente solo do que parte da comunidade garantiu ao Padre Marcelo uma flexibilidade ainda maior. Ainda assim, ele não trabalha e nem poderia trabalhar sozinho, dado que a norma institucional não comporta o nível de flexibilização que ele tende a liberar no mundo. Apesar de ter sido apenas um noviço em 1995, a Igreja já o tinha notado e a sua imensa energia, que a instituição resolveu mobilizar para certos fins. Não poderia haver época melhor para toda essa agilidade, toda essa leveza e, por isso mesmo, a Igreja estava empenhada em ativamente monitorar e colocar rédeas no jovem pastor, designando um bispo para supervisionar cada passo que dava.[140] A comunidade

139 Ele diz à mídia com frequência que costumava ser um usuário assíduo de esteroides, recurso que, segundo ele, ainda é uma tentação, sobretudo quando a fé parece murchar e o estresse aumenta, o que sugere um paralelo entre anabolizantes e Espírito Santo (*pneuma*) no que diz respeito à alteração e ao aprimoramento da fluidez membranar. Admite ter tido uma recaída quando se recuperou de uma dieta radical que o fez perder mais de trinta quilos (não há evidências disso). Essas oscilações na massa muscular, na quantidade de gordura, no metabolismo geral do corpo do Padre Marcelo são elas mesmas indícios de uma narrativa poderosa, uma fantasia nacional projetada no conceito de movimento físico e espiritual. Para uma leitura que se tornou clássica dos "corpos sem peso", ver Susan Bordo, *Unbearable weight: feminism, Western culture, and the body* (Berkeley, University of California Press, 1993); Lauren Berlant, *Cruel optimism* (Durham, NC, Duke University Press, 2011).

140 O bispo Fernando Figueiredo se tornará a sombra sempre presente que acompanhará o Padre Marcelo onde ele for. De todo modo, Figueiredo havia se

Canção Nova — da qual ele foi parte um dia — até tenta reencenar corporalmente os doze apóstolos, um entrelaçamento sofisticado que reúne o arcaico e o presente, mas Padre Marcelo Rossi é isso e mais: é o apóstolo Paulo cheio de anabolizantes. Ele é mais do que a soma das partes apostólicas, é a encarnação mais próxima do que, no revivalismo carismático, é tido como a terceira pessoa.

Neste e nos próximos dois capítulos oferecerei uma explicação desse universo — dessa rede de raízes horizontais — criado e disseminado pelo Padre Marcelo desde que sua popularidade cresceu na segunda metade da década de 1990. Cantor, ator, radialista, escritor, compositor, guia espiritual, fisiculturista, jogador de futebol, asa-deltista, chefe de cozinha e nutricionista, higienista das almas e, por fim, padre, Marcelo é ele mesmo uma rede de personalidades. Ele transmite uma energia extraordinária, orbitando realidades que parecem desafiar a própria gravidade. Ele explora as diferentes maneiras pelas quais suas intervenções podem ser avaliadas através dos efeitos na massa e na missa e, nesse sentido, a pele é a superfície em que tais efeitos são sintetizados como experiência sentida; quando adequadamente estimulada, ela revela a essência de sua prática religiosa.

Isso é especialmente verdadeiro no caso da sensação perfurante dos arrepios, algo que Padre Marcelo nitidamente explora na arquitetura de suas coreografias, que atraem multidões. É como se a volta que a respiração dá em direção a ela mesma — momento central da "Aeróbica do Senhor" — pudesse ser replicada de maneira exponencial, espalhada para todo o corpo, para o todo da assembleia. Rossi não está apenas usando a voz para abrir o corpo da multidão à circulação do espírito (*pneuma*); ele transforma esse corpo em uma espécie de pele vocalizada, espaço medial em que as dimensões natural, mística e mecânica se dobram recursivamente umas nas outras, de forma que nenhuma delas pode ser dita anterior às outras.

Apesar da quantidade considerável de pesquisas sobre como o corpo é concebido nas variadas religiões, pouca atenção tem sido dada à participação do corpo na criação de seus próprios modos de consciência. Na ocorrência de um tremor cutâneo, forças residuais e arquivos teológicos podem despertar de seu estado de latência. O que pode uma reação corpórea como o arrepio — os pequenos pelos eretos como os espinhos dos cactos no deserto — nos mostrar sobre as relações entre tecnologia, espiritualidade e percepção? Como o arrebatamento da pele nos ajuda a pensar em conjunto as experiências místicas, as tecnologias midiáticas e o corpo?

formado nas doutrinas patrísticas ortodoxas — ele será a ponte entre São Paulo e Bizâncio, entre aeróbica e *pneuma*.

Um dos clássicos da análise do tremor como experiência mística é o trabalho do filósofo da religião Rudolf Otto. Na década de 1920, ele argumentou que os arrepios expressam o êxtase do corpo na presença do divino; isso quer dizer que o sujeito da experiência religiosa é capturado de maneira involuntária e inesperada pelo desconhecido. Esse encontro produz uma experiência corpórea intensa que atinge a pessoa crente como uma revelação. Com esse argumento, Otto refletia e reforçava, ao mesmo tempo, a visão — em moda durante o período do Romantismo — de que as forças indisciplinares da natureza são as exibições supremas daquilo que escapa ao nosso controle, e isso servia de confirmação da existência de um agente controlador mais elevado. O interessante nisso é que a tradição filosófica que influenciou as elaborações de Otto sobre o arrepio como resposta humana ao numinoso — *mysterium tremendum* e *fascinosum* — tem fortes ligações com um evento tectônico famoso: o grande terremoto que atingiu Lisboa em 1755, assunto de filósofos do Iluminismo europeu como Voltaire, Rousseau e Kant. Como ocorria nas interpretações oferecidas por esses filósofos acerca do tremor da terra, Otto também pensava o tremor da pele como expressão — ainda que num registro mais fenomenológico — da fusão e do entrelaçamento entre o natural e o sobrenatural.[141]

Tendo isso em mente, podemos traçar um paralelo interessante entre misticismo e tremor. Ambos dizem respeito a essa captura pelo desconhecido, o tornar-se vítima do inesperado, do não solicitado, talvez do indiscernível. Um dos conceitos aparentemente mais aptos para ilustrar essa cumplicidade entre a experiência mística e o inesperado é o de arrebatamento. Usado na descrição de experiências de êxtase místico no cristianismo, o termo "arrebatamento" tem a mesma raiz que "rapto", que se refere ao sequestro por uma força alienígena, ser vítima do desconhecido. No entanto, e precisamente pela forte associação entre a naturalidade e as respostas corpóreo-afetivas de ordem inconsciente, o arrepio se tornou alvo das novas tecnologias de mídia e de efeitos especiais.[142] Neste

141 Ver Rudolf Otto, *The idea of the Holy*, trad. John W. Harvey (London, Oxford University Press, 1923).

142 Compositores, cineastas e serviços de telessexo têm como objetivo comum sintonizar a pele, ajustando os efeitos mágicos da mídia para produzir afetos corpóreos. O cantor gótico Marilyn Manson, por exemplo, incorpora elementos emotivos sombrios dos filmes de terror para gerar a "horripilação", gênero musical que tem como proposta aquilo que encontramos na raiz do verbo "horrorizar" — ficar com os pelos eriçados. Trata-se de um endereçamento deliberado dos pelos do corpo, forma de visualizar a pele como uma espécie de zona nebulosa. Merzbow, um projeto japonês de reverberação sonora, vai além da audição para atingir a pele e mesmo o tecido ósseo. Pensando nos compositores contemporâneos, temos o polonês Krzysztof Penderecki e o húngaro György Ligeti, ambos tentando usar a música para gerar uma experiência corpórea de medo, de terror. Em um registro mais cinemático, temos o trabalho de Linda Williams, que nos mostra o poder da pornografia

capítulo, investigo o modo como o natural, o místico e o tecnológico se conectam durante a performance corpórea. Meu argumento é que a naturalidade e a sobrenaturalidade são compatíveis com a tecnologia e, na verdade, impensáveis sem ela. Procuro entender como situar o tremor corpóreo no debate sobre as dicotomias envolvendo natureza, imediatez e autenticidade de um lado e, de outro, tecnologia, mediação e reprodução.

O objetivo, portanto, é duplo: em primeiro lugar, questiono a ideia de que há fronteiras fixas separando religião e tecnologia, e ambas do corpo. Quando digo "tecnologia", normalmente refiro-me às mídias usadas para gravação — fitas e CDs — e à Internet. No entanto, como mostrarei, a efetividade dos sons gravados repousa em uma homologia estrutural entre as propriedades existenciais das tecnologias de reprodução e o caráter repetitivo dos ritmos respiratórios, algo que entra na composição de uma canção por meio das técnicas bizantinas de oração. Ou seja, considero que há uma correspondência estrutural entre as tecnologias de mídia moderna, as técnicas de oração ancestrais e o que o sociólogo Marcel Mauss chamou de *techniques du corps* [técnicas do corpo].[143] Em segundo lugar, argumento que não há descontinuidade entre ação ritualística e vida cotidiana. Os carismáticos gravam músicas e canções pensando em algo que vai muito além do som: estão codificando padrões respiratórios. Esses padrões têm sido compostos com o intuito de estimular ouvintes a copiá-los e repeti-los até borrar a distinção entre respiração "gravada" e "espontânea". Dito de outro modo, o ritual da respiração é uma recapitulação da mídia, e o corpo se torna tecnologia de gravação. A reprodução eletrônica coexiste com a reprodução ritual. A música se torna respiração e vice-versa, ambas registrando e refinando a presença de algo de ordem metafísica.

Padre Marcelo Rossi

A coreografia vívida de Padre Marcelo e a atenção midiática que ele atraiu para si elevaram-no na hierarquia religiosa, condenando-o a andar desde cedo numa corda bamba. Sua experiência passada como fisiculturista o levou a explorar uma forma de ascese muscular no cristianismo que não

em afetar o corpo e em transformar o espectador em um "observador corporificado". Nesse mesmo sentido, podemos mencionar as composições cinemáticas de Ken Jacobs, artista estadunidense do pós-guerra, um exemplo de como o cinema como mídia pode ser usado para estimular e conscientizar as pessoas sobre seus tropos corpóreos, suas experiências físicas e suas realidades.

143 Marcel Mauss, "Les techniques du corps", em *Journal de Psychologie*, v. 32, 1934, p. 3-4; ed. bras.: "As técnicas do corpo", em *Sociologia e antropologia*, trad. Paulo Neves, 2. ed. (São Paulo, Cosac Naify, 2015), p. 397-420.

tinha como acomodar a lógica convencional da imagem religiosa ou da oração. Após o internato em um mosteiro na Ucrânia, onde mergulhou na doutrina patrística ortodoxa como parte de sua formação para o ministério, Padre Marcelo retornou ao Brasil oferecendo uma nova disciplina religiosa. Ele gostava de se referir a si mesmo usando o termo *kerygma*, que significa anúncio, boas novas. Foi precisamente a viabilidade dessa ideia — o poder kerigmático que emanava de suas novas técnicas, de sua energia, até mesmo de seu corpo musculoso — que chamou atenção do resto da comunidade carismática, da Igreja Católica e também dos evangélicos.[144]

A comunidade carismática, que tentava levar suas ideias sobre espiritualidade pneumática e graça divina para as tramas estratégicas do poder, acompanhou as ações de Rossi com enorme ambivalência. De um lado, era inegável que a trajetória do padre coincidia com uma nova — ainda que controversa — ênfase no corpo e no atletismo que tinha o Papa João Paulo II como vanguarda: após ser diagnosticado com Parkinson no início da década de 1990, ele convocou seguidores e seguidoras a se tornarem uma extensão de seu próprio corpo-outro. Assim que o Padre Marcelo ascendeu como o grande "agitador do rebanho" — combinando seus talentos naturais com o artifício; juntando tendências, técnicas, tecnologias contemporâneas com métodos devocionais ancestrais; orquestrando a graça (*kharis*) de maneira habilidosa pelo uso da multidão como mídia —, os carismáticos, ao menos uma parte deles, passou a desconfiar de Rossi. Preocupavam-se com a possibilidade de o padre-celebridade ir longe demais e transformar a doutrina carismática em uma paródia de si mesma, produzindo gestores fraudulentos da respiração e incentivando um catolicismo narcísico, viril, algo que poderia acabar gerando ruptura e descrédito. Não era, afinal, o Padre Marcelo um consumidor confesso de anabolizantes? Não tinha ele todo um interesse em cosméticos e não em cosmologia? Será que a Igreja Católica estaria realmente disposta a trocar Leonardo Boff pelo Padre Marcelo Rossi?[145] Como poderia uma

144 Maria José de Abreu, "On charisma, mediation and broken screens", em *Etnofoor*, v. 15, n. 1-2, 2002, p. 240-258.

145 O chamado feito pelo Papa João Paulo II no sentido de convidarmos o poder do Espírito Santo para balançar os contornos enrijecidos do Vaticano foi interpretado por algumas pessoas como algo contrário às espiritualidades da consciência que a teologia da libertação defende. Um dos clímaxes dessa tensão ocorreu em 1985, durante o seu mandato, com a decisão do Dicastério para a Doutrina da Fé (na época dirigido pelo cardeal Joseph Ratzinger, o futuro Papa Benedito XVI) contra o Frei Leonardo Boff, teólogo brasileiro de renome e professor emérito da Universidade do Estado do Rio de Janeiro. A censura de Ratzinger contra o livro de Boff, *Igreja: carisma e poder* — lançado em 1981 e cuja edição em inglês chegou ao público em 1985 —, assim como o conflito posterior quanto à sua presença na ECO-92, realizada no Rio de Janeiro, levaram o teólogo a abandonar a ordem franciscana e o sacerdócio. Durante o mandato de João Paulo II, os chamados à

celebração como a "Aeróbica do Senhor" se tornar compatível com o mistério da Eucaristia? Essa última pergunta provocou ansiedade e humor — com termos como "músculos", "ganhar massa", "pão", "fermento", "elasticidade" e outros orbitando uns aos outros — nas bases da Igreja no Brasil, assim como havia ocorrido antes na Diocese de Santo Amaro, instituição à qual o Padre Marcelo ainda hoje é filiado.

Marcelo Mendonça Rossi nasceu no dia 20 de maio de 1967, na região norte de São Paulo, numa família de classe média de ascendência italiana. Antes de se tornar padre, quando tinha 27 anos, passava quatorze horas diárias na academia — seu corpo era tudo. A esperança que o pai tinha de que Marcelo se tornasse médico conflitava com o desconforto corpóreo que o filho sentia quando via sangue. Em vez disso, ele foi trabalhar em um salão de beleza por um tempo e mais tarde se tornou professor de educação física. A ambição de Marcelo em relação ao desenvolvimento do próprio corpo foi muito influenciada por uma narrativa biográfica sobre o Papa João Paulo II amplamente documentada pela mídia brasileira, uma série documental que enfatizava o fato de que ele havia sido ator e um atleta competente em sua juventude. Quando o Papa veio ao Brasil em 1997, Rossi fez um juramento. Enquanto a multidão acenava para João Paulo II, o padre prometeu a si mesmo que faria tudo que estivesse ao seu alcance para manter aquele aceno vivo. Vendo como um mesmo corpo soberano podia tremer por força e por decaimento — os dois corpos do Papa —, Marcelo resolveu que transformaria cada ambiente da Igreja em um espaço de regeneração. Como dizia para suas audiências, era um sinal do Espírito que o Papa — que encarna a instituição — fosse frágil e trêmulo. Era uma indicação evidente de que a Igreja precisava de uma renovação sísmica e que, por meio dos tremores e do corpo deficiente do soberano, uma série de aprendizados poderia ser obtida, mostrando

mudança nas orientações da Igreja referentes à América Latina foram decisivos para a popularização do movimento carismático no Brasil. Havia teorias da conspiração circulando pelas dioceses brasileiras sobre a interpenetração de certos afetos anti-Roma no interior do Vaticano. A ascensão do Padre Marcelo Rossi ao estrelato e o crescimento do movimento carismático, em contraste com a retirada e a excomunhão de Frei Boff, fomentaram comentários sussurrados sobre como o Vaticano, sob comando de João Paulo II, estava se banhando na oleosidade das doutrinas gregas do *gymnasion* são-paulino, afastando-se da sofística e da ideologia já muito entranhadas para incorporar uma nova ortopraxia cujo foco no espírito e no corpo — deixando de lado, concomitantemente, toda a narrativa do sangue e do sacrifício na Paixão — ocultava o abandono de questões sociopolíticas. N. da E.: Em relação ao livro de Leonardo Boff, sugere-se a leitura da edição da Record, lançada em 2005, que foi acrescida de um apêndice no qual é narrado o processo doutrinal que recaiu sobre o livro e seu autor. Ver Leonardo Boff, *Igreja, carisma, poder* (Rio de Janeiro, Record, 2005).

o que fazer no futuro. Assim, o corpo do Papa se tornou um dispositivo para pensar o tremor e o assombro, e não um referente a ser evitado. No momento preciso em que spas e academias passaram a brotar em cada esquina paulista, a Igreja começou a explorar novas extensões no interior de sua tradição, fazendo da extensão a sua função própria. Padre Marcelo e o bispo que o acompanhava falaram desse movimento como um "trovão no coração", "um tremor nas veias".[146] De acordo com uma revista local bastante popular, quando Padre Marcelo avistou o Papa João Paulo II em 1997, exclamou o seguinte: "de agora em diante, eu treino só para Deus".[147]

Desde o começo, a mídia foi um elemento central para a plataforma de treino do jovem Marcelo. Ele fez uso do rádio, da televisão, de CDs, livros, uma revista e um site pessoal que mantém até hoje. Tornou-se ator em duas produções grandes, uma dedicada à Theotókos e outra ao Apóstolo Paulo, duas referências importantes na organização de seu pensamento. Conforme sua presença midiática foi se tornando incontornável, seu metabolismo corpóreo foi transformado em um instrumento regulador que influenciava os corpos das outras pessoas, assim como seus ritmos diários, conforme elas passaram a seguir suas cinco regras diárias: exercício físico, cochilo ao meio-dia, cinco litros de água, duas a três gemas de ovo, oração frequente ao estilo bizantino.

O terço bizantino, que antes de sua popularização pelo Padre Marcelo estava restrito a um subgrupo pequeno do movimento carismático, passou a rivalizar com o terço romano normalmente usado no Brasil. A associação com o Oriente articulava de fato aspectos do catolicismo popular pré-romanização, em que a oração estava muito ligada à espiritualidade; além disso, oferecia uma doutrina do espírito (*pneuma*) que emulava ao mesmo tempo combatia o crescimento do pentecostalismo protestante no Brasil, no mundo lusófono e em toda a América Latina. Diferentemente do rosário romano — que com suas cinquenta e nove contas prende narrativamente o coletivo a um enredo —, o bizantino submete a linguagem à capacidade mimética e citacional do corpo. Ele transfere a enunciação para o discurso corpóreo de modo que cada palavra, cada frase articula ar e não significado, técnica e não um sistema de enunciados. O terço bizantino, desse modo, torna-se a maneira de ganhar músculo em que a palavra falada modula os ritmos do corpo em relação ao discurso, a expressão em relação à forma.

146 Padre Marcelo, *Domingo Legal*, 26 de dezembro de 1999.

147 "O Padre e o Rei", *Isto é Gente*, 28 de outubro de 2001; ver também Maria José de Abreu, "Breathing in the heart of the matter", op. cit.

O terço bizantino

Padre Marcelo organiza a respiração em dois registros de oração, um deles é o terço bizantino, que ele apresenta todos os dias no rádio, na TV, em seu website. O rosário de dez contas é usado desde o século 7 por cristãos e cristãs da Igreja Ortodoxa. O que há de específico nele é o fato de que serve para ajustar as orações ao ritmo da respiração. No momento da inspiração, a pessoa deve pensar, por exemplo, nas palavras "Senhor Jesus Cristo, Filho de Deus vivo"; quando expira, pensa "tende piedade de mim, porque sou pecador". Essas frases, chamadas de "flechas" ou "orações jaculatórias", são repetidas dez vezes, com dez minutos para contemplação. Essa prática sugere que, com a repetição do mesmo verso, a voz e o corpo trabalham em conjunto para aumentar a imaterialidade e a purificação de si. Diferentemente do que ocorre com o terço romano, quem ora é livre para improvisar um verso; essa liberdade tem a ver com a ideia de que a eficácia da oração está no ar carregado de palavras ou na respiração que se investe nela, e não no conteúdo de um verso específico.[148] Isso significa que o verso escolhido é baseado na condição física e emocional da pessoa que escolhe, fator determinante para a vontade de participar de uma economia específica da respiração.

Durante meu trabalho de campo, já em 2001, não era incomum ver pessoas no transporte público ou em filas no banco, jovens ou idosas, vestindo terno ou chinelo, com o rosário nas mãos ou ao redor do pulso. Todas as vezes que entrevistava uma delas, perguntando sobre a função do rosário ou sobre os sentimentos que provocava, reafirmaram-me o potencial profilático e calmante dessa maneira específica de estruturar a oração. Para muitas dessas pessoas, sendo habitantes de São Paulo, a oração havia se tornado uma maneira de equilibrar a respiração, de recuperar a capacidade de descansar e relaxar em uma cidade gigantesca, quente, poluída. Além disso, podia ser uma forma de centramento no meio da multidão, ou de resgatar a ordem no caos do trânsito; um substituto para o cigarro ou uma distração para encurtar as distâncias;

148 N. da T.: As técnicas bizantinas privilegiam a repetição *em si* — a sofisticação dos versos tende a ser irrelevante dado o fato de que, na oração, o que se tenta é escutar o Verbo divino, qualquer pseudossubstancialidade do *eu* devendo sair de cena por meio de um processo de reorganização da alma que é um *silenciamento*. A fala de quem ora deve ser meio de produção dessa abertura, dessa receptividade, algo que não passa pelo conteúdo afirmado — tecnicamente, uma simples e única palavra basta no caminho para o silêncio. Centrar-se e localizar-se no próprio coração, como na oração que o menciona, por exemplo, é algo que se faz no esvaziamento de si, esvaziamento, inclusive, do excesso conteudístico do pensamento representacional.

um dilatador do tempo ou mesmo um regulador das flutuações do mercado financeiro — tudo isso enquanto a pessoa faz a sua oração.

O site do Padre Marcelo é chamado de "Terço bizantino online: a oração simples que chega ao céu". Apesar de o terço ser baseado na repetição incessante do mesmo verso, o vídeo que acompanha a oração é trocado diariamente. Assim, além de renovar o site, o padre associa as propriedades materiais da realidade digital aos mecanismos respiratórios — atualização e repetição. A maioria das pessoas que praticam esse tipo de oração ouve Rossi em seu site, ou no canal católico de TV denominado Rede Vida ou, o que é mais comum, no seu programa absurdamente popular na Rádio América. Graças a esse tipo de mídia, ele foi capaz de entrar na esfera privada de muitas pessoas no Brasil. Por "esfera privada" quero dizer, na verdade, a respiração, o que há de mais íntimo. Para muitas pessoas, a voz do Padre Marcelo se tornou uma fundação sônica sobre a qual a paisagem urbana de São Paulo é reconstruída. As entonações imutáveis, a repetição do terço, são como o zumbido de um avião distante. Como as notas prolongadas da música bizantina, esse exercício espiritual depende apenas dos ritmos da respiração (*pneuma*), o instrumento privilegiado do Espírito Santo, como nos lembra Marie-José Mondzain.[149]

Com as orações virtuais e as tantas músicas disponíveis para download, Padre Marcelo ajuda as pessoas a estruturarem os ritmos de sua respiração de acordo com seus estilos de vida particulares, suas circunstâncias físicas e emocionais. O site parece um órgão vivo que as pessoas acessam para respirar de maneira adequada, equilibrada. Mais uma vez: a vivacidade da mídia não pode ser reduzida ao seu conteúdo. Essa vitalidade também vem da forma como certos atributos operacionais da internet — movimento, leveza, horizontalidade, repetitividade — fazem bem uma interface com o mundo aeróbico do padre. O conteúdo emerge da mídia e para a mídia de que ele é feito. Essa consubstancialidade entre meio e mensagem é precisamente o que anima o terço bizantino: as palavras são valorizadas como expressões substanciais do ar enquanto mídia (*pneuma*), cuja natureza dinâmica serve para moldar e impulsionar as palavras para que produzam resultados afetivos específicos, criando essa sensação de uma continuidade entre a vida na tela e o que está para além dela.

As técnicas pneumáticas do terço também fazem parte das cerimônias estilizadas à moda bizantina que o Padre Marcelo organiza. Ele celebra a Missa quatro vezes por semana em seu santuário e, em dias religiosos especiais, usa arenas esportivas enormes. Muitas das canções que ele compõe e performa obedecem à mesma estrutura simétrica do terço, apoiando-se nos ritmos da respiração. Seu maior sucesso,

149 Marie-José Mondzain, *Image, icon, economy*, op. cit., p. 107; ed. bras.: *Imagem, ícone, economia*, op. cit., p. 145.

"Erguei as mãos", passou por três remixagens sonoras diferentes. A batida contínua da música techno ajuda a regular os batimentos cardíacos e a respiração. Como no techno, o corpo deve se mover em sincronia com esses batimentos, com essa respiração, como se o corpo inteiro se tornasse uma extensão dos pulmões e do coração.

Normalmente, Padre Marcelo pergunta a seus seguidores coisas como: "Quem veio aqui construir a casa do Senhor?", "Vamos construir o templo de Deus?". O tom metafórico dessas perguntas se transforma gradualmente no sentido material do ganho de massa por meio de exercícios aeróbicos. Ganho, aqui, é verbo e substantivo ao mesmo tempo. De um lado, trata-se de uma edificação do corpo; de outro, é uma condição que se alcança nas trocas e recíprocas que ocorrem durante a respiração — ou seja, o exterior se torna cada vez mais enredado no interior e vice-versa. O importante é que essa concepção de ganho de massa implica uma reformulação considerável das noções modernas do rito como algo que diz respeito a um espaço particular. O espaço ritualístico, na Aeróbica, deixa de ser algo fixo, dimensão preexistente que o corpo apenas vem a ocupar; nesses processos aerados de edificação, o espaço ritualístico se identifica ao corpo de maneira consubstancial. Dito de outra maneira, o corpo é território, territorializar é participar da canção; não se trata apenas de existir no interior de um espaço, de um santuário. Assim concebido, o espaço é ritmo. Espaço é tempo alongado até os seus limites.

Alongando a voz: "Luz divina"

"Luz divina" é um dos hits do álbum *Paz ao Vivo* do Padre Marcelo. Lançado em 2001, ele contém alguns sucessos antigos de Roberto Carlos, conhecido como o rei da música popular brasileira, todos adaptados por Rossi para atender as demandas aeróbicas de suas técnicas de oração e de sua prática religiosa.[150] Como ocorre com muitas das canções por ele arranjadas, "Luz divina" combina com a estrutura simétrica da Oração do Coração, e os versos são usados como exercícios respiratórios.

150 No dia 2 de novembro, Dia de Todos os Santos, Padre Marcelo e Roberto Carlos apresentaram ao vivo algumas canções desse álbum, fazendo com que uma multidão de 2,4 milhões de pessoas cantasse com eles. O sucesso do álbum levou a um Grammy Latino de Melhor Álbum de Música Cristã, mas nenhum dos dois pode receber o prêmio dado que a cerimônia foi cancelada por conta dos ataques ao World Trade Center. Os eventos do 11 de setembro, porém, tornaram o álbum ainda mais poderoso, fazendo com que o título se tornasse estranhamente presciente. O álbum acabou representando uma entrada inédita no âmbito da estética política, unindo a música religiosa de Rossi a uma série de eventos políticos, fazendo com que os arrepios induzidos pela música se tornassem uma espécie de monumento afetivo às vidas perdidas naquela data.

Uma das especificidades dessa faixa é a duração excessiva de cada um dos versos, que determina a quantidade de ar e de alongamento vocal necessários para que seja cantada; ela exige inspiração profunda, uma pressão intensa sobre as cordas vocais. Como Rossi adverte, trata-se de uma "música para os mais experientes". Suas exortações, por isso mesmo, precisam ser das mais fortes. Conforme ele grita "Isso, isso!", "Juntos!", "Que coisa!", "Que lindo!", "Não para não!", "Canta!", vai dirigindo toda a coreografia da respiração.

Dado que os carismáticos caracterizam o Espírito Santo recorrendo à noção de *pneuma* — pulmões, ar, respiração —, Padre Marcelo opera como uma espécie de anjo que corporifica e organiza as expirações cósmicas do Espírito.[151] Ele não canta de fato. Ele lê ou apenas começa as frases para que as pessoas lembrem da letra. Como um técnico de futebol, ele usa com frequência um apito para marcar os ritmos do som e do movimento. Há momentos em que os movimentos suaves da multidão — que balança, acena, sobe e desce e sobe — acompanham as dinâmicas respiratórias de suas vocalizações. Quando isso acontece, o movimento da multidão lembra a folhagem espessa de uma floresta atravessada pelo vento. A Floresta Amazônica, celebrada por Rossi como a maior catedral pneumática da terra, torna-se, desse modo, a expressão maior do *pneuma*: ela tem a função ecológica de produzir oxigênio e a função espiritual de garantir a circulação do ar. Essa semelhança não é acidental. O esforço do Padre Marcelo em alcançar essa comunhão visual, sônica e pneumática é também o esforço em usar a harmonia da voz e do movimento para gerar um acordo parecido no interior do corpo. O objetivo é criar um equilíbrio entre dentro e fora, indivíduo e coletivo, som e imagem, religião e natureza, tecnologia e corpo — equilíbrio que ele pensa explicitamente a partir de temas ambientais.

151 Essa autoimagem angelical se tornou bem explícita em seu primeiro longa-metragem, *Maria, Mãe de Deus* [2004], amplamente disseminado no Brasil. Nele, Rossi faz o papel do Arcanjo Gabriel — que anuncia o Advento à Maria — e o dele mesmo. Essa justaposição, no mesmo espaço diegético do filme, mostra bem as ideias apresentadas no Capítulo 1 sobre o conceito de mediação e a natureza da forma dramática usada no movimento carismático; essa ideia de que, na atuação, não se está no lugar do outro, não se representa o outro — como na estruturação empática do drama. Agir, na teatralidade carismática, é sobretudo entrar em uma relação de ex-citação e reiteração envolvendo o que é anterior e o que é posterior. Ou seja, é trabalhar nas articulações e refletir sobre elas, articulações que permitem que as coisas se tornem citáveis: a citabilidade dos atos. Resumindo: atuar é expressar uma operação recursiva, um processo que, como veremos no Capítulo 5, é ele mesmo "encarnado" no ícone da Theotókos, que o Padre Marcelo usa para estruturar o filme. Para mais sobre essa estrutura do filme de Rossi, ver Maria José de Abreu, "Breathing in the heart of the matter", op. cit.

Nesse aprimoramento da capacidade vocal e do controle da respiração durante a oração, experimentam-se sensações intensas de amor e alegria. Como o último dos quatro estágios da Oração do Coração é praticamente impossível de alcançar, o terceiro — que tem o nome da canção, "luz divina" — acaba se tornando o ápice da oração. Também chamado de *theosis*, o último estágio envolve o reconhecimento do divino como incognoscível e a possibilidade de comunhão nessa incognoscibilidade como uma "nadidade gloriosa", ou uma "escuridão luminosa".[152] Sendo mais questão de grau do que de espécie, essa indefinição permite ao Padre Marcelo integrar a flexibilidade e a indeterminação necessárias para manter a multidão reunida de maneira estável em sua fuga coletiva. A escada que estrutura a canção, não oferecendo uma linearidade e um encaminhamento para o clímax, dobra-se sobre si mesma, recursivamente, em direção ao seu início, tudo isso pela repetição do verso principal. Ou seja, a canção estrutura a respiração e performa o ciclo respiratório em sua própria composição.

Da mesma forma que a respiração desautoriza qualquer distinção possível entre o fora e o dentro, tendo mais a ver com o movimento que se dá entre os dois, ela também acaba com a possibilidade de separar a forma do conteúdo, os começos dos fins. Quando respiramos, estamos inexoravelmente no meio. Mesmo quando uma canção como "Luz divina" exige um grande tensionamento vocal, ainda se está numa relação — a própria condição, aliás, para estar vivo! O papel da canção é precisamente ajudar a focar nessa condição. É nesse momento de atenção focada que os arrepios começam a atravessar o corpo. Trata-se de uma consciência de algo que já estava ali desde sempre, em potencial, e não de algo novo, imprevisto, como nas teorias clássicas do sublime e do inefável. Assim, o que proporciona às multidões devotas de Padre Marcelo a sensação de habitar e ser local de habitação do sagrado não é a experiência de uma novidade ancorada num outro lugar transcendental, pois o que importa é resgatar do esquecimento o ato mais ordinário, mais enfadonho da vida, fazendo com que cada respiração expresse as múltiplas possibilidades que os pulmões humanos carregam aqui e agora. Essa sensação de uma onda que passa pela nossa pele quando nos arrepiamos é a contraparte espacial da temporalidade da respiração. Além disso, trata-se de uma indicação física de quando o corpo autorreferencial que respira está em contato consigo mesmo. A voz de Padre Marcelo evoca tremores quando ele grita, por exemplo, "O Espírito está passando! Você vai tremer!" — e adiciona: "É por isso que é tão importante ser flexível... [para que] você não quebre... [e] mantenha o equilíbrio".

152 Igor Kungurtsev e Olga Louchakova, "The unknown Russian mysticism: pagan sorcery, christian yoga, and other esoteric practices in the former Soviet Union", em *Gnosis*, v. 31, 1997, p. 24.

A estrutura da respiração

Com os arrepios, o corpo parece figurar e desfigurar as coisas, como a linguagem faz no emaranhamento e desemaranhamento do falar em línguas. Padre Marcelo fala com frequência da beleza luminosa da "língua dos anjos", uma espécie de esperanto celestial. A glossolalia, porém, quase nunca ocorre no interior do Santuário do Terço Bizantino. Apesar do estilo carismático evidente de Rossi, tanto ele como o bispo que o acompanhava foram além desse nicho restrito do movimento de renovação, formando um catolicismo urbano, popular e hegemônico. Quando, no ano de 1994, seu poder de atrair as multidões se tornou visível, o bispo de sua paróquia, localizada no sudeste de São Paulo, resolveu deixar claro que tomaria Marcelo como discípulo pessoal. Além de ser formado na antiga teologia patrística, o Bispo Fernando Figueiredo é um adepto confesso da renovação carismática, uma das figuras do clero nacional que mais influenciou a submissão cada vez maior do movimento à Cúria Romana. O bispo e o padre, mesmo tendo cooptado o foco carismático no Espírito Santo, tentam evitar as práticas religiosas mais controversas para a Igreja no Brasil, como a glossolalia e a "morte no espírito".[153] Ainda assim, é nessas circunstâncias que o terço bizantino mostra sua significância constitutiva.

Mesmo que a oração seja feita na língua vernacular, a repetição formulaica e a harmonização com a respiração permitem o engajamento com o mesmo tipo de desconstrução semântica que encontramos na glossolalia. Nesse sentido, não é preciso abandonar a inteligibilidade da linguagem para experimentar o transe extático que normalmente acompanha o falar em línguas. Em um estudo sobre o movimento carismático nos Estados Unidos, Csordas reconhece o fato de que toda linguagem é "ato corpóreo", referindo-se à teoria da linguagem como corporificação, de Merleau-Ponty, em que o discurso nada mais é do que "um gesto verbal dotado de significado imanente, ao contrário do que diz a noção de discurso como representação do pensamento".[154] Csordas, no entanto, parece usar essa noção de Merleau-Ponty sobre a linguagem como ato corpóreo apenas para justificar e reafirmar o lugar especial que a glossolalia ocupa nessa nossa maneira representacional de pensar o discurso. Ele foca na instabilidade da linguagem comum e de suas estruturas fonéticas para falar do enunciado-em-línguas como uma extensão de todo

153 Como fica explícito no polêmico *Orientações Pastorais sobre a Renovação Carismática* da CNBB (São Paulo, Paulinas, 1994), uma série de advertências foi escrita por lideranças importantes da Igreja no Brasil contra os abusos dos dons do Espírito Santo no movimento carismático.

154 Thomas J. Csordas, "Embodiment as a paradigm for Anthropology", *Ethos*, v. 18, n. 1, 1990, p. 25.

e qualquer discurso vernacular que alcança a liberdade — ou seja, que está além de todos os constrangimentos linguísticos. No mesmo parágrafo, Csordas cita Merleau-Ponty dizendo que a linguagem sempre se manifesta como "desejo do corpo humano de cantar as adorações mundanas e, em última instância, de vivê-las".[155]

Por mais que concorde que linguagem é ato corpóreo, distancio-me da análise de Csordas quando se trata de explicar a relação entre a estrutura da linguagem e a erosão da significação, uma vez que se cruzam com o êxtase religioso. De fato, minha experiência com pessoas que rezam o terço bizantino mostra que, nesse caso, a repetição organizada é integral para o terço, ela catalisa a desintegração da significação referencial. O aspecto vivido, corpóreo do som é complexificado porque a linguagem é encarnada e "sobrenaturalizada" quando coincide com a estrutura respiratória que a sustenta, e não por causa de uma suposta liberdade que a linguagem conquista em relação às estruturas. Como disse anteriormente, a dissolução do sentido no terço ocorre por meio das articulações repetitivas do som. As flechas ou frases de oração são extensões auditivas da respiração cuja eficiência vem precisamente do fato de que é da sua natureza fugir da norma. Ou seja, a função que a reprodução desempenha na respiração — como tecnologia — é criar as condições para sua própria recusa na forma de uma espontaneidade. Meu argumento é que a espontaneidade, quando a pensamos dessa forma, ocorre *por meio* da estrutura, não se dá acima ou para além dela.

Padre Marcelo e o Bispo Figueiredo exploram as composições altamente estruturadas do terço bizantino a fim de provocar o mesmo tipo de experiência mística que o falar em línguas. O arrepio é a contraparte epidérmica e silenciosa desse fenômeno. Na verdade, ele é a expressão mais palpável do que Csordas refere como "linguagem... encarnada" ao escrever sobre a glossolalia. Mas, repito, distancio-me de Csordas porque ele sugere que, no falar em línguas, estão ausentes os contornos temporais e a determinação das formas musicais (improvisadas). A canção "Luz divina" mostra como a forma pode levar a um "discurso cantado"; mostra também como esse discurso vem de uma composição altamente estruturada, nada improvisada. Como afirma Michel de Certeau, "glossolalia é um *trompe-l'oirelle* [engana-ouvido], da mesma forma que há coisas que são *trompe-l'oeil* [engana-olho], um simulacro de linguagem que pode ser fabricado quando se conhece suas regras fonéticas".[156]

155 Ibidem, p. 27.

156 Michel de Certeau, "Vocal utopias", op. cit., p. 29.

Assim, ao invés de considerar o arrepio — ou, nesse caso, a glossolalia — "ato puro de expressão que permite à linguagem existir fora do tempo", como afirma Csordas,[157] prefiro pensar no tempo como substância e não dimensão vazia, algo que pode ser dobrado e torcido junto com o movimento humano. Entendo que, quando ele fala que a linguagem passa a "existir fora do tempo", a intenção é se referir a algo para além da temporalidade linear. Estar fora dela, porém, não é estar além do tempo; é apenas habitar uma concepção outra de tempo. Pensar desse jeito se mostra ainda mais pertinente quando estamos no meio carismático brasileiro, onde ativamente se experimenta com a distinção entre o termo "*kairós*" — "tempo-entre", "tempo qualitativo" — e o tempo linear, quantitativo que a palavra "*kronos*" personifica. Nos estudos clássicos, *kairós* é visto, às vezes, como mera interrupção do tempo linear, momento em que algo extraordinário ocorre. Já o movimento carismático privilegia uma intensidade qualitativa que transforma a própria temporalidade, notadamente por meio das figuras de recursão e relação.

O lugar da relação

Quando o empenho da audiência faz subir a temperatura no santuário, Padre Marcelo aciona os borrifadores. À medida que as finas linhas de água caem, surge uma névoa refrescante que imita a ambientação ecológica de uma floresta tropical. Quando a temperatura sobe ainda mais, Rossi pega baldes de água e despeja sobre as pessoas, enquanto elas continuam com os braços erguidos em louvor. Começam, então, os tremores, os abalos. O trabalho avassalador do divino se dispersa pela pele, ao mesmo tempo tela e superfície, rede e ambiente.

O serviço do Padre Marcelo, assim como a canção "Luz divina", é poderoso porque, como muitas pessoas me disseram, "você mergulha fundo!". No movimento carismático, o verbo "mergulhar" é usado para caracterizar a experiência do batismo no Espírito Santo. Esse momento corresponde à chuva de carismas na parábola do Pentecostes. Porém, como proclama Rossi, para que essa chuva ocorra, as pessoas devem fazer seu treino aeróbico. Devem fazer "a lição de casa". "Vocês devem fazer isso", ele afirma, "mesmo que não tenham uma casa", porque "casa é literalmente onde está o nosso coração". Ele está se referindo à respiração como o verdadeiro lar: onde o corpo e o Espírito se encontram e habitam. A respiração, claro, é uma atividade vital. Porém, quando pensada como prática corporificada e disciplinar principal, o rito se torna

157 Thomas J. Csordas, "The somatic modes of attention", em *Cultural Anthropology*, v. 8, n. 2, 1993, p. 78; ver também, do mesmo autor, *Body, meaning, healing* (New York, Palgrave Macmillan, 2002).

ele mesmo a negação de si como momento separado e autônomo, em que uma pessoa se comporta de acordo com uma prescrição, desfazendo qualquer distinção entre vida cotidiana e ritual.

Rossi grava seus álbuns para que passem a sensação de algo feito "ao vivo", apagando a fronteira entre performance e gravação de tal maneira que, quando as pessoas performam em seu santuário, estão na verdade reencenando a experiência "viva" de quando ouviram o CD em casa. Da mesma forma, quando ouvem a versão gravada, relembram a experiência de cantar tudo ao vivo no santuário. A performance e os aparelhos de gravação se misturam; o privado e o público, bem como o interior e o exterior, produzem-se uns aos outros. Portanto, embora os arrepios expressem uma suspensão da rotina diária, a aeróbica de Rossi tem menos a ver com o transporte do corpo para um outro-lugar do que com fazê-lo lidar com a experiência religiosa — e tecnológica — do desconhecido ali mesmo onde ele já se encontra. O ritmo e a circularidade de canções como "Luz Divina" sugerem que há ensaio mesmo na performance; cada palavra, cada verso, cada respiração é melhor que a anterior, e assim é aprimorada a capacidade de surfar o fluxo correto das coisas. Como num bom treino aeróbico, a repetição permite alcançar níveis cada vez mais elevados de resistência e estabilidade. De fato, o poder exercido sobre o arco impulsiona a flecha — "flecha" sendo, como dito anteriormente, uma das designações para cada verso da oração.

Os exercícios da Oração do Coração focam na região peitoral. O músculo peitoral maior — esse músculo grosso, em forma de leque, na parte superior da parede torácica — é responsável pela aparência volumosa tão comumente associada à proeza masculina. Nas mulheres, ele está por trás dos seios. Se a respiração é o "verdadeiro lar" do corpo, o peito é a fonte de sua energia. As lendas sobre o batismo do Rio Amazonas apontam para um povo de mulheres guerreiras que cortavam o seio direito para manusear melhor o arco. Narrativas assim foram integradas à cosmologia mais ampla da respiração no santuário de Rossi: a arte de atirar com arco e flecha, por exemplo, às vezes é identificada à tensão exercida sobre as cordas vocais para expelir as palavras de uma canção através da abertura da garganta.

Para além dessa lenda das amazonas, o foco na região peitoral deve algo à experiência mística da elasticidade eucarística no cristianismo: o corpo de Jesus é menos uma presença e mais um aparato ou rede flexível — um *corpus ecclesia* ginástico — que se estende em direção a todos os tempos e lugares. Essa imagem de um alongamento ilimitado se une à concepção do *kairós* como tempo circular e oportuno. *Kairós*, imaginado na Antiguidade como deus alado, é a abertura — contraparte espacial da oportunidade temporal — no tecido da vida por onde deve passar a flecha do arqueiro ou, para usarmos outra imagem, é o vão momentaneamente aberto na urdidura pelo qual o tecelão deve passar o fio. Assim, o momento em que se expele o verso que antes estava alojado no peito é um momento kairótico em potencial dentro e além do santuário. No santuário, mistério e empreendedorismo caminham juntos em busca de uma comunidade espiritual sob a condução do Paráclito.

Por fim, a relação com a região amazônica se manifesta como uma imersão sensorial completa na atmosfera do santuário. Sendo pessoa — a terceira —, o Espírito tem uma temperatura e um temperamento. Carismáticos dizem que o "vento diz coisas", que seu tom, sua cadência, seu timbre contribuem temperam a mensagem. A voz do Espírito Santo é descrita frequentemente como úmida ou quente. Ambos são atributos universais da voz humana. São também as duas características principais do clima brasileiro, dividido entre a estação chuvosa (verão) e a seca (inverno). Não há lugar melhor para ilustrar essa combinação de calor e umidade que a floresta tropical — ou o interior do santuário de Padre Marcelo Rossi em São Paulo. A voz une cidade e selva, expondo suas semelhanças. Ambos os espaços são úmidos e quentes, a umidade do santuário é criada pelas vozes e pelos movimentos das pessoas ali presentes. Os borrifadores intensificam essas conexões. Por um lado, a atmosfera criada pela água que cai tem um efeito refrescante no corpo; por outro, realça o calor e a umidade associados ao Espírito. O ar enevoado do santuário opera como uma demonstração espectral da respiração do Espírito Santo, e as válvulas presentes em toda a extensão do teto do santuário de 20 mil metros quadrados abrem e fecham para climatizar o espaço. O fato de que, além disso, o Padre Marcelo banha as multidões com baldes de água demonstra seu desejo de criar um ambiente tropical e mostrar, às vezes de maneira gritante, como a técnica está indelevelmente implicada no arrebatamento.

Ementa

Seguido pela mídia — que seguia os *paparazzi* que o seguiam —, Rossi afirmou repetidas vezes ser vítima do "artifício". Perplexo ao ouvir isso, um jornalista perguntou ao padre como ele podia dizer algo assim, dado que usava — e não usava pouco — diversos instrumentos midiáticos para celebrar sua Aeróbica do Senhor. Respondendo ao espanto do entrevistador, Padre Marcelo afirmou que a diferença entre ele e o "mundo da mídia" é que o seu uso do artifício era "natural", querendo dizer que a realidade fisiológica já carrega em si a marca da realidade espiritual. O que diabos seria mais natural do que o ar — ele parecia sugerir, sem notar o oxímoro —, se a ideia é pensar que a espiritualidade é parte essencial das mais básicas funções vitais? Ser espiritual é uma coisa natural. "Nada mais natural", essas são as palavras dele. Dada a ênfase que o movimento carismático dá aos poderes preternaturais do Espírito Santo, a expressão "nada mais natural" foi logo parafraseada pelas pessoas que o seguiam como "sobrenatural". Assim, o círculo que liga o milagre à natureza foi formado. O milagroso passa a ser, nesse sentido, um superlativo do natural — não haveria nada de mais natural: um supernatural. Se a tecnologia é mesmo um artifício usado para produzir essa articulação entre o milagre e o (super-) natural, isso se deve ao fato de que essas noções por si mesmas jamais poderiam ter sido concebidas sem um enquadramento artificial bem específico, bem conhecido no campo da patrística em que Rossi foi formado: *opus* (obra, operação). Natural e milagroso não são referentes transcendentais separados dos quais nos aproximamos por conta de alguma tendência, e nem a tecnologia é apenas mais um meio de fazer com que isso aconteça. A capacidade de nomear e reconhecer o milagre como algo natural deve muito ao domínio da arte e da técnica.

O interesse do Padre Marcelo na técnica e na tecnologia midiática — como modalidade específica da técnica — diz respeito exclusivamente ao que essas coisas podem revelar acerca da presença divina no corpo, dos movimentos desse corpo, a conexão dos membros, a dor que será sentida se você deixar os braços levantados ou ficar sentado por tempo demais... A sujeição do artifício às funções e capacidades do corpo está longe de ser uma obstrução, pois expõe a dimensão administrativa da naturalidade. Dado o modo como a presença divina se desdobra pelo corpo — corpo que revela o princípio de suas operações e exibe as fórmulas de seu funcionamento —, nada é mais natural que o uso do artifício para fazer com que tudo isso aconteça; que a transformação desse artifício no objeto privilegiado da atenção religiosa. Já que, no universo aeróbico do Padre Marcelo, a relação entre natureza e artifício é governada por verbos e não substantivos, a distinção entre ambas as coisas acaba sendo desfeita.

A relação entre essas duas noções aparentemente incomensuráveis — natureza e artifício — é regida por uma concepção peculiar de ação, algo que diz respeito ao que Jason Throop chama de ser "no meio da ação".[158] É por isso que, como indicado anteriormente, o termo "mediação", muito associado à vinda de Cristo — Cristo como mediação de Deus —, é inadequado ao contexto no qual encontramos o Padre Marcelo e a Renovação Carismática. Rossi, em suas ações, tenta consistentemente repensar o sentido da passagem de Cristo pelo mundo, pensando

158 Jason C. Throop. "In the midst of action", em Keith M. Murphy e C. Jason Throop (ed.), *Toward an Anthropology of the will* (Stanford, CA, Stanford University Press, 2001), p. 28-49.

Nele como um grande articulador e não em termos de presença ou mediação — um atleta exemplar cuja imagem dinâmica de si como messias só pode fazer sentido como uma espécie de ser-em-ação. Ou seja, como o que já é espírito, *pneuma*, terceira pessoa em circulação.

A expressão-chave, neste capítulo, foi "ganhar massa", no seu sentido mais aeróbico. Pela oração ou pela canção, o objetivo de Padre Marcelo é incutir e suscitar fisicamente em quem o segue o sentimento de que cada respiração é uma flecha que bifurca na direção de dois extremos, natureza e artifício. Ao longo do capítulo, mostrei que, para ele, construir massa é entrar no reino de um meio alongado que é a relação, de acordo com a referência material da respiração como movimento que ocorre vitalmente nas e através das reciprocidades, circulações e trocas de "informação" entre o interior e o exterior. Dado que a respiração depende da repetição, treinar a si nessa arte da edificação é principalmente uma questão de afinar e modular o corpo — os ouvidos, o coração, os pulmões, toda a rede de receptores cutâneos — para que ele se torne autorreferencial. O objetivo primeiro do terço bizantino e das composições musicais por ele estruturadas — e das tecnologias midiáticas usadas para gravá-las, como CDs e fitas — é catalisar os ciclos respiratórios do corpo. Produção e reprodução, dentro e fora, meios e fins, forma e conteúdo — tudo colapsa nessa lógica de edificação corporal que é a experiência do sagrado na repetição. Os sentimentos religiosos, entretanto, não sobem como uma flecha em uma trajetória linear, formando um arco que vai de uma origem fixa até um ponto específico no espaço. A experiência assume a forma de uma flecha ou um ponteiro que voa de maneira espiralar ao longo das rotas cotidianas.

No Capítulo 5, examino como um santuário se torna uma construção. Se este capítulo foi sobre a edificação do corpo — como se fosse templo —, o próximo é sobre uma construção que segue fórmula de um corpo em formação, mais um outro espaço onde os princípios que organizam a vida, a reprodutibilidade, a recursividade, o corpo e a imagem se encontram todos numa intimidade rítmica. Esse encontro diz respeito — na verdade, é construído sobre — àquilo que, na iconografia da patrística bizantina, recebe o nome de Theotókos, Mãe de Deus.

Construção do Santuário Mãe de Deus, São Paulo (Brasil).
Foto: Maria José de Abreu.

5 O Santuário Theotókos

Você é uma pessoa extraordinária dentro de seus limites, mas seus limites são extraordinários.

— Gertrude Stein, *Autobiografia de todo mundo*

Em maio de 2013, viajei para São Paulo com o propósito de visitar o recém-inaugurado, embora inacabado, Santuário Católico Theótokos — Mãe de Deus. Localizado na parte sudeste da cidade, num bairro ocupado principalmente por prédios industriais, esse santuário é uma estrutura massiva de concreto cujo inacabamento, na época, fazia com que as várias camadas de operação material ficassem expostas: os andaimes metálicos, os tijolos, o cimento. Apesar da chuva que caía fininha, os pedreiros se moviam de um lado para o outro, fazendo surgir com seus gestos mais materiais para o ganho lento — bem lento — de massa daquele espaço. Um grupo de três homens soldava um domo geodésico sobre o altar. Do lado de fora, algumas betoneiras engoliam areia e cascalho para fabricar o material a ser usado nos escritórios. Um longo guindaste carregava e transportava recursos de uma parte para outra. Era uma manhã de sábado, e às três da tarde uma Missa televisionada seria realizada nesse espaço em grande parte inacabado, que havia recebido o nome do ícone bizantino Theótokos, Mãe de Deus.

Quatro vezes por semana, fiéis vinham de todos os cantos do país para participar das missas realizadas pelo Padre Marcelo Rossi no Santuário Mãe de Deus.[159] O Santuário é capaz de abrigar 100 mil pessoas em uma área total de 30 mil metros quadrados, sendo o segundo maior espaço católico do Brasil, perdendo apenas para a Catedral Basílica de Nossa Senhora Aparecida. Nas noites de quinta,

159 A partir daqui, assim chamarei o santuário. Algumas pessoas usam o nome Santuário Theótokos, outras falam apenas em Santuário do Padre Marcelo.

aos sábados e domingos, as avenidas que levam ao Santuário ficam abarrotadas de carros e multidões de fiéis, vendedores ambulantes, pedintes e agentes de segurança pública.

O objetivo de minha viagem era realizar uma pesquisa etnográfica mais profunda sobre a tensão em um espaço que não está terminado e que, ainda assim, é imensamente popular entre pessoas católicas. Essa tensão gira em torno da questão acerca de quando um espaço se torna utilizável, permitindo-me investigar um problema espacial em sua dimensão temporal. Esse problema não é exclusivo do santuário, tendo a ver, na verdade, com a expressão da própria cidade: a sensação abrangente de espaços em construção, reconhecida na regularidade dos roncos maquínicos, nas redes de andaimes e guindastes, na corrente de sons que surgem abruptamente, interrompendo ou surpreendendo pedestres, expondo a cidade às beiradas e às extensões de onde futuros logo mais se desdobrarão.

O trajeto do aeroporto internacional ao centro da cidade de São Paulo oferece um exemplo nítido do ritmo incansável de seu corpo. Adentrando cada vez mais a paisagem local, surgem incontáveis casas com o exterior todo incompleto. Através das janelas do ônibus, via tijolos avermelhados, justapostos de forma um tanto incongruente, que passavam a impressão de organismos sem pele. Essa aglomeração exibia os materiais usados no processo de construção: tubos, blocos de cerâmica, a argamassa entre os tijolos. Muitas dessas casas não são levantadas para abrigar uma vida; elas acolhem uma espécie de vida da própria realidade econômica, de uma *oikonomia* em que viver e administrar a vida são a mesma coisa. "O negócio é mais ou menos assim", havia me dito, um ano atrás, um estudante de pós da Escola da Cidade, uma faculdade de arquitetura paulista: "um rapaz jovem, um imigrante que vem do Norte, por exemplo, compra um pedaço de terra, um tanto de tijolos, cimento, cascalho, o suficiente para erguer umas quatro paredes e talvez um telhado. Ele vai costurando uns trabalhos que pagam bem pouco, vende água de coco, [vira um] mecânico, motorista, usa parte dessa terra para plantar umas verduras. Com o tempo, se a poupança permite, ele compra mais tijolos, mais cimento, mais cascalho, mais areia. Arruma uma esposa, faz obra no teto, tem filho, trabalha na segurança da família, e por aí vai. A casa é feita junto com a administração da casa".[160]

Não há como pensar a cidade de São Paulo como tendo qualquer outro nome. A metrópole é uma *opus Dei* paulina, tecnocrática, uma obra de alvenaria litúrgica em que as estruturas ascendem e caem de maneira ritmada, sendo mais caracterizáveis pelas operações que lhe injetam vida do que por sua herança monumental. Nessa exposição afirmativa dos

160 Entrevista com Gerônimo Silva na Escola da Cidade, São Paulo, 12 de agosto de 2012.

canais infraestruturais que costuram o seu espaço, a cidade lembra a realidade informacional dos bancos de dados pensados pela teoria da computação, uma paisagem anicônica presa na dobra do gerúndio, num *sendo* indeterminado. Essa qualidade gerúndica, enquanto marcador temporal da cidade, faz dela um espaço situado sempre na borda do tempo.

Essa borda, muitas vezes, diz mais de impasse crônico que de qualquer forma de progresso. Isso, porém, é outra história, paralela à do imigrante que ergue sua casa de acordo com a disponibilidade de tijolos, todo um outro jogo. Penso nas estruturas fantasmais, nas cascas vazias, monumentos públicos à corrupção que encontramos no meio urbano. Esses espaços, nunca finalizados ou já deteriorados, liberam uma espécie de pátina temporal. São o patrimônio negativo da cidade — estruturas colossais marcadas pela insígnia do escândalo, cheias de pixo e grafitti produzidos no anonimato, feitas de concreto armado, bruto, cru, suspensas diante do futuro, como se suspensas pelos mesmos guindastes que correm em seu auxílio. Algumas também oferecem uma pendência afirmativa, um ser reapropriado na abertura a futuros possíveis, transformando limitações em novas capacidades. A gramática da arquitetura paulista é a da incerteza, algo que talvez se explique pela maleabilidade dos materiais — até mesmo das ideias — que tornam as edificações possíveis.

O Santuário Mãe de Deus, localizado em Santo Amaro, é um exemplo disso. Ele abraça a incompletude de maneira desavergonhada.[161] Padre Marcelo e seus seguidores fizeram dessa circunstância um procedimento teológico. Apesar de o local ser dedicado ao ícone bizantino de Theotókos, os visitantes não veem ícone, apenas um enorme espaço vazio, feito de cimento. Veem azulejos num canto, vergalhões saindo das paredes, cimento, cabos elétricos, tomadas, canos de água — nenhum ícone, porém. Há uma torre no meio do santuário onde fica o operador de câmera da TV, mas ele próprio é um produtor de imagens cercado por milhares de pessoas, a multidão abaixo parecendo um amontoado de pixels numa tela. Ao falar com trabalhadores, fiéis e diáconos nas muitas visitas que fiz ao lugar, percebi que o desvelamento dos componentes industriais do espaço não era um defeito, uma falha, era a própria teologia articulada por meio da massa, do aço, dos tijolos, suas ferramentas, técnica e administração. A nudez dos elementos, com todas as bordas cimentadas à maneira brutalista, as pontas, as dobras, os blocos, pareciam ser parte da dramaturgia da celebração.

A multidão de fiéis, por sua vez, agia como se a exposição dos meios de construção — toda a infraestrutura física — fosse dotada de uma força metafísica. Como fui percebendo aos poucos, isso significava o

161 Dado que a construção do santuário está ainda *sendo*, decidi usar o gerúndio para dar ênfase à impossibilidade de reduzir esse prédio ao indicativo, a um "é".

seguinte: *se o ícone não está no prédio, o prédio — ou melhor: o* edificando *do prédio* — é o ícone. Mas como pode um ícone ter sido assimilado ao espaço sem ser por ele contido, contrariando a convenção dos ambientes católicos? Por ser interno ao santuário — talvez se possa dizer consubstancial a ele —, o ícone parece desafiar toda circunscrição possível: as bordas do espaço devem necessariamente coincidir com as do ícone. O que está em jogo com essa territorialização do ícone? Nessa territorialização que ativa e visibiliza um modelo econômico específico por meio de suas operações plásticas? Esse é o enigma da Theotókos, Nossa Senhora do Oxímoro, com sua capacidade de reivindicar todo espaço possível ao ocupar lugar-nenhum.[162]

Neste capítulo, descrevo e analiso a maneira como a Theotókos bizantina passou a servir como modelo administrativo para um projeto arquitetônico — um santuário católico — em plena cidade de São Paulo. Se o santuário fosse somente um espaço dedicado à santa, como se queria inicialmente, o prédio serviria apenas de recipiente para o ícone, sem participar de seu conteúdo. Há algum tempo que santuário e ícone não têm tido a mesma relação que uma parede tem com sua decoração, ou que um recipiente tem com o que recebe. O ícone, em vez disso, estendia-se a tudo que circulava no espaço; a própria circulação dava a sua existência. Meu objetivo, com este capítulo, é mostrar como essa territorialização do ícone-com-espaço ocorreu — e, até certo ponto, continua ocorrendo — na interseção entre a crítica da circunscrição e uma revalorização da transparência.

Mostro também que ambas as coisas se relacionam de maneira peculiar com o tema da circulação como estrutura formal de uma narrativa econômica. O que é singular nessa narrativa é a configuração semiótica do santuário fundada na rejeição — como na iconologia bizantina — de um significante mestre. Essa configuração, por envolver a encarnação do referente na matéria, interdita a possibilidade de circunscrição. Em seu lugar, temos uma indexicalidade autorreferencial que emerge entre significante e significado, o santuário se relacionando com o mundo que habita como se fosse uma criança no útero materno. Ainda que esteja localizado no espaço, ele é mais do que veículo ou canal — de acordo com o enigma da encarnação, o que *ele* contém é impossível de ser contido; ele é um meio ilimitado.

Críticas depreciativas ao santuário, feitas por arquitetos e historiadores da arte locais, que comparam essa "meiosidade" à gasolina misturada vendida nos postos — como muitas vezes ouvi —, ignoram o quanto essa

162 Mondzain também se refere a esse ícone em *Imagem, ícone, economia*, op. cit., p. 209. Sobre o importante papel dos oxímoros e curtocircuitos no pensamento carismático, ver também Thomas Csordas, "Oxymorons and short-circuits in the re-enchantment of the world", op. cit.

caracterização, na verdade, é bem coerente com a forma da Theotókos.[163] Esta é a própria manifestação da renovação que encontramos no centro do movimento carismático. Que forma é essa? A forma de uma operação recursiva, de um movimento circular, uma volta, uma readaptação. Tecnicamente falando, o ciclo da Theotókos desfaz suas próprias limitações físicas — implosão das próprias realidades que ele cerca. Teologicamente falando, isso ocorre porque, no cristianismo ortodoxo, Maria deve ser contígua em relação à infinitude do Filho, não podendo ser mero veículo finito. Geometricamente falando, o círculo é usado como figura da universalidade, só que também serve para o oposto: ele cerca uma realidade, ou então acaba por implodir a realidade que ele cerca.

Como veremos, o espaço celestial da Theotókos, no Santuário Mãe de Deus, é um ótimo exemplo desse encontro entre teologia e geometria. Aqui, a transparência material — transparência econômica — serve apenas para desviar a atenção das pessoas que frequentam o ambiente da totalidade ali presente, das totalizações imaginárias produzidas pelo olhar, de modo que eles passam a focar nas partes constitutivas do santuário, nas operações especiais que ampliam, de maneira gradual, o *construindo* do edifício. O teste de elasticidade, de resistência pelo qual a Theotókos deve passar tem a ver com essa atenção dada às extremidades e às bordas do prédio. É nessa interseção entre parte e todo que será explorado o entrelaçamento no qual encontramos, de uma só vez, o problema da transparência, o da representação e o da circulação. A questão, novamente, diz respeito tanto ao espaço como ao tempo. No texto adiante, investigo as circunstâncias dessa apropriação que Padre Marcelo Rossi fez, no presente, da noção greco-antiga de *oikonomia*, a administração do *oikos*, do lar. Para isso, primeiro apresento a economia não perspectivista que sustenta o ícone da Theotókos e a forma como ele pode se tornar matriz ou esquema para a manufatura do espaço: um santuário colossal.

Theotókos, Mãe de Deus

Entrar na cidade de São Paulo é um pouco como entrar no antigo ginásio em Corinto, onde, com frequência, o apóstolo homônimo ia para exercitar sua própria teologia do Espírito. O ginásio oferecia regras

163 O Santuário Mãe de Deus lembra, em termos de estilo e conceito, as igrejas "drive-in" descritas por Erica Robles-Anderson em seu estudo sobre a Garden Grove Community Church nos Estados Unidos, uma estética que combina automobilidade e cinema. Diferentemente da Garden Grove e da Igreja Universal, porém, o projeto de Rossi está bem longe de receber o tipo de apoio empresarial, institucional e financeiro que sustenta essas megaigrejas. Ver Erica Robles-Anderson, "The crystal cathedral: Architecture for mediated congregation", em *Public Culture*, v. 24, n. 3, 2012, p. 577-599.

pragmáticas com as quais era possível apreender uma espécie de engenharia espiritual, um atletismo da forma e do estilo que chamava atenção para os limites periféricos das coisas. Era na borda, onde meios e fins coincidem tornando-se *um*, que o espaço-tempo do sagrado deveria ser encontrado. A afirmação feita por São Paulo, muito citada pelos carismáticos, de que "o corpo é um templo para o Espírito Santo" condensa a sua visão do receptáculo do Espírito como essencialmente atlético, um modelo arquitetônico que expõe o conjunto de práticas e artifícios usados em sua montagem. A abordagem paulina envolvia a apreensão das configurações e das combinações possíveis da linguagem, seus elementos básicos, seus fundamentos, tudo aquilo por meio do qual "a prosa do mundo opera", para citar Michel de Certeau.[164]

Essa dedicação às operações faz de São Paulo uma cidade bem adequada para Paulo. Não há lugar onde o princípio paulino de edificação espiritual se mostre de maneira mais intensa do que na figura icônica da Theotókos; pelo menos é isso que pensam o Padre Marcelo Rossi e o Bispo Fernando Figueiredo, dois grandes representantes do movimento carismático no Brasil. A paixão que Marcelo um dia nutriu e cultivou pelo fisiculturismo ressurge agora em traduções surpreendentes, como o ícone bizantino da Theotókos e o prédio que o corporifica. Talvez pareça um exagero, mas exagero é exatamente o que é. Essa é a história de como o corpo celestial da Virgem se tornou uma matriz hagiográfica para a construção de um santuário católico, espaço onde a aeróbica moderna e a metafísica bizantina ganham massa uma por meio da outra — também uma resposta redentora aos escândalos de corrupção que estouraram na segunda metade da década de 2000 e que parecem ter criado uma ruptura no país, testando a sua capacidade de resistência.

Marie-José Mondzain, em seu estudo sobre iconografia, sugere que há um regime particular da visão que é essencial para a tradição artística bizantina.[165] Seguindo a doutrina do próprio ícone, ela argumenta que devemos encontrar a relação entre imagem e poder nas propriedades gráficas e formais das próprias imagens, e não no sistema de signos. Para dar um exemplo, devemos examinar de um ponto de vista técnico o modo como as linhas, na pintura bizantina, ligam o corpo da criança ao da mãe, assim como as trajetórias e as intensidades das pinceladas. São linhas estriadas? Foram amassadas? São musculares? Foram feitas

164 Michel de Certeau, *The practice of everyday life* (Berkeley, University of California Press, 1984), p. 12; ed. bras.: *A invenção do cotidiano – a arte de fazer*, trad. Ephraim Ferreira Alves, 3. ed. (Petrópolis: Vozes, 1998), p. 71.

165 As descrições analíticas brilhantes de Mondzain em *Imagem, ícone, economia* informaram o que penso e moldaram a estrutura deste capítulo, talvez até mesmo a do livro.

com pressa? Além disso, é preciso checar a cor, a luz, o ritmo e assim por diante. Da mesma forma, o ícone existe no espaço e tem uma série de atributos territoriais. Mondzain argumenta que ele é, acima de tudo, um ser físico que ocupa espaço. Essa intimidade com a "carne do ícone" — ou seja, com o traço material e técnico de seu *ser* — conecta-se com o núcleo teológico da *schesis* [relação], o ícone como entidade relacional que existe de acordo com uma semiose particular.

O ícone da Theotókos, onde o Padre Marcelo visualizou seu futuro santuário, é um exemplo de como a *schesis* desempenha a função de matriz. O epíteto Theotókos, que significa "a que carrega Deus no ventre", é o termo geral usado para se referir ao ícone da Virgem no cristianismo ortodoxo. Ele só foi reconhecido oficialmente durante o Primeiro Concílio de Éfeso em 431 d.C., e foi adquirindo nuances locais conforme foi se espalhando por diferentes partes da Europa Oriental, de Constantinopla e do Império Romano. Usando elementos da metafísica platônica — em razão da preocupação desta com a relação entre formas ideais e formas terrenas —, a proposta por trás do ícone é a apreensão do enigma relacional que sintetiza três entidades diferentes (Pai, Filho, Espírito Santo) como uma só. Essa síntese era extremamente pragmática. A ideia de ter três divindades, como postulada pela Trindade, corria o risco de ser associada ao politeísmo, problematizando o caráter monoteísta do cristianismo. Para evitar esse tipo de coisa, os Pais da Igreja tiveram de encontrar um termo operacional, uma rede de *personas* — aparato ou *dispositivo* — capaz de organizar a natureza relacional da Trindade em torno de um princípio divino único.[166] Esse termo — de onde vem inclusive o próprio termo "aparato" — foi o grego *oikonomia*, que significa arte da gestão doméstica (*techne oikonomike*), a norma (*nómos*) que a Igreja passaria a empregar na gestão da plasticidade do ícone. A Theotókos, porém, também envolve uma teoria do tempo, e não apenas uma teoria do espaço. Ela é a mãe de Deus, e isso significa que é mãe de quem lhe fez existir; ela é a criadora do Criador. Por meio desse parentesco, o ícone é feito de uma recursividade tautológica; não é muito diferente de um sistema autoadaptativo, pois direciona nossa atenção para a realidade por trás de sua própria emergência. Temporalmente, a Theotókos tem uma relação com o gerúndio; espacialmente, tem relação com "*gesto*", verbo latino que significa carregar, levar adiante; também construir ou sintetizar. Essa interseção complexa de diferentes possibilidades semânticas, por meio da qual o tempo é materializado no espaço, é o assunto que me ocupa neste capítulo.

166 Giorgio Agamben, *"What is an apparatus?" and other essays*, trad. David Kishik & Stefan Pedatella (Stanford, CA, Stanford University Press 2009); ed. bras.: "O que é um dispositivo?", em *O que é o contemporâneo? e outros ensaios*, trad. Vinícius Nicastro Honesko (Chapecó, SC, Argos, 2009).

Tão concreto quanto celestial

Quando, em 2005, Padre Marcelo anunciou a construção de um novo santuário em São Paulo, ele mencionou uma estrutura que seria "celestial como os céus". Em 2008, enquanto ainda celebrava a Santa Missa em uma velha fábrica de roupas, ele exibiu uma maquete feita pelo arquiteto e planejador urbano nipo-brasileiro Ruy Ohtake, permitindo aos fiéis observar as minúcias das características espaciais do santuário. O projeto incorporava as tendências da arquitetura religiosa contemporânea, caracterizada pela simplicidade contemplativa, pelas formas orgânicas produzidas com linhas curvas e pela justaposição. Ohtake, já conhecido por trabalhos como os hotéis Unique e Renaissance e pelo Instituto Tomie Ohtake, este dedicado à obra de sua mãe, ficou responsável por projetar o templo encomendado por Rossi em conjunto com a Diocese de Santo Amaro e a Associação Terço Bizantino, organização sem fins lucrativos que o padre administra com sua mãe. De acordo com Ohtake, o Santuário Mãe de Deus teria de ressaltar três coisas: circulação, ventilação e serenidade.

O novo prédio seria construído na região sudeste de São Paulo, onde ficava uma fábrica de cerveja, de frente para um enorme posto de gasolina. Essa área da cidade, chamada de Interlagos, por muito tempo foi dominada por prédios industriais. Desde 2001, porém, tornou-se uma área residencial bastante procurada pela classe média. O novo santuário, localizado numa das principais artérias de Interlagos, teria capacidade para 100 mil pessoas: 25 mil do lado de dentro (10 mil sentadas e 15 mil de pé) e 75 mil de pé do lado de fora. O telhado curvo faria com que a altura do teto variasse entre 6 e 25 metros. No ponto mais alto, haveria um domo de vitral em tons de azul, roxo e laranja. Com uma área total de 430 metros quadrados, o altar seria feito de concreto reforçado, com 5 metros de altura e 20 de comprimento, e o teto acima dele teria 10 metros de altura. A área do altar incluiria um espaço para convidados especiais (100 assentos). Abaixo dele, uma cripta que abrigaria eventualmente os restos mortais do Padre Marcelo e de outros padres e bispos de sua diocese. De acordo com o projeto, o complexo do santuário contaria ainda com um prédio administrativo, um salão de eventos, salas de aula para catequese, um salão de ensaio para músicos, 500 banheiros, 2 mil vagas de estacionamento, uma capela para 25 mil peregrinos, uma área comercial, uma livraria, uma loja de presentes e uma cafeteria. O telhado do edifício seria sustentado por 14 pilares. Ao redor do santuário, em formato curvo, um painel publicitário. Em cima, uma cruz metálica de 42 metros de altura, iluminada durante a noite para que pudesse ser vista de longe.

A altura da estrutura toda variaria de parede a parede. A primeira teria entre 7 e 13 metros, a segunda entre 13 e 17, a terceira de 17 a 24. As três seriam curvas, e a quarta, inexistente, seria uma fileira de pilares de concreto. Na parte de trás, 7 enormes telas de TV nas quais as pessoas poderiam ver imagens digitais do que ocorre no altar e também de si mesmas, todas produzidas e transmitidas no local, em tempo real. A equipe de transmissão ficaria no topo de uma torre de 3 metros de altura, no centro do santuário.

No entanto, não há quase nenhuma correspondência entre o projeto e a realidade. Quando encontrei com Ruy Ohtake em 2013, em seu estúdio, ele me disse com profunda melancolia que apenas 35% — "e olhe lá" — do projeto havia sido realizado. Basicamente foi construído o revestimento principal do santuário: telhado, paredes e altar. O Bispo Figueiredo a descreveu para mim como "a obra em andamento", e era assim que trabalhadores da construção e os doadores (de tempo e dinheiro) se referiam ao santuário. Visitantes falavam dele como um lugar cuja evolução foi testemunhada desde o começo: as pessoas tinham ciência da forma do prédio, da altura dos pilares, da relação entre o domo e o altar, do que ainda faltava, do que havia mudado, do que deu errado. Elas sabiam quantos meses o telhado tinha levado para ser instalado, sabiam da largura do altar e do palco, do tamanho da cruz e do material de que era feita, o que aconteceria a seguir, quantas pessoas estavam atualmente trabalhando no projeto etc. Boa parte das informações sobre a construção vinha do site do Padre Marcelo, onde ele atualizava e arquivava fotos e vídeos que exibiam a biografia do prédio. Outra fonte era o seu programa de rádio de extraordinária popularidade, o *Momento de fé*, transmitido pela Globo. Mas era no próprio santuário, durante as celebrações, que as pessoas experimentavam a maior parte do que diziam essas informações, só que da perspectiva privilegiada do olhar participante.

Padre Marcelo seguia exibindo a maquete feita por Ohtake, como fazia quando ainda estava no Santuário do Terço Bizantino, porém no santuário em construção. Quem visitava o novo e inacabado Santuário Mãe de Deus podia experimentar o *para onde* as coisas estavam indo (ou não), assim como o *de onde* vinham. Tendo deixado o velho galpão para trás, ele podia finalmente dizer que estava cumprindo a promessa de levar seus seguidores para um lugar melhor: maior, mais aberto, um templo de fato e não uma fábrica reformada. O fato de terem se transferido para essa nova instalação conferiu ao presente a sensação distinta de que as coisas estavam se movimentando, e se movimentando como deveriam.

Assim, as testemunhas podiam relembrar os futuros modelados e iniciados no santuário anterior, assim como podiam imaginar o futuro a partir do qual o passado se tornaria uma localidade inteiramente outra.

Elas poderiam dizer, como de fato diziam, "era para ter sido como A, mas o Espírito seguiu em frente com B". De maneira gradual, o futuro era transformado, não mais sendo aquilo que costumava ser no projeto. Este se tornou futuro do pretérito conforme o espaço foi se desenvolvendo em uma proximidade contratual com o que o presente oferece indeterminadamente. Assim era a estrutura flexível do ginásio. Quanto mais o Santuário Mãe de Deus se distanciava do projeto original, mais realizado espiritualmente ele se tornava como narrativa material de uma adaptabilidade ungida. Fazer do presente um *sendo* e não algo que simplesmente é, no indicativo, está de acordo com a interioridade de um ícone que se esforça para não ter interioridade alguma, para que possa brilhar por todos os lados.

A práxis icônica

O ano de 2010 foi excepcional para a economia brasileira, com a inflação caindo para 4,5% (em agosto), um ano bastante vigoroso e sem igual considerando o consumo doméstico e o rejuvenescimento urbano. Enquanto o resto do mundo passava por uma recessão econômica grave, o Brasil seguia com recordes e mais recordes positivos nas taxas de investimento e consumo. As eleições presidenciais estavam se aproximando, o país embriagado de otimismo e promessas ousadas. O presidente em exercício, Luiz Inácio Lula da Silva, fazia comunicados frequentes ao público. Ele tranquilizava o povo quanto ao sucesso voluptuoso do país, assegurando-o inclusive de que Dilma Rousseff — que se tornaria a primeira presidenta do Brasil — protegeria a casa-nação cuja construção ainda estava em andamento. Para Lula, isso envolvia dois passos bem equilibrados: investimento e consumo, tanto público como privado, por meio de uma participação ativa na economia. Dilma, eventualmente, assumiria a presidência, mas assim como Theotókos, ela estava gestando aquele que havia lhe dado a existência: Luiz Inácio Lula da Silva.

No Santuário Mãe de Deus, supostamente, as coisas estavam indo muito bem, dado o otimismo econômico ao redor; no entanto a segunda metade de 2010 fez com que, para o Padre Marcelo, aquele fosse um ano de crise. A receita das vendas de suas produções midiáticas sofreu um drástico nos dois anos anteriores. O telhado principal do santuário estava quase pronto, e a empreiteira responsável, Andrade Gutierrez S.A. — especializada em infraestruturas relacionadas à produção energética, como usinas hidrelétricas e plataformas de petróleo —, queria seu dinheiro e garantias de pagamentos futuros. A paciência havia se esgotado em razão das interrupções cada vez mais frequentes e dos pagamentos não recebidos da Associação Terço Bizantino. Para o Santuário Mãe de Deus — para o qual a empreiteira havia fornecido as fundações básicas e o esqueleto do prédio —, no entanto, essa situação logo mais passaria por uma grande reviravolta. Alguns meses após comunicar à Associação Terço Bizantino o desejo de suspender o contrato, o nome Andrade Gutierrez S.A. apareceu em uma lista enorme de operadoras cujas cabeças começariam a rolar na guilhotinagem rítmica da Operação Lava-Jato a partir do verão de 2014, o maior escândalo de corrupção que o Brasil já teve — e ainda em *andamento*.[167]

O ano de 2010, sendo um ponto significativo de virada para a economia e a política brasileira, também foi o ano em que a estatal Petrobras atingiu o ápice da expansão desde a sua fundação em 1953, o que resultou na maior oferta de ações de sua história, com parte do dinheiro arrecadado sendo usado no desenvolvimento do campo de petróleo recém-descoberto — que recebeu o nome de Lula — na Bacia de Campos, no estado do Rio de Janeiro. Ali, foi construída a plataforma P-51, uma estrutura semissubmersível feita de prodigiosas grades metálicas, fonte extrativista de energia e riqueza. A nova plataforma da Petrobras, em sua relação com empreiteiras e obras de engenharia, foi importante para a imagem do Brasil como parte-em-construção do BRIC. Também ofereceu um vocabulário expressivo para a estética bem lubrificada da

167 A Andrade Gutierrez S.A. é a segunda maior empresa de construção civil no Brasil, uma das mais de trinta empresas do mesmo ramo a ser investigada nesse processo que capturou executivos seniores e políticos do alto escalão no país de maior economia da América Latina. A franquia opera em muitas partes do mundo lusófono, incluindo Moçambique e Angola, e também em outras partes do continente africano onde há bastante extração de petróleo e gás, como Nigéria, Gana e Guiné Equatorial. As operações na América Latina têm como base a Colômbia, o Peru e a Venezuela. Seus projetos incluem usinas hidrelétricas e termelétricas, complexos petroquímicos, usinas nucleares, mineradoras, fábricas de aço, refinarias, portos, redes de metrô, empreendimentos sanitários e urbanísticos, aeroportos, ferrovias e outras obras de engenharia civil. No âmbito global, a empresa foca na mineração, na construção de zonas portuárias, terminais logísticos, estradas e complexos industriais (petroquímicos ou metalúrgicos, por exemplo). Considerando essas linhas de atuação e esses projetos, é um tanto surpreendente, inclusive de um ponto de vista conceitual, que a Andrade Gutierrez tenha sido contratada para construir um santuário dedicado a um ícone bizantino. A ênfase no óleo e na unção que inspira toda a teologia do catolicismo carismático — incluindo a versão do Padre Marcelo Rossi —, assim como o interesse seletivo da empresa na extração de energia, incluindo os contratos com a Petrobras, é de uma ironia digna de um roteiro cinematográfico. Em 2018, a Andrade Gutierrez S.A. assinou um acordo de 1,49 bilhões de reais para se livrar das acusações de corrupção que surgiram com a Lava-Jato, considerada uma investigação de caráter político. A empresa, na verdade, é um conglomerado que possui ações de uma série de outras empresas, incluindo uma operadora de pedágios, CCR03. A CCR aceitou pagar uma multa de 81,5 milhões de reais em novembro de 2018 por ter financiado campanhas eleitorais de maneira irregular. Ver Lisandra Paraguassu, "Brazil's Andrade Gutierrez to pay $381 million fine to settle graft charges", em *Reuters*, 18 de dezembro de 2018.

corrupção submersa e da opacidade imoral que resultaria em uma série de demandas por transparência na indústria do petróleo — demandas orientadas, aliás, por fins não menos obscuros. O caminho trilhado até as eleições passava por três elementos centrais: os imaginários petrolíferos, a expansão da construção civil e a liderança feminina — todos abordados por meio de uma ortodoxia econômica bastante rigorosa, sob a direção de um banqueiro formado em Chicago, num esforço para acalmar o mercado.

Para o Padre Marcelo, Theotókos seria uma síntese de tudo isso e mais. Afinal, como sistema de relações articuláveis, ela poderia conectar necessidades imediatas e contingências distantes, transformando as birras do projeto de marketing da Andrade Gutierrez S.A., por exemplo, no som mudo de um futuro condenado. Ela abriria um espaço celestial no meio do furacão de escândalos de corrupção que atravessaria o país a partir de 2014 e continuaria atravessando *ad infinitum*. Óleo e unção viriam do Espírito e de nada mais. Theotókos seria mais mulher do que a presidenta Dilma, a mesma Dilma que havia incentivado a transparência nas investigações da Lava-Jato, cujo estilo rígido acabou por se tornar alvo de um novo chute na santa, dessa vez desferido por políticos tele-evangélicos, uma repetição do que havia ocorrido vinte anos antes com a estátua de Nossa Senhora Aparecida.

Diferentemente de Nossa Senhora Aparecida, Theotókos tudo superaria com a potência persuasiva da vulnerabilidade explícita; sua abertura à incerteza e à crueza da matéria fomentaria um comportamento redentor em quem via, na incompletude desavergonhada, uma marca de translucidez em tempos de obscuridade e na renúncia aos fins calculistas, a marca de um desígnio divino e não da desordem humana. A linearidade nunca foi parte do projeto; além disso, como sabemos agora, também nunca foi parte essencial da inspiração pneumática. Na verdade, de acordo com essa inspiração, o sagrado deve abrigar dentro de si uma margem de indeterminação.

Nesse mesmo ano de 2010, havia boatos de que Padre Marcelo e sua associação estavam sendo investigados secretamente já há algum tempo pelo Dicastério para a Doutrina da Fé liderado pelo Cardeal Ratzinger. Esses boatos também traziam acusações sobre apropriação de fundos, críticas à doutrina teológica de Rossi, críticas à autopromoção desavergonhada, coisas que, por muito pouco, não resultaram numa proibição de celebrar a Santa Missa. Essas acusações circulavam desde a morte do Papa João Paulo II em 2005, tornando-se mais intensas com a recusa do Papa Bento XVI em receber Rossi — maior figura pública do catolicismo latino-americano na época — durante sua visita ao Brasil em 2007. Essa rejeição recebeu uma cobertura enorme da mídia naquele momento.

Não foi fácil, porém, silenciar Padre Marcelo. Gostando o novo papa dele ou não, ficando o santuário pronto ou não, a Igreja Católica no Brasil e em Roma tinha de reconhecer que ele trouxe o rebanho de volta.[168] Como muita gente dizia, "o Padre Marcelo arrebentou". Nunca é demais afirmar que ele transformou toda a cena local de devoção, assim como seu imaginário teológico. Chamado de herege por uns, de santo por outros, ele foi responsável por trazer o elemento que definiria os parâmetros da arquitetura católica moderna no país: as multidões. O Santuário Mãe de Deus, menor apenas do que a Catedral Basílica de Nossa Senhora Aparecida, é um projeto cuja escala só pode ser justificada pela quantidade surpreendente de visitantes semanais, que passam horas na fila para conseguir um lugar privilegiado. Isso é algo que sempre caracterizou suas celebrações, o que explica o fato de que, já no ano de 2003, quando circulavam as primeiras ideias de um santuário que fosse um "templo de outro mundo", ele falava de um espaço cujas paredes seriam capazes de expansão e contração de acordo com o número de pessoas nele presentes.[169] Ninguém sabia exatamente como essa ideia de paredes responsivas seria materializada, seja em termos de forma ou de orçamento. Na verdade, muitas vezes, as apostas imaginárias presentes nesses rumores já eram elas mesmas bem impressionantes, como quando as pessoas começaram a fazer comparações anatômicas entre as paredes do futuro santuário e pulmões, ou entre pulmões e tendas, ou entre tudo isso e a Floresta Amazônica, elementos de relevância na pneumatologia carismática brasileira.

Tudo isso, mais o fato de que Padre Marcelo havia contratado um arquiteto renomado por suas ideias ultramodernas, definitivamente serviu para polarizar as opiniões nas sedes da Igreja. Eventualmente, essa ideia de ter paredes móveis, adaptáveis, passou por uma transformação: primeiro, vieram as portas como paredes giratórias transparentes; depois, começou-se a falar de portões sempre abertos para que as pessoas acompanhassem a Santa Missa do lado de fora; então, finalmente, surgiu a ideia de simplesmente não ter portas, apenas um arco de cimento nos três lados do prédio, a partir de onde o palco e a quarta parede poderiam ser vistos. O intuito era que o espaço comunicasse uma adaptabilidade, uma capacidade treinada de se deixar fluir sob a compulsão do Espírito. E o petróleo, como vimos, era a moeda em todo lugar utilizada.

168 Como muitas outras pessoas verbalizaram ou escreveram, a maior nação católica do mundo estava se tornando protestante. Ver, por exemplo, Patrícia Birman e Márcia Pereira Leite, "Whatever happened to what used to be the largest Catholic country in the world?", em *Daedalus*, v. 129, n. 2, 2000, p. 271-291.

169 Maria José de Abreu, "Breathing in the heart of the matter", op. cit.

No entanto essas fronteiras físicas e imaginárias que nada enclausuram também criaram uma série de constrangimentos em alguns círculos católicos, pois essa popularidade era vista como a vitória das megaigrejas e "ágoras eletrônicas" do pentecostalismo de estilo estadunidense, como no caso da Igreja Universal do Reino de Deus.[170] A ideia de que o catolicismo estava perdendo espaço para o pentecostalismo se materializava, com frequência, nessas megalomanias templárias. Para os representantes dos ideais da teologia da libertação e dos trabalhos das Comunidades Eclesiais de Base que (ainda) conservavam posições de relevância nas muitas dioceses de São Paulo, era um tanto desanimador observar a Igreja Católica no Brasil sucumbindo a esses mesmos parâmetros. O Santuário Mãe de Deus, com sua escala e sua estética pentecostais, atraiu apoiadores de fora do catolicismo carismático. Muitos membros do clero, apesar do apoio influente do Bispo Figueiredo na Diocese de Santo Amaro, enxergavam a ambição arquitetônica do projeto como reflexo da vaidade pessoal de Padre Marcelo, sendo a incompletude um fim merecido.

Com o tempo, porém, a Igreja teve de aceitar as evidências. Não havia como ignorar as milhares de pessoas que chegavam e continuavam chegando ao Santuário, inclusive de longe, para participar de celebrações em um espaço religioso inacabado. Por isso, a instituição teve de encontrar uma concessão possível ao invés de condenar explicitamente o Santuário, mudando a abordagem para não mais apontar as semelhanças entre a lógica pentecostal e a do Padre Marcelo, mas focando no problema de como manter as multidões em sintonia com uma perspectiva católica — ainda que fosse apenas para incluí-las nas estatísticas da guerra contra a expansão evangélica. Por isso, a Igreja Católica teria que garantir que o projeto de construção do Santuário não fosse inteiramente interrompido. A instituição se encontrava, então, diante de um impasse.

Em março de 2010, Fabio Said Bittar, fiel de ascendência libanesa que frequentava as celebrações do Padre Marcelo, passou por uma crise. Sua esposa foi sequestrada e mantida como refém em troca de uma grande quantia de dinheiro. As negociações levaram semanas. Bittar pediu ao padre que falasse aos sequestradores durante as celebrações transmitidas pela TV Globo. Após semanas de muita agonia, a esposa conseguiu escapar por conta própria. Esse resultado, num momento de intensa oração, fez com que Bittar — também engenheiro e diretor

170 Há muitos estudos sobre a Igreja Universal no Brasil. Recomendo os seguintes trabalhos: Leonildo Campos, *Teatro, templo e mercado* (Petrópolis, Vozes, 1996); Patricia Birman, "Future in the mirror: media, evangelicals, and politics in Rio de Janeiro", em Birgit Meyer e Annelies Moors (ed.), *Religion, media and the public sphere* (Bloomington, Indiana University Press, 2001), p. 52-72; Martijn Oosterbaan, *Transmitting the Spirit: religious conversion, media, and urban violence in Brazil* (University Park, Penn State University Press, 2017).

da Solidi Engenharia e Construções — assumisse o projeto de construção do Santuário Mãe de Deus. Assim, surgiu a peça que faltava em toda aquela tempestade de eventos e variáveis: um devoto *e* engenheiro. Pela graça do Espírito Santo, ele seria capaz de sintonizar a engenharia com uma metafísica — faria a ligação entre lugar (*khôra*) e concepção uterina. "Nós nos movimentamos em sintonia com as possibilidades do Santuário", disse-me Bittar quando o visitei em 2013 em seu estúdio na Bela Vista, bairro de São Paulo. "Padre Marcelo entra em contato comigo e diz: 'Fabio, a gente pode prosseguir com essa parte do Santuário ou com essa seção que não foi finalizada' etc., e então retomamos o trabalho. A gente continua ou para de acordo com a Providência: uma parede, uma sala, um passo à frente, um passo à frente, e assim por diante". Foi esse o espaço-tempo que encontrei durante minha visita em 2013. O concreto desnudado, os canos gigantescos, a argamassa fresca, tudo soava musical, e foi com certa surpresa que senti ali um sopro de ternura.

Uma mesma natureza

As relações entre expansão territorial, multidões e mídia foi fundamental para o desenvolvimento do Santuário. Padre Marcelo foi o obreiro situado na exata intercessão na qual catolicismo e pentecostalismo se encontravam, o primeiro em seu amor à Maria, o segundo em seu louvor ao Espírito Santo. O resultado disso seria centrado na tradição ortodoxa da Theotókos, em que Maria e o Espírito Santo nunca estiveram em conflito, como afirmavam protestantes, pois sempre foram de uma mesma natureza. Rossi, ungido pelo Espírito, seria essa figura capaz de reunir território, multidão e mídia em um arranjo sofisticado, nisto assemelhando-se bastante a um evangélico. Tudo isso, por sua vez, remeteria ao manto de Maria, pois ela é "território" e "evento" ao mesmo tempo, lugar onde a mensagem evangélica é plantada *e* partilha encarnada dessa mensagem. As multidões se relacionariam com a casa-santuário como as crianças se relacionam com o útero materno. Rossi queria erguer uma casa que fosse tão abrangente e celestial quanto os céus. Se, no caminho, surgiam limites, isso não era necessariamente ruim. Tendo inventado a "Aeróbica do Senhor", ele sempre seria capaz de torcer os limites para produzir novas extensões, um bom desafio para sua elasticidade, desafio do tipo em que ele era bem proficiente. Se as condições de desenvolvimento eram obstruídas, ele mesmo as performava. Performar essas condições significava se aproximar dos atributos recursivos da Theotókos. Significava que a forma (santuário) não mais acompanharia a vida (matriz), pois ela seria a própria manifestação da vida. E isso era bom.

Certo dia, um pensamento lhe ocorreu — e depois ao Bispo Figueiredo —, uma conexão que sempre estivera lá, talvez numa proximidade que impedisse sua apreensão adequada. O padre e o noviço montariam um *corpus* teológico que colocaria todas as obstruções em uma harmonia mística com o desígnio de Deus. Em concordância com o Espírito, responsável por fazer com que Rossi chegasse até esse ponto, o Santuário jamais apontaria a um referente qualquer, jamais seria uma entidade representacional ou um todo bem-integrado; nunca seria algo que, falando indexicalmente, poderia vir a existir como algo simplesmente *ali*. Para realmente viver de acordo com a temporalidade de Maria, essa casa de orações teria de fazer jus ao atributo gerúndico de um *gestando*. Ela só poderia admitir as qualidades infinitas das articulações entre entidades, jamais qualquer forma de circunscrição. O que fora inicialmente pensado como finito e linear logo seria inscrito em uma estrutura de meio infinito, o ser-*sendo* circular de um projeto orientado ao ganho de massa.

Essas considerações acabariam por moldar todas as decisões subsequentes de Padre Marcelo na execução de seus planos de construir um novo santuário, mesmo com todas as críticas internas e externas. Seguindo adiante mesmo com todas as reviravoltas, ele permaneceria aderindo ao edifício semântico que lhe permitia pensar a gestão econômica em termos performativos e não referenciais. O santuário não seria erguido em nome de Theotókos; não seria *dedicado* ao ícone, pois isso implicaria um referente externo. O ícone seria interno à própria lógica operacional, ou seja, seria não perspectivista e autorreflexivamente bizantino ao mesmo tempo. Isso quer dizer que o ícone performaria seu próprio princípio, sua consistência teotoquiana. Como vimos antes, ser Theotókos é ser a manifestação da causa que dá sentido (ao ícone como um prédio). A partir de 2010, a economia penetraria o *ser* do santuário, de modo que cada doação, cada contribuição material, cada batida do martelo, cada respirada seria uma participação na construção gradual, bem gradual, do espaço — no seu ganho de massa. Sobrepondo-se a si mesma, Theotókos conquista uma nova dimensão. Ela efetiva o princípio de uma recursividade autoadaptativa como algo próprio ao seu conceito doutrinário, sendo mãe Daquele que lhe deu a vida.

Oikos: a anatomia de um prédio

Quem visita o Santuário Mãe de Deus não se comporta com a mesma reverência que seria exibida em espaços católicos tradicionais. Não há santo ou santa na porta de entrada — nem em nenhum outro lugar — para que as pessoas se curvem, façam promessas, façam petições; não há urna contendo água benta para fins de ablução; não há uma passagem central que leve ao altar. Os princípios romanos de organização do espaço foram substituídos por um vazio. O que as pessoas encontram são os materiais usados para construir o prédio: guindastes, andaimes, tijolos, cimento, areia, cascalho. Materiais e ferramentas, entretanto, não estão ali como objetos de adoração. Não são substitutos para as imagens religiosas. Aglomerados em um canto do santuário, eles expõem a relação entre o espaço e seus procedimentos; sua plasticidade. Testemunhos leigos oferecidos por pessoas que, de uma maneira ou de outra, contribuíram para a construção do espaço exemplificam a reverência diante da encenação desse desvelamento. Durante as celebrações, Padre Marcelo convida pedreiros, voluntários, engenheiros, doadores, filantropos e políticos para que se juntem a ele no altar. Ele pede a todas essas pessoas que falem de suas experiências como colaboradoras na "construção dessa casa", pede que descrevam as suas contribuições, que digam o que o prédio significa para elas, e outras coisas do tipo. Quem frequenta o santuário pode aprender, assim, algo sobre sua trajetória por meio de seus *obreiros*, cujas narrativas, quando justapostas, também formam um mosaico, uma imagem da jornada extraordinária do Padre Marcelo desde seu surgimento no meio da década de 1990.

Foi nessa época que Rossi começou a celebrar a Santa Missa em uma pequena capela adjacente à Diocese de Santo Amaro. Ele e o bispo investiram na reconstrução e redecoração desse lugar que, antes dedicado à Nossa Senhora do Perpétuo Socorro, passou a se chamar Capela de Nossa Senhora Theotókos. A redecoração foi financiada em grande parte pela Associação Terço Bizantino. Foi ali que, sob a tutela do Bispo Figueiredo, Rossi foi iniciado nos ensinamentos doutrinários da patrística e da Igreja Ortodoxa. De acordo com o arranjo sintagmático da Theotókos, ele passou por um tutorial intensivo orientado pelo *ser*-doutrinário constitutivo de Maria.

Falando de maneira teológica, a Theotókos é um triunvirato relacional em que nenhuma entidade pode circunscrever a outra. Seu poder reside precisamente no afastamento de qualquer tentativa de enclausuramento, o que faz com que o princípio de circulação que une todas as partes ganhe uma visibilidade intensa. Como um entrelaçamento de entidades, Theotókos opera por meio de uma lógica em que as partes que formam o todo articulam uma *enérgeia* que sempre excede o érgon, ou seja, um ser-em-operação que está acima de qualquer senso de completude. O par bispo/padre seria, para as comunidades católicas do Brasil, mais do que um meio de reformar a tradição bizantina em termos de estética imagética ou estilo de oração; eles seriam responsáveis por administrar as coisas de acordo com um tratado teotoquiano, cujo atributo essencial é pensado sempre em termos das conexões entre vida e obra, nunca em termos do que é.

Conversei com o Bispo Figueiredo no final de maio de 2013, quando abundavam protestos em São Paulo e no restante do país. Na diocese, discutimos sobre o fato de que essa opção pela Theotókos, como modelo-guia de boa parte da "vida comunitária", era principalmente um gesto de rejeição à legitimidade de qualquer circunscrição. De acordo com essa visão, o catolicismo moderno brasileiro havia passado para as instituições seculares o poder de definir e circunscrever o sagrado para separá-lo do não sagrado. Portanto, era urgente que, em nossos dias, fosse invocado algo mais abrangente, "um modo global de fazer igreja". Um dos pilares do catolicismo carismático que ele e Padre Marcelo defendem, disse-me o bispo, é mostrar como a ideologia da separação "nunca teve sucesso na América Latina, principalmente no Brasil", um lugar tão afeito à espiritualidade. Então, nós passamos a falar da santa padroeira do país, Nossa Senhora Aparecida, referente sagrado de milhões de pessoas, ícone da Mãe e da nação que conectava o catolicismo popular à esfera secular por meio da construção de um vasto santuário-basílica em que a santa poderia ser incluída. Isso nos levou, enfim, àquele momento polêmico em 1995, quando a imagem da santa sofreu um golpe terrível.

Bispo Figueiredo condenou as ações do pastor Von Helder, chamando-as de "atos irrazoáveis", teatro de mau gosto.

> BISPO: O que se passa na mente de quem decide quebrar uma imagem religiosa ao vivo na televisão, num dia santo... é para ferir...
>
> MARIA JOSÉ: Daí a revolta que durou dias, semanas...
>
> BISPO: Os gestos, o chute, quebrar a santa em pedacinhos no dia em que milhares pelo Brasil todo estão adorando, orando, fazendo as petições... Foi um ato desprovido de sentido... alienígena.

Tendo deixado evidente sua condenação do gesto iconoclasta, ele seguiu com uma explicação de como sua teologia o colocava em sintonia com a ideia de que estátuas tridimensionais, como a que foi vilipendiada, apresentavam um problema a ser resolvido. Por isso, ele e o Padre Marcelo investiram na redecoração da capelinha à imagem da Theotókos, substituindo todas as imagens tridimensionais por vidro plano. O bispo se referiu às estátuas (do tipo que a capela tinha antes da redecoração) como "estáticas em demasia" — não pneumáticas —, ecoando, dessa maneira, o próprio Von Helder, que havia acusado a imagem de Nossa Senhora Aparecida de ser incapaz de movimento. O que estava em jogo no entendimento do bispo era o problema da circunscrição posto pelo uso de imagens religiosas na tradição ocidental. Esculturas ocupam coordenadas espaço-temporais que não fazem jus à ideia de uma imagem animada pelo Espírito, algo que deve ser apresentado de forma não estática.

No Brasil, de acordo com a tradição, Maria é adorada como Mãe de Jesus, o canal sagrado e amoroso por meio do qual Cristo apareceu no mundo. Os Pais da Igreja, no entanto, conforme me explicou o bispo, afirmaram que há outras maneiras de pensar o caminho de Maria.[171] No antigo pensamento patrístico, Maria não é canal por onde Cristo passa, é "um manto que a tudo se estende". "Ela é um corpo celestial", ele prosseguiu, guiando-me até a capela adjacente e mostrando o vitral da Theotókos, que permitiria "ver-através" dele mesmo, ver a totalidade de seu *ser*. O bispo passou a descrever como, no exemplo do vitral da virgem do contato — caracterização famosa da Theotókos —, esse retraimento das fronteiras era operacionalizado na arquitetura gráfica do próprio ícone. Ele mostrou os atributos da imagem que faziam com que dois corpos — mãe e filho — se tornassem uma só entidade. Sem qualquer descontinuidade espacial — o que chamamos de "perspectiva" — entre uma coisa e outra, a circularidade entre a mãe-infraestrutura e o que ela carrega é inscrita na superfície territorial do vidro. A imagem, assim, nada deve à representação. O ícone é formado pelo material de seu próprio *ser*, as linhas formais, as cores que constituem graficamente a mãe como um corpo atravessado pela luz.[172] Cada elemento pictórico na composição do vitral importa por sua capacidade de ditar as regras de um território.[173]

O problema das limitações físicas que as imagens religiosas colocam é indissociável do nascimento do catolicismo carismático no Brasil.[174] Em seus primeiros anos, o movimento esteve disposto a abandonar as

171 A expressão "o caminho de Maria" parece ter um duplo sentido. Como no inglês ("*way*"), "caminho" é tanto o trajeto como a maneira, o modo. Esse aspecto homonímico da palavra reforça a ideia deste capítulo de que todo trajeto é indissociável dos procedimentos técnicos — *techne* — que fazem parte de sua construção.

172 Ao dizer isso, Mondzain traça uma distinção importante entre *perigraphé* e *graphé*. A primeira significa "circunscrição", uma linha que demarca e contém os limites do espaço-tempo, enquanto *graphé* implica um "retraimento das fronteiras". "Assim", diz Mondzain, "é importante afirmar que Cristo não atravessou sua mãe como se atravessa um canal; isso pressuporia duas formas — a forma do canal e a de Cristo. Não: o ventre virginal e a criança são uma única e mesma forma. O ventre histórico da Virgem foi, propriamente falando, o recinto do que é infinito, ilimitado. A inscrição é, pois, por excelência, o traço que determina o espaço daquele que não o tem" — Marie-José Mondzain, *Image, icon, economy*, op. cit., p. 161; ed. bras.: *Imagem, ícone, economia*, op. cit., p. 211.

173 É isso que significa — como articulado por Mondzain — a ideia de que o ícone bizantino é, idealmente, acima de tudo, um "tratamento do espaço". Seu papel e os efeitos que produz são de natureza principalmente geopolítica. Ver Marie-José Mondzain, *Image, icon, economy*, op. cit., p. 157-170; ed. bras.: *Imagem, ícone, economia*, op. cit., p. 201-222.

174 Maria José de Abreu, "The Fedex Saints: patrons of mobility in a Neoliberal City", em Dick Houtman e Birgit Meyer (ed.), *Things: religion and the question of materiality* (New York, Fordham University Press, 2012), p. 321-35; ver também da autora "Technological indeterminacy", op. cit.

imagens sob o argumento de que estavam em conflito com o fluxo pneumático. Os carismáticos questionavam a natureza dos ícones religiosos, em especial quanto às suas relações com o tempo e o espaço. Padre Marcelo e o Bispo Figueiredo expandiram esse questionamento pela popularização da iconografia e das técnicas de oração bizantinas, como visto no Capítulo 4. Juntos, introduziram uma iconologia reformadora, toda baseada no *lógos* do próprio ícone. Assim, esses dois grandes expoentes do catolicismo carismático conseguiram estabelecer uma teoria alternativa do ícone, fundamentada no cristianismo ortodoxo, capaz de reconciliar o marianismo e o pentecostalismo. Da mesma maneira, essa síntese de elementos espelhava a lógica de uma forma de governança soberana que chegaria enfim à maturidade na política teatral bolsonarista.[175]

Visto como *oikos*, o santuário, em seu ganho de massa, deixa de ser mero veículo ou meio para a imagem. O ícone, agora, é sua própria iconopráxis. Ele é constituído por todo o campo de operações encarnadas. O *ser* nunca está inteiramente lá exceto na forma de uma abstração, ou seja, por meio dos gestos e das materializações envolvidos na manufatura do espaço. Quem visita o Santuário Mãe de Deus deve prestar atenção constantemente no ponto em que as coisas *estão*, à borda instável na qual o tempo se agarra. A temporalidade do santuário-com-Theotókos, pode-se dizer, é a mesma que encontramos na transmissão de notícias urgentes: uma sala cheia de uma expectativa indefinida em tempo real. É por isso que Theotókos — e não apenas a Clara apresentada no Capítulo 3 — é tão apropriada para pensarmos a televisão, os ritmos de sua emergência, a sua indeterminação estruturada. O ícone da Theotókos se torna o que sempre deveria ter sido em sua distensão imanente de uma obra em andamento — invisível enquanto tal, porém onipresente por causa de suas múltiplas operações. Não há ícone a ser visto no santuário porque o ícone está em toda parte, sempre em operação — um corpo mariano supramaçônico. O ícone não admite exceção, qualquer sombra: não há perspectiva. Ele é plano, brutal, vívido, infiltra-se em tudo por meio de seus procedimentos. É uma rede inteira de gestos, materiais, narrativas, eventos, e a multidão ilimitada que nos permite ver-através dos limites de seu próprio *fazendo*, levando-as cada vez mais para longe.[176]

175 Algumas questões podem ser colocadas: como, de acordo com esses elementos doutrinários, a estátua de Nossa Senhora Aparecida se relaciona com a Theotókos? Num outro nível, podemos nos perguntar sobre como a agressão iconoclasta, durante uma transmissão ao vivo, relaciona-se com a Theotókos. Em outro nível ainda, podemos nos perguntar sobre como tudo isso, por sua vez, relaciona-se com a cultura da imagem na era Bolsonaro.

176 Como Agamben também nota, é o termo grego *oikonomia* que devemos analisar para compreendermos a implicação do que Foucault dizia quando afirmou que o *dispositivo* é "uma rede que se estabelece entre [...] elementos" ("What is

A Theotókos envolve uma teologia ligada ao fazer, ela é mais movida pelo pragmatismo do que pela argumentação. É um feixe de operações que têm como função primária *encarnar o desejo de ver*, não sendo representação, nem presentificação do que está ausente.[177] Em termos teotoquianos, é basicamente o mesmo que se deixar render à crueza de uma operação: Operação Ícone. É por isso que o Padre Marcelo e o Bispo Figueiredo conseguem se safar em relação à ausência de ícones no interior do santuário. Não estando presente, nem enquadrado, o ícone está mais próximo de sua função teológica: dar visibilidade ao princípio divino *em operação*. Existindo apenas na forma de máquinas e tijolos, cimento e cascalho, martelo e prego, o ícone se torna um comentário acerca da natureza do próprio visível, acerca das operações de encarnação envolvidas na corporalização de um espaço habitacional.

A câmara funerária

O problema é que aquilo que ascende também abre espaço. Pode-se dizer que a melhor dramatização possível desse futuro perfeito que se tornou parte essencial do ser-em-construção do santuário está na ideia de uma câmara funerária a ser construída debaixo dele — onde o Padre Marcelo, o Bispo Figueiredo e outros membros do clero da Diocese de Santo Amaro serão enterrados. O que surpreende nisso é o fato de que os planos para a construção da cripta começaram a receber bastante atenção em conversas e orações apenas em 2013, um ano após a inauguração oficial e abertura do (inacabado) Santuário Mãe de Deus, momento em que já estava claro que as coisas jamais seriam como o

an apparatus?", op. cit.; ed. bras.: "O que é um dispositivo?", op. cit.). Ou seja, a Theotókos é um exemplo de dispositivo, imagem que mostra nada além do modo como as relações de poder são territorializadas. Mais uma vez, Maria é espaço, espaço que nada contém pois o infinito, seu Filho — como as multidões do Padre Marcelo — não pode ser contido. Para ver mais sobre a fusão histórica/antropológica do corpo de Maria com a multidão horizontalmente ilimitada, ver Deirdre de la Cruz, *Mother figured: Marian apparitions and the making of a filipino universal* (Chicago, University of Chicago Press, 2005).

177 Aqui, mais uma vez, Mondzain faz uma afirmação poderosa quando distingue imagem e visão. Ela escreve: "Não vemos o mundo porque temos olhos. Nossos olhos são abertos por nossa capacidade de produção imagética, nossa capacidade de imaginar. Essas capacidades são o motivo para precisarmos da visão para falar; pessoas cegas conseguem falar desde que sua imaginação esteja intacta. Nessa capacidade de encarnar os poderes da visão, nós esquecemos, de fato — e até mesmo consideramos absurdo — o desejo de ver em geral" ("What does seeing an image mean?", op. cit., p. 308). Ver também Marie-José Mondzain, "Can images kill?", op. cit.; W. J. T. Mitchell, *Picture theory*, op. cit.; e *What do pictures want? Essays on the lives and loves of images* (Chicago, University of Chicago Press, 2005).

planejado inicialmente por Ohtake. Na época, o arquiteto modernista tinha quase nenhum controle sobre seu próprio projeto, o Espírito Santo havia tomado as rédeas. Como me disse o Bispo Figueiredo, isso era necessário se a ideia era agir "de acordo com a Theotókos". Era preciso deixar o Espírito Santo tomar conta.

Mas por que razão a discussão sobre a construção de uma grande cripta, na verdade sobre a morte e o fim, tornou-se uma questão precisamente no momento em que o futuro estava a ser esvaziado de toda a perspectiva de um fim? Será que o momento da inauguração desse *corpus ecclesia*, ainda que inacabado — teimosamente chamado pelos fiéis de "Santuário do Padre Marcelo" —, também foi momento de energização da presença institucional da morte, do sacrifício e, consequentemente, da lei do Pai? Ou será que, naquele momento, após o Espírito Santo ter assumido o controle, após o novo plano — de acordo com a Theotókos — ter acabado com todo planejamento sobre o futuro, finalmente a morte e os fins puderam ser invocados como realidades que sempre estiveram ali, sempre *sendo*? O que está em jogo aqui é uma dupla abolição que institui uma nova lógica da soberania: por um lado, temos o apagamento de uma origem que teria sido personificada no arquiteto-criador Ruy Ohtake; de outro, temos o fim dos fins. Ou seja, trata-se do fim de uma finalidade contida no projeto inicial e do fim da própria morte. Não há começo, não há *eschaton*, *apenas meio*, apenas circulação entre as muitas entidades.

É digna de comentário a ideia de construir a catacumba debaixo do palco onde Padre Marcelo, com sua vasta equipe de acólitos, músicos e convidados, performa quatro vezes por semana. Assim como o dançarino cossaco de um dos manuscritos de Kafka, que escava mais e mais a terra com o movimento de suas pernas até que acaba enterrado, Rossi tem vivido no interior de um sistema bipolar (ver Posfácio). Por um lado, temos sua crença de que pode extrair o que for do espírito, do *pneuma*, da inspiração divina. Com essa crença, ele fez o impensável ao trazer milhões de pessoas de volta à Igreja no momento mesmo de seu declínio. Por outro lado, porém, ele teve que existir sob a sombra da instituição, do organismo paterno que nomeia o *pneuma* para regulá-lo e, às vezes, guiá-lo. Refiro-me aqui ao Bispo Figueiredo, à Conferência Nacional dos Bispos do Brasil (CNBB) e, por fim, à Roma. Onde o controle institucional concedeu ao padre um senso de litígio, também demandou o esvaziamento incessante do destino autoral. Afinal, o Espírito Santo é *da* Igreja e de nenhuma pessoa específica. No entanto esse duplo vínculo fez com que seus movimentos se tornassem ainda mais oscilantes. Assim, Rossi teve de aprender a caminhar por/sobre essa zona do meio, a transformá-la em algo com valência própria. Ele teve de satisfazer as expectativas.

O problema é que satisfazer expectativas também é frustrá-las. Seus movimentos — começando com os ritmos mecânicos da expiração e da inspiração — refletiam a necessidade de um equilíbrio entre alto e baixo, carisma e instituição, vida e morte, ar e terra. Será que todo esse balanço, toda essa energia em nome do espírito — que faz com que Rossi salte de um projeto a outro, sempre se alongando, sempre se reajustando — poderia servir de força motriz para a escavação da cripta sob os seus pés, sob o palco, sob a multitemporalidade? Desde que o movimento oscilante continuasse ocorrendo, o palco também poderia ser articulado num *sendo*, deslocando a realidade para que morte e fins deixassem de ser situados no término das coisas, tornando-se parte essencial dos ciclos da respiração, da vida, da oração e, por fim, dos trabalhos indefinidos de parto do santuário uterino. E como entender esse corpo feminino que nunca para de gestar um indefinido que tudo abarca? O que sobra de sua feminilidade quando o seu *ser* toma a totalidade do espaço? O que dizer dessa *femme* fetal, desse oxímoro que vai ocupando todo o espaço, incluindo a cripta, mesmo sem reivindicar nada para si?

Infraestrutura: mãe e matéria

Retornei ao santuário em 2013, novamente em 2014 e uma última vez em 2015, quando fui assistir à Santa Missa numa tarde. Vagando pelo lado de fora enquanto não começava, vi as pessoas entrando e se espalhando pela área, como em show de música pop. Padre Marcelo havia ganhado uma quantidade considerável de peso. Todo mundo comentava o fato, lembrando de quando ele acusava os membros da igreja de obesidade. Agora, mais velho, não era mais o ginasiarca que havia sido quando começou. Dedicava-se a composições mais calmas e à meditação, ao aconselhamento, à escrita. Apoiando-me numa das colunas, notei que o andaime de liga de aço que sustentava o telhado havia sido corroído pela ferrugem, e lembrei-me das palavras de Ruy Ohtake: se ele soubesse o tempo que levaria para instalar o forro de gesso por baixo da estrutura metálica, teria escolhido um metal mais resistente às intempéries.

O serviço aproximava-se do momento litúrgico da Eucaristia. Os acólitos subiram ao altar vindo dos bastidores do palco. Um carregava o ostensório, outro balançava uma esfera de incenso. Rossi interagia com a comunidade, fazendo anúncios sobre a gestão do santuário, sobre um livro que ele estava escrevendo, um evento futuro, uma pessoa específica pela qual gostaria de interceder. Disse, então, o seguinte:

> Pode até parecer que parou no tempo, que não é verdade. Olhe bem com os olhos de ver, ouve bem com os ouvidos de ouvir. Esse templo cresce

> como uma planta. Se você não vê crescendo as plantas e as coisas que nascem do solo, imagine como é com o Reino de Deus? Esse lugar, essa casa, ela foi construída no tempo de Deus... do *kairós*. O que é *kairós*? É o tempo de Deus, o tempo da graça. Nosso tempo... eu explico tudo isso no meu novo livro, *Kairós*.

Padre Marcelo pedia às pessoas que viessem mais ao santuário para que o crescimento dele se tornasse menos perceptível. "Só quem *não* vem aqui já há algum tempo", acrescentou, "é que vai perceber como essa casa cresceu". Se uma pessoa qualquer não enxerga melhorias, isso não significa que a "casa não está crescendo", nem tem a ver com não "acreditar" o suficiente, é apenas uma questão de frequência; quem estava sempre lá se tornava *um* com a anatomia do prédio. Assim, quando passava a cesta para coleta de doações, ou quando as pessoas faziam contribuições virtuais do trabalho ou de casa, a oferta de dinheiro era um ato que se distanciava da lógica da troca, tornando-se contraparte daquilo que normalmente seria visto como produto final. O olhar tinha de sair da perspectiva do todo para se situar na carne do ícone, esse ícone do qual o próprio gesto da doação — assim como qualquer outro gesto — era e deveria ser parte.

Ao mesmo tempo, esse investimento do olhar acaba por se aproximar do que supostamente o demarca: o mercado. Lembremos da interpelação pecuniária do Padre Marcelo: "eu explico tudo isso no meu novo livro, *Kairós*. De acordo com o livro, o *kairós* é governado pela graça e não pelas normas da economia. A graça é antieconômica, o que nos mostra que a economia moderna se distanciou drasticamente da *oikonomia*, das leis operacionais do ícone. A graça, o Padre Marcelo e sua mãe, o Bispo Figueiredo (pai) são o manto de Maria tocando tudo que existe: corporação trinitária. Tudo ela sustenta. Isso fica evidente na imagem das mulheres que caminham pelo Santuário usando seus corpos como apoio para os cartazes publicitários. Essas marqueteiras publicizam o livro novo de Rossi sobre *kairós*, nome do deus grego do tempo qualitativo (oposto a *kronos*, do tempo quantitativo). É uma cena bizarra, ainda que não seja de todo incompatível com uma infraestrutura generificada que serve para exibir e para distribuir.

Walter Benjamin afirmou, certa vez, que o cartaz humano ou "homem-sanduíche" era uma das últimas encarnações do *flâneur*. Na visão de Benjamin, o capitalismo implicava duas maneiras de lidar com lazer: a figura do pobre/desempregado e a da pessoa que explora a própria vadiagem. O *flâneur* encontra-se na segunda categoria.[178] Ao comparar essa

178 Ver Walter Benjamin, *The origin of German tragic drama*, op. cit.; ed. bras.: *A origem do drama barroco alemão*, op. cit.; ver também *Charles Baudelaire: a lyric poet in the era of high capitalism*, trad. Harry Zohn (New York, Verso, 1997);

figura — cujas caminhadas ociosas pelas arcadas corporificavam a cultura de consumo europeia — a algo que está no outro extremo, o mendigo e o desempregado que trabalham como anúncios humanos, Benjamin quis produzir um choque que estimulasse algo de revolucionário. Essas realidades em tensão acabam por expor a infraestrutura, os trancos no movimento da máquina por trás da superfície da aparência. A imagem dialética constitui a cena de uma ruptura temporal. Não se trata de uma cena organizada como progresso, e sim como corte e ruptura: uma fissura.

No entanto, as mulheres no Santuário Mãe de Deus, cujos corpos haviam se tornado apoios infraestruturais para a publicidade, têm pouco em comum com o horizonte revolucionário que uma ideia dessas evoca. As aberturas kairológicas em cena fazem parte da lógica do capital que se desdobra por meio dos choques e das rupturas, não sofrendo disrupção real alguma. Com isso em mente, quando olhei para o chão e contemplei as rachaduras no cimento, lembrei-me do vão de que Benjamin fala, vão por onde passa o messias. O caráter atlético do capitalismo tardio, dada sua capacidade de fomentar oportunidades redentoras em cenários críticos, é algo que irrompe pelas rachaduras. Há, porém, uma torção perversa nesse vão redentor, nesse vão que permite a saída dos escombros da história, torção que suspende toda a força do choque, da dissonância, do inesperado, de tudo que produz respostas viscerais capazes de interromper o progresso da história linear.

No fim da década de 1990, a socióloga Susan Leigh Star definiu "infraestrutura" como "matéria que viabiliza outra matéria".[179] Feminista e especialista em sistemas infraestruturais, Star fez esse chamado importante para que as pessoas prestassem atenção no "sistema de substratos": o submundo quase sempre invisível da infraestrutura. "Se você estudar uma cidade e negligenciar os seus esgotos, as suas fontes energéticas, você acaba ignorando aspectos essenciais da justiça distributiva e do poder de planejamento".[180] A equação entre infraestrutura — pano de fundo invisível — e o feminino inspirou toda uma geração de acadêmicas a pensar sobre gênero a partir da questão da visibilidade. A ideia é que nossa função crítica (feminista), é expor o que está por trás e por baixo, ou seja, o que é infraestrutural.

Essa expectativa, no entanto, falha por não compreender como os próprios protocolos da crítica têm mudado. A emancipação por meio da exposição fez sentido em sua roupagem modernista quando a figura da

ed. bras.: *Charles Baudelaire: um lírico no auge do capitalismo*, trad. José Carlos Martins Barbosa e Hemerson Alves Baptista (São Paulo, Brasiliense, 1994).

179 Susan Leigh Star, "The ethnography of infrastructure", em *American Behavioral Scientist*, v. 43, n. 3, 1999, p. 375.

180 Ibidem, p. 379.

opacidade era o alvo da crítica. O problema é que, para entender o poder que opera em nossos dias, é preciso justamente entender que o objeto da crítica já não é mais a opacidade, e sim a transparência gritante. Eis o cinismo presente na estética do *béton brut* hoje em dia.[181] Não o cinismo no sentido de uma incongruência entre o que está dentro e o que está fora do sujeito. É cinismo no sentido de um agente cáustico que deixa as coisas mais visíveis ao trazê-las todas para a superfície, inibindo, dessa maneira, a capacidade política de mobilizar a crítica de acordo com aqueles protocolos mais antigos. A "razão cínica" para a transparência — para usar uma expressão de Peter Sloterdijk[182] — está no modo como a economia dos materiais expostos produz ela mesma uma opacidade. Além disso, essa produção não se dá apenas pela substituição da opacidade pela transparência; trata-se de algo mais problemático, da reconfiguração dessa relação para pintá-la com um tom indecidível de *chiaroscuro*. O problema da transparência — e, portanto, a questão da infraestrutura — é o que deve ser reconhecido com urgência na redefinição dos protocolos da crítica feminista e da crítica moderna em geral.[183]

Assim, longe de ser reprimida, a realidade por baixo do fenômeno construído no Santuário Mãe de Deus é exposta como parte *tanto* da economia da exibição *como* da exibição de sua economia. Ao menos em termos de administração do Santuário, há um contínuo que deve ser mantido entre as condições de possibilidade e o fenômeno que emerge por meio dessas condições. A forma material é inseparável do que está em jogo ali em termos imaginários; os elementos plásticos devem seguir a mesma fórmula que constitui a filosofia do ícone. O que se experimenta, então, é a economia material do *oikos*, cujo princípio aplicado é a doutrina fluida do ícone. A Theotókos é a matéria que permite.

181 N. da T.: Termo cunhado pelo arquiteto franco-suíço Le Corbusier. Trata-se do inacabamento deliberado no uso do concreto, alinhado a um trabalho geral de exibição da matéria, dos materiais organizados pela forma arquitetônica que, ao menos como infraestrutura, também ganham uma visibilidade peculiar. No caso específico do concreto, o que se recusa é a eliminação completa de suas irregularidades, de seus excessos — recusa-se o alisamento da superfície. Assim, exibe-se deliberadamente uma crueza, uma espécie de simulacro de rudimentaridade.

182 Peter Sloterdijk, *Critique of cynical reason* (Minneapolis, University of Minnesota Press, 1987); ed. bras.: *Crítica da razão cínica*, trad. Marcos Casanova e outros (São Paulo, Estação Liberdade, 2012).

183 É mesmo um tanto irônico que tenhamos chegado a um conceito como "pós-verdade" na era de uma obsessão com a exposição, com a verdade, com a visibilidade, algo que vai da mercantilização do "*making-of*" dos filmes (sobretudo os que usam efeitos especiais) até o redesenho de interior dos restaurantes que permitem que consumidores e cozinheiros/cozinheiras se vejam entre si, fomentando um circuito direto meio totêmico que passa pela panela, pelo estômago e pelo bolso. Todo o episódio dos escândalos da Lava-Jato deve ser estudado a partir dessa perspectiva.

Ela é *mãe* e *matéria* ao mesmo tempo. A imagem do espaço feminino é explorada ao máximo por meio da Theotókos, embora isso sirva apenas para reforçar o substrato de um poder raramente exercido por mulheres.

O fim da exceção: ementa

Nas últimas duas décadas, o pensamento católico no Brasil tem sido adaptado para lidar com transformações de grande escala nas condições midiáticas e socioeconômicas. Este capítulo, tendo como pano de fundo essas mudanças estruturais nos elementos icônicos mais básicos de um país cada vez mais tecnológico, mais midiatizado, abordou o *construindo* de um megassantuário na cidade de São Paulo, algo que segue em curso mesmo com todas as transformações drásticas que levaram o projeto a novas e inesperadas direções. Demonstrei a forma como a suspensão de toda e qualquer reivindicação de uma totalidade econômica foi bancada com recursos de ordem teológica. Forçado muitas vezes a interromper a construção do santuário por falta de confiança e capital, Padre Marcelo voltou sua atenção aos mecanismos que lhe permitiriam pensar a própria circulação. Com isso, virou do avesso as formas tradicionais de pensar a interrupção. Este capítulo ofereceu uma forma de enquadrar a lógica operacional envolvida na construção desse prédio religioso. Para o movimento carismático, o fato de o Santuário Mãe de Deus apagar a entidade que ele mesmo promove é parte essencial do tipo de trabalho gestacional que está ali em operação. Consequentemente, nem espaço nem tempo podem ser enquadrados como finitos, passíveis de contenção. Tudo o que há é o *ser* de um *gestando*.

Aprendemos com a teologia-política clássica que o espaço da exceção depende de um fora transcendental a partir do qual pode se dar a decisão soberana. Mas, tomando essa formulação clássica como ponto de partida para o estudo do caso do Santuário Mãe de Deus — ou do atual momento político brasileiro —, precisamos (ao menos) considerar que as regras da exceção estão passando por algum deslocamento.[184] O que está em jogo neste capítulo é como o corpo feminino se torna a infraestrutura que permite o paradoxo de uma onipresença da exceção. Falando em termos doutrinários, se há um imperativo propriamente bizantino, ele é precisamente o da não aceitação da exceção, pois esta implica perspectiva, e perspectiva implica sombra, e sombra implica um mundo que existe paralelamente à representação.

184 Algo que também é indicado no trabalho de Valentina Napolitano e Carlota McAllister, no conceito de teo-política oferecido como alternativa à teologia política. Ver Carlota McAllister e Valentina Napolitano, "The powers of powerlessness", em *Political Theology Network*, 28 de janeiro de 2019.

Na estética bizantina, nenhuma exceção é permitida. Dizer que não é permitida, porém, não é o mesmo que dizer que não é relevante. Podemos entender essa interdição em vários sentidos: a exceção coincide inteiramente com a norma — ao ponto de se tornarem *uma*; a exceção e a norma estão em sintonia; a exceção se dá em conformidade com o ritmo de suas operações. Como matriz de um projeto arquitetônico, a Theotókos faz com que a exceção coincida com o todo de seu *ser*. À medida que os rumores do que viria a ser um massivo escândalo de corrupção — com envolvimento de empreiteiras nacionais e internacionais e da Petrobras — começaram a atravessar as traqueias empresariais, os supervisores do projeto passaram a dar importância para a exposição da maleabilidade do ícone. Esperava-se que as multidões entrassem nesse espaço sagrado de proporções colossais e encontrassem a aceitação da Mãe de Deus nas expressões abstratas da cofragem e do concreto; que não enxergassem a nudez de seu *ser* como algo constrangedor, e sim como aquilo que mostra melhor a sua elasticidade. Ainda em andamento no ano de 2020, o Santuário Mãe de Deus chama atenção para o espaço do feminino — a densa folhagem de tubos e canos, argamassa, tijolo e cascalho —, espaço vital apesar de há muito renunciado, mobilizado somente com o intuito de reduzi-lo, mais uma vez, à mera abstração de uma força dinâmica e reprodutiva em operação. A Theotókos é uma recorrência fantasmática feita para estar em todo lugar, *extremamente no meio*, e assim sua visibilidade é denegada. É por isso que, mesmo quando o santuário está abarrotado de gente, mesmo quando seu espaço está todo preenchido em dia de missa, ele parece sempre vago e oco.[185]

Adendo

Branco contra branco, assim o arquiteto Ruy Ohtake concebeu o altar no início. A cruz branca no centro, situada a alguns centímetros de uma segunda parede curvada em posição ligeiramente oblíqua, transmitiria um senso de movimento e de infinitude. A referência à composição

185 Isso não quer dizer que o sentimento de algo transcendente foi inteiramente abolido. O transcendente, na verdade, é deslocado para uma nova ordem do material e do visível. Há algo de poderoso nessa imanentização do transcendente na matéria, a exploração da gramática da transparência e da "meiosidade" que é feita de maneira a evocar a sensação de um vácuo de poder. A própria ideia de vácuo, nesse caso, deve ser redefinida à luz de quais concepções de presença são postas. O que acontece com as noções de vácuo e localidade quando a figura do poder é a operação, e não a presença ou a mediação? Para uma avaliação bem sagaz dessa reconceitualização do transcendente, em especial no que diz respeito à virada materialista e ontológica recente nos estudos da religião, ver Reinhardt, "'Don't make it a doctrine'", op. cit.

suprematista de Kazimir Malevich, *Branco sobre branco* [1918], fica evidente na maquete de Ohtake: ela dispensa aspectos da arte representacional como profundidade, fronteira, cor etc., adotando uma forma geométrica inclinada e monocromática. Na época da inauguração ao público, em novembro de 2012, o prédio era uma concha de concreto cinza e granular de proporções gigantescas. O evento ocorreu no entre as paredes cruamente cimentadas. No chão de cimento, sem pintura, havia cadeiras brancas de plástico reservadas para o clero e para as pessoas convidadas. A luz elétrica havia substituído a ausência de cor. "Para iluminar o altar", informou-me um técnico, "tivemos de trazer um gerador a diesel de 300kva, mas um que desse para forçar a voltagem até 500". Havia um monte de plantas e flores. Marcando o centro da solenidade, no altar, um tapete carmesim. Havia outro tapete a ele alinhado, indo do chão até a torre no meio do santuário, no topo da qual ficava o câmera responsável por supervisionar a transmissão do evento para todo o país. Não havia imagens religiosas no santuário, apenas o clero, os políticos, artistas com quem Padre Marcelo e seu bispo — a sombra, aquele que traz a perspectiva — haviam colaborado no passado e, por fim, todo o resto, uma multidão enorme de gente de todo o Brasil.

Essa ordem não convencional das coisas tinha seus limites. Rossi não podia continuar aparecendo em rede nacional como representante da Santa Missa Dominical com uma parede cinza por trás. Nem mesmo o projeto original servia direito, dado que uma cruz branca contra uma parede branca faria com que o santuário parecesse demais com uma igreja pentecostal protestante. Isso não era bom para a Igreja Católica, também não era bom para a TV Globo, que transmitia as missas do padre. Em 2015, um pintor italiano chamado Paulo Maiani entrou em cena. Ele veio de Roma para oferecer um ícone ao Santuário Mãe de Deus, para pintar um afresco que decorasse o altar, produzindo, assim, uma interrupção da estética de depósito.

Foi solicitado a Maiani que pintasse as figuras da Virgem e da criança no horizonte das câmeras de TV, no centro do santuário e ligeiramente acima dele. Pintada na pedra polida de formato côncavo na parte traseira da nave, Maria segura sua criança no braço esquerdo enquanto emerge de uma torre feita de anjos. A figura é uma variação da Theotókos, motivo pintado ao estilo do neorrealismo italiano. Ali, predominam tons pastéis de âmbar, amarelo, rosa, marrom e um azul aquoso. Há uma atmosfera densa que envolve mãe e criança numa mistura de matizes em múltiplas camadas. Como visto no Capítulo 3, um dos aspectos da estética bizantina é fazer de quem vê um produtor ou uma produtora de imagens; porém, diferentemente do ícone dessa tradição, pintado como natureza-morta, em que o evento perceptivo é criado pelo encontro entre olhar e pintura, o afresco de Maiani oferece uma representação cheia de perspectiva. Maria e a criança são apresentadas com a força estrondosa de uma aparição repentina, milagre da ascensão em torno da qual giram, de maneira jubilante, anjos, nuvens e luzes. Afastando-se igualmente da convenção da iconografia bizantina na qual encontramos apenas metade do corpo de Maria, o ícone de Maiani exibe uma figura de corpo inteiro. Ela veste um sudário de azurite e ouro sobre uma túnica branca e carmesim. No braço esquerdo segura a criança pressionada contra o peito, enquanto o braço direito da criança está aberto, produzindo uma interseção com a parte superior do corpo materno. No entanto Maiani também faz uma referência ao contato íntimo e às disposições ligeiramente diagonais da Theotókos, algo que fica mais evidente nas posições do pescoço de Maria e de seu ombro direito, e também nas posições do pescoço e do rosto de Jesus. Esses pontos de contato que surgem pela interposição de corpos e adornos são relevantes do ponto de vista teológico, dado que aludem à contiguidade não circunscrevente — ainda que incisiva — entre os dois corpos, não sendo possível dizer qual é contido por qual, ou onde um começa e o outro termina. Segundo os protocolos bizantinos, não deve haver qualquer separação entre as duas referências anatômicas, pois uma recria a outra constantemente e ao infinito.

O afresco de Maiani é o mesmo tipo de pintura que encontramos no cenário do maneirismo clássico, com suas transições e concessões, onde a instabilidade, a tensão, a indecidibilidade são tematizadas pelo recurso a formas alongadas e exageradas. Isso ocorre a tal ponto que o estilo se desdobra numa dramaturgia barroca complexa, tudo sendo envelopado pelas câmeras de TV. A arte bizantina também acomodava a tensão e a concessão, mas nesse caso era fundamental que o visível não se confundisse com o protótipo divino.[186] Se isso acontecesse, seria um ato de idolatria. Essa ideia, porém, foi deixada para trás em razão das demandas por um novo naturalismo imagético na Europa renascentista. O desejo de fazer da arte uma evocação vívida da realidade, em que a relação entre ver e crer podia ser encenada de maneira otimizada, em que linhas e materiais participariam da manufatura da presença — fazendo uso da simbolização e da circunscrição —, estava entre os fatores que levaram à divisão entre as representações ocidentais e orientais do ícone.

Agora, no entanto, o espaço de tensão entre essas duas correntes recebe uma terceira versão, a da mídia eletrônica (e posteriormente digital), de modo que uma nova síntese é formada. Tendo em vista todas as necessidades doutrinárias, os constrangimentos econômicos, os escândalos de

186 Marie-José Mondzain, *Image, icon, economy*, op. cit.; *Imagem, ícone, economia*, op. cit.; Jaś Elsner, "Iconoclasm as discourse: from Antiquity to Byzantium", em *Art Bulletin*, v. 94, n. 3, 2012, p. 368-394.

corrupção chegando de todos os lados, como pode essa síntese funcionar, e funcionar no momento mesmo em que os pigmentos laranja mancham as paredes do santuário do Padre Marcelo? É assim que o padre e sua comunidade agirão: onde houver parede, haverá tinta. De um lado ao outro — incluindo os recessos que cercam e emolduram a realidade da virgem e da criança no interior das fronteiras de seu *ser* —, haverá uma cena, pintada de maneira simplória, operando como extensão desse vínculo sagrado. Dessa maneira, o ícone e o espaço, o soberano e o território irão coincidir mais uma vez: não mais pelo cinza do cimento exposto, mas pela profusão hemorrágica interna, uma verdadeira explosão cromática.

Interior do Santuário Mãe de Deus, São Paulo (Brasil).
Foto: Maria José de Abreu.

6 ▮ A cadeira fantasma[187]

Nas duas entradas do Santuário Mãe de Deus, encontramos pilhas de cadeiras monobloco brancas agrupadas. Quando todas as cadeiras são ocupadas no interior do espaço — uma concha gigantesca de 30 mil metros quadrados —, visitantes devem retirar uma cadeira da pilha, levá-la para dentro e alinhá-la às outras, todas viradas para o altar. Formam-se fileiras em um padrão cruzado que divide o enorme chão do santuário de doze a quinze blocos principais, cada um com cerca de duzentas cadeiras. Ver todas essas milhares de cadeiras vazias, antes da chegada da multidão, lembra o padrão das texturas replicativas, como num enxame de microrganismos, a matéria do rumor, o que está suspenso no ar. Com uma área de 40 por 45 centímetros de assento e 89 centímetros de altura, a cadeira de plástico branca é facilmente ultrapassada pela vida que nela se senta. Como uma estrutura adaptável, a cadeira extrai sua expressão de quem nela se senta, enfatizando, assim, o ato de sentar-se.

Essas cadeiras são de uma presença proeminente nos espaços evangélicos no Brasil e no resto do mundo. Suas qualidades banais, sua onipresença, sua plasticidade, tudo parece reforçar a estética de uma adaptabilidade global típica do evangelismo pentecostal.[188] No movimento carismático,

187 N. da E.: Partes modificadas desse capítulo foram previamente publicadas em um artigo intitulado "Anticadeira: pneuma e política estética no Santuário Mãe de Deus", em *Antropolítica*, v. 56, n. 2, 2024, p 1-20.

188 A cadeira de plástico demanda a uma nitidez conceitual quanto à diferença entre plasticidade e elasticidade. Para James Gibson, as *potencialidades da elasticidade* devem ser diferenciadas da *plasticidade* — ver *The ecological approach to visual perception* (New York, Taylor & Francis, 2015), p. 20. Na elasticidade, a tendência é a retomada da forma anterior após um processo de deformação, enquanto a plasticidade é a tendência de conservar a forma subsequente. Catherine Malabou caracteriza a plasticidade como aquilo que é capaz de, ao mesmo tempo, dar e receber uma forma. A materialidade da plasticidade — e, portanto, a plasticidade

o imperativo de facilitar o fluxo do espírito também chegou à produção dos sermões, dos espaços, dos objetos. Essa preferência contrasta com as convenções tradicionais do design católico, em que gravidade e solenidade são valorizadas como meios de ancoramento do divino na terra e como modos de expressar autoridade e tradição.

Os carismáticos, porém, são católicos *e* pentecostais. Antes de "Renovação Carismática Católica", o movimento tinha um nome ecumênico, "Pentecostalismo Católico". Entre outras coisas, essa ambivalência estrutural tem pressionado o movimento de reavivamento a negociar, de maneira constante, as demandas doutrinárias, estéticas e políticas associadas a ambas as tradições e, mais especificamente, a negociar os conflitos existentes entre elas. No interior do movimento, o que complica ainda mais essa delicada negociação é a forma como o conflito entre hierarquia tradicional e poder secular absorveu os discursos que circulavam entre o catolicismo *mainstream* e o protestantismo. Ao criticarem a hierarquia, as pessoas católicas leigas, sobretudo as mais intensamente envolvidas com o movimento carismático, refugiam-se no Espírito Santo. Assim, conseguem explorar um vocabulário que a tradição protestante disponibilizou ao longo de sua longa resistência ao catolicismo. Para além disso, católicos não conformistas também fazem alusões às estruturas populares que, por toda a era pré-moderna, organizaram o poder secular como algo bem pouco mediado pela hierarquia. Falando historicamente, então, o Espírito Santo emerge como rede complexa que opera ao mesmo tempo com e contra a Igreja, sendo puxada e empurrada para todas as direções com o intuito de expor, acima de tudo, a sua capacidade de alongamento em direções opostas, como se fosse uma substância amorfa. O que une todas as partes do litígio é a partilha de um refrão de acordo com o qual o Espírito está sempre ao lado dos "membros", termo que, como visto anteriormente, refere-se ao conjunto das pessoas leigas como *corpus*.

Padre Marcelo Rossi, às vezes acusado de usar o próprio corpo como regra para medir a elasticidade de sua congregação, costumava dizer que, quando uma pessoa se senta, ela está obstruindo a unção do Espírito Santo. Ele há muito critica — mais com seus atos do que com palavras — a

do sujeito — revela sua própria explosividade de maneiras irreversíveis. Quando ocorre a explosão, não há como voltar atrás. Ver Catherine Malabou e Judith Butler, *Sois mon corps: une lecture contemporaine de la domination et de la servitude chez Hegel* (Paris, Bayard, 2010). Já a elasticidade implica o que Butler chama de "apego obstinado" em *The psychic life of power* (*A vida psíquica do poder*), capítulo 1. A força exercida no desapego tende a se dar em proporção direta ao apego. Porém, essa repetição do apego também produz um excesso no sentido de que produz uma forma de resistência que vem de dentro (Malabou e Butler, mais uma vez). Para além das potencialidades materiais, no entanto, insisto que, para o movimento carismático, "elasticidade" e "plasticidade" não são predicados de sujeitos ou objetos, e sim de operações que borram as fronteiras que os cercam e separam.

inércia e a obesidade que, para ele, trazem obstáculos para o catolicismo romano. Ele enxerga o ato de sentar-se como forma de subjugação dos membros, e não apenas dos que estão na parte inferior da hierarquia. A hierarquia, que invariavelmente fornece a legitimidade de suas atividades, quer se sentar. De fato, ela precisa se sentar para que, assim, possa encenar a sua superioridade. Mas como essa uma propriedade tão contraintuitiva pode ter influenciado a decisão de usar cadeiras monobloco como forma de contornar a sujeição dos membros? Como pode a cadeira acomodar essas tensões entre diferentes ordens de gravidade? Neste capítulo, analiso a política material por trás da cadeira de plástico usada no santuário do Padre Marcelo. Concentro-me na articulação entre dois qualificadores da matéria: contenção e gravidade. Uma das linhas centrais de argumentação no Capítulo 5 — e ao longo deste livro — é como pensar as relações entre diferentes formações — corpo e espaço, por exemplo — por fora de uma lógica mais logocêntrica da contenção. Neste capítulo, aprofundo essa questão com uma análise da presença e dos usos da cadeira monobloco no interior da economia política do santuário. Se é verdade, como argumento no Capítulo 5, que o Santuário Mãe de Deus desafia toda contenção possível, como devemos proceder ao conceitualizar as pessoas e os objetos que ocupam esse espaço para fins ritualísticos?[189]

Mais de trinta anos atrás, a antropóloga Marilyn Strathern mostrou como o problema da contenção é um problema essencialmente contextual.[190] Contextualizar as coisas, ela argumenta, é definir as fronteiras de uma configuração ou situação específica para, assim, começar uma investigação mais elaborada sobre o valor analítico do que é contextualizado. Como dizem certos pesquisadores, o contexto é o que dá particularidade a uma realidade social e, consequentemente, torna essa realidade passível de comparações. A antítese dessa visão é que o movimento global das coisas abarca os processos de descontextualização, o que significa que a globalização retira as coisas de seu contexto mesmo quando ela traz novas formações empíricas e ideológicas sobre o que é local. O que acontece, porém, se a própria constituição semiótica do objeto em questão é aquilo que desafia a contenção? O que acontece se — contorcendo um pouco a mensagem na música de Burt Bacharach e Hal David — "a cadeira não é uma cadeira mesmo que haja alguém sentado nela?".[191]

189 Stanley Tambiah, *A performative approach to ritual — Radcliffe-Brown Lecture in Social Anthropology* (London, Oxford University Press, 1981).

190 Marilyn Strathern, "Out of context: the persuasive fictions of Anthropology", em *Current Anthropology*, v. 28, n. 3, 1987, p. 251-281.

191 N. da T.: A letra originalmente diz: "A chair is still a chair / even when there's no one sitting there / But a chair is not a house / and a house is not a home / when there's no one there to hold you tight / and no one there you can kiss goodnight"

É incontestável que a cadeira monobloco seja um ícone da globalização. Artistas e designers têm transformado a plasticidade adaptável desse objeto em um de seus atributos essenciais. Meu objetivo aqui, no entanto, não é debater as implicações conceituais desse tipo de coisa, em escala local e global, acompanhando as trajetórias espaço-temporais de um objeto específico. Quero recorrer a um objeto que incorpora, no próprio material empírico, uma não contextualidade. A maioria das cadeiras é produzida de acordo com contextos específicos que dizem respeito ao seu uso, frequentemente recebendo o nome de seus inventores. A cadeira monobloco, ao contrário, só existe no anonimato. Como nos filmes órfãos, abandonados por seus diretores, ela contradiz uma longa tradição de pensamento sobre a autoria desse tipo de objeto na história do design. A cadeira tem o nome do procedimento técnico que a originou: trata-se de uma peça única moldada em plástico polipropileno. O que me interessa na orfandade da cadeira é a forma como, por meio dela, o objeto pode operar como signo da circulação das multidões que frequentam o santuário do Padre Marcelo. Os atributos materiais da cadeira — leveza, portabilidade, empilhabilidade — permitem um rearranjo, uma reorganização constante das multidões e das possibilidades logísticas do espaço.

Esses mesmos atributos, no entanto, podem gerar contradições. Se, por um lado, Padre Marcelo consegue regular as multidões estabelecendo e disponibilizando certo número de cadeiras, por outro, sua portabilidade traz a possibilidade de uma desregulação. Além disso, se a presença das cadeiras agrada a quem criticava Rossi por forçar as pessoas a permanecerem de pé e se movimentarem, a associação entre elas e os espaços pentecostais introduz também novas pressões no sentido de que será preciso demonstrar que o Santuário Mãe de Deus é de fato católico, e não protestante ou pentecostal. O significante cadeira se move pelo santuário, portanto, de acordo com essas diferentes forças, e é por causa dessa portabilidade embutida na cadeira que essas tensões são possíveis. O que se segue é uma tentativa de articular o modo como se dão esses desdobramentos no interior do movimento carismático em São Paulo.

Dia de Todos os Santos

No ano de 2013, durante a tarde do Dia de Todos os Santos, Padre Marcelo e o Bispo Figueiredo celebraram uma missa especial no Santuário Mãe de Deus, e foram convidados para o evento muitos dos altos

— "Uma cadeira ainda é cadeira / quando nela ninguém se senta / mas a cadeira não é casa / e uma casa não é lar / quando nela não há quem te abrace / quando não há para quem dar boa noite".

dignitários da Igreja no Brasil e em outras partes da América Latina. A ideia da Santa Missa, naquele dia, era produzir o maior impacto possível na comunidade católica, combatendo os rumores sobre a falência do Padre Marcelo, sobre sua incapacidade de pagar pela construção massiva que havia começado cinco anos antes, sobre a ostracização que sofria por parte da hierarquia da Igreja após a morte de João Paulo II. Ajudava bastante, nesse esforço, a transmissão semanal que a TV Globo — principal rede internacional do país — fazia das missas celebradas por Rossi, que ainda eram das mais populares. Em 2013, o santuário recebia uma média de cinquenta mil pessoas por semana, número três vezes maior do que qualquer outro espaço católico podia afirmar receber com regularidade. Mas o fato de as pessoas insistirem em chamar o lugar de "Santuário do Padre Marcelo" ao invés de usar o nome oficial havia se tornado motivo de dissenso no interior da hierarquia da Igreja, revivendo o axioma de que o catolicismo nunca havia sido um espetáculo de um homem só, sempre um empreendimento comunitário. Essa preocupação também envolvia o fato de que o Padre Marcelo convidava com frequência celebridades para as suas missas, em vez de representantes da Igreja.

A celebração de Todos os Santos seria, portanto, uma maneira de reduzir a demanda impaciente da Igreja de que ele precisava se tornar um católico apropriado e transmitir a mensagem apropriada para as câmeras, para a sua comunidade, para o mundo. Para cumprir essa missão, o padre e seu conselheiro espiritual, o Bispo Figueiredo, trabalharam na preparação da celebração: o objetivo era seguir as convenções tradicionais do rito católico sem deixar de reconhecer a excepcionalidade do Dia de Todos os Santos, quando as pessoas honram os mortos por meio de orações e velas, refletindo sobre o futuro enquanto o fazem. Se tudo corresse de acordo com o planejamento, 38 bispos e cardeais de todo o país, da Argentina e do Chile estariam presentes.

A maior parte da multidão já havia se sentado de acordo com o arranjo geométrico das cadeiras. Os assentos brancos haviam sido alinhados por voluntários, muitos dos quais eram pessoas que iam ao santuário semanalmente para ajudar com a logística. Cinco dos bispos ficariam sentados na parte onde fica o altar, mas o resto teria de ocupar as duas fileiras centrais que se formavam diante dele. Essas duas fileiras formariam uma espécie de cinturão de bispos, com membros renomados do clero, noviços e freiras logo atrás. No meio do santuário, porém, havia um grupo enorme de cadeiras vazias, estranhamente posicionadas, e um grupo voluntário as vigiava de perto para que nenhuma pessoa se sentasse nelas sem autorização. Estava claro que, naquele dia, as cadeiras teriam uma função mais auspiciosa.

Honrando a presença dos dignitários, Padre Marcelo fez com que os bispos entrassem durante a procissão inicial, quando o santuário já estava lotado de congregantes, muitos deles peregrinos. Conforme os bispos se sentavam, respeitando a ordem estabelecida, chamou atenção o fato de que havia um a mais e que uma cadeira extra era necessária. Uma freira jovem correu para oferecer sua cadeira, recebendo uma outra de uma das pessoas leigas atrás dela. Vendo essa agitação toda, um voluntário se aproximou com mais duas cadeiras e as colocou perto do último bispo da fila. Aparentemente, havia ainda dois outros bispos para chegar. Ninguém, no entanto, chegou para ocupar esses assentos, e eles permaneceram vazios ao longo de toda a cerimônia. Ainda assim, ficaram sob a vigilância atenta da equipe voluntária para que nenhuma pessoa leiga os ocupasse.

Nada disso seria digno de atenção não fosse o fato de o Padre Marcelo ter resistido por um bom tempo à presença de cadeiras no santuário. Uma das razões para ele ter abandonado sua antiga capela foi o modo como o design impactava a mobilidade das pessoas. Ao seu ver, os longos bancos de cedro em linhas paralelas constrangiam o movimento do corpo. Sentar-se era contradizer a valorização do corpo em vertical, corpo que experimenta com suas capacidades cinéticas. Além disso, era uma maneira de conceder que havia um objeto externo ao qual o corpo devia se acomodar, quando, na verdade, era preciso cultivar a capacidade desse corpo de gerar, ele mesmo, o espaço. Outro problema com os bancos era o fato de que ajudavam a predeterminar o número de pessoas, distribuídas de acordo com o tamanho deles. Os bancos exibiam uma natureza finita, restrita dos corpos e do espaço, e assim reintroduziam o tipo de individuação corpórea que Padre Marcelo queria superar. Com as canções que ele compunha, Rossi imaginava um ritmo que permitiria aliviar o peso dos pés ao levantá-los do chão. Mais importante, porém, do que levantar o pé era expor *o modo* como a gravidade podia ser desafiada.

Conforme mais e mais pessoas chegavam ao santuário, atraídas pelo rito, mais Rossi se acostumava à ideia de que, na medida do possível, ele não tentaria determinar previamente os limites da multidão. Foi por esse repúdio a qualquer enquadramento que ele abraçou a mídia com todas as forças lá na década de 1990. Quanto mais vazio o espaço, mais nítido o papel da prática na sua edificação, no seu ganho de massa. Sem um número específico de assentos no novo santuário, ele conseguia potencializar a multidão, pensando em quem o seguia sempre como um grupo ainda incompleto. A multidão em potência — a "galera animada" como diz Rossi — é a melhor caracterização de quem frequenta o Santuário Mãe de Deus. A audiência do padre é uma multidão na qual é possível haver uma concordância entre número prospectivo e número real, tal como no ventre da Theotókos, descrito no Capítulo 5, em que a criança é uma rede de relações, um aparato, e não uma entidade só.

A relação do Padre Marcelo com essa aglomeração lembra a noção de "massa aberta" de Elias Canetti, a qual, como ele escreve, "quer de volta o velho prazer que lhe proporciona o crescimento".[192] Isso fica claro na referência a São Paulo como liderança exemplar da multidão aberta, em oposição a São Pedro e sua "multidão fechada" — Rossi invoca com frequência o Sermão do Areópago proferido por Paulo como esquema logístico ideal, pois é um discurso contra a limitação cerimonial do templo oficial.[193] A multidão que ele quer construir e treinar lembra a "multidão rítmica" de Canetti que, constituída primariamente pelo ritmo, comunica certo desfazimento dos contornos, certo tremor das bordas. Como descrito no Capítulo 4, parte das composições e reinterpretações de Rossi se inspira na estrutura mântrica do terço bizantino. O ritmo repetitivo e cardíaco permite que as canções sejam bem adaptadas às remixagens eletrônicas. A Oração do Coração, nome que Padre Marcelo dá à adaptação musical que fez do terço bizantino, permite a abstração de um ritmo que entra em sintonia com a elasticidade mecânica do corpo ao mesmo tempo que a aprimora. Sua multidão ideal é constituída *como* ritmo e *pelo* ritmo. Usando técnicas de oração e de canto, ele desenha uma pulsação; a batida alinha os corpos a uma movimentação comum, uma pontuação que aspira ao desfazimento das bordas dessas presenças que, não fosse isso, seriam todas fronteirizadas.

Porém, como já argumentei, essa redução da multidão ao ritmo é difícil de manter, especialmente porque o uso que Rossi faz dos repertórios da cultura popular, por envolver a introdução de técnicas alternativas como a do terço bizantino, também reativa elementos do catolicismo popular. Se, por um lado, as composições rítmicas favorecem um anonimato abstrato, por outro, o sucesso o torna bastante popular. De maneira paradoxal, os ritmos que desqualificam a singularidade em nome de uma batida comum são os mesmos que tornam Padre Marcelo uma liderança — até mesmo um santo ou padroeiro — e o reconectam à antiga lógica da santidade popular. Assim, além dos rosários que as pessoas trazem ao santuário para sintonizar as batidas de seus corações à oração, elas trazem também objetos pessoais como fotografias de parentes, carteiras de motorista e de trabalho. O papel de Rossi, então, é trabalhar constantemente no equilíbrio entre abstração e existência concreta. Ele vai empurrando as coisas na esperança de que isso faça aparecer seus opostos.

192 Elias Canetti, *Crowds and power* (Harmondsworth, UK, Penguin, 1960), p. 22; ed. bras.: *Massa e poder*, trad. Sergio Tellaroli (São Paulo, Companhia das Letras, 2019), p. 24.

193 Ao mobilizar o Sermão do Areópago, conforme reconstruído em Atos 17:16-34, Padre Marcelo está seguindo os passos do Papa João Paulo II, que associava esse evento ao advento da mídia moderna de massas, ambas sendo meios de evangelização e reforma para o catolicismo.

Agora que milhares de cadeiras monobloco foram reunidas em seu santuário, Rossi teve que estabelecer uma ponte entre suas vontades estilísticas pessoais e as vontades hierárquicas. Ele se resignou à ideia de ter cadeiras no santuário; no entanto, como ficou nítido naquele Dia de Todos os Santos, a resignação vinha acompanhada de uma teatralidade, uma espécie de encenação, como se quisesse declarar que, mais uma vez, estava no comando do espaço, mesmo que comandando o que ele preferia não ter ali. Pouco depois do começo do ritual, um grupo de noviços e diáconos — com seus coletes brancos imaculados — saiu de trás do altar, desceu pela longa rampa em ziguezague e atravessou todo o santuário até as cadeiras vazias estrategicamente posicionadas. Seguindo esse rebanho de neófitos, acompanhado de solenes hinos eletrificados enquanto se movia em fila pelo espaço, a multidão de fiéis se entregava a uma espécie de dramaturgia medieval popular, encenando o dia do Juízo Final das almas dos finados.

O cortejo das almas no catolicismo popular, típico do Dia de Todos os Santos — quando os tormentos do Inferno são comparados à alegria do Paraíso eterno e por ela são superadas —, foi integrado a uma performance que tinha a violência como seu referente, notadamente a memória da brutalidade que muitas pessoas sofrem todo ano no Brasil. Isso se tornou evidente quando o movimento sinuoso do corpo celestial na procissão — assemelhando-se a anjos que carregavam as almas das pessoas mortas em direção ao céu — ocupou os assentos que lhe foram destinados. Sentando-se numa ordem específica, as vestes distintamente brancas dos noviços exibiram um esquema literário relativo à significação no espaço e no tempo. Elas formavam um padrão que permitia a leitura das letras "p", "a" e "z" em caixa alta. Sentados dessa maneira, os corpos se tornaram caligráficos. Suas figuras conferiram uma ordem semântica a algo que, não fosse por isso, seria apenas um aglomerado abstrato de cadeiras desordenadas. Por meio dessa escrita feita pelo sentar-se, os corpos dos noviços excederam a própria individualidade. E quem alguma vez duvidou de que a escrita é ofício corpóreo?

Os corpos sentados se tornaram signos de uma inscrição provisória. Como marcadores, os noviços estavam para as cadeiras como uma caneta está para a folha de papel. A marcação literária no espaço absorveu, assim, o apoio para as costas das cadeiras: branco contra branco. As cadeiras ultrapassaram a função normalmente atribuída ao papel, a de ser mero suporte ou superfície inerte para a escrita. E foi precisamente pelo fato de Padre Marcelo não considerar as cadeiras matéria neutra que ele decidiu pela sua inclusão em uma cena de legibilidade teatral. Ou seja, elas não eram meros suportes físicos; não existiam apenas sob as pessoas que as ocupavam, como superfície inerte. Participando da escrita da palavra "PAZ", as cadeiras subverteram o poder de circunscrição que objetos assim normalmente têm, tornando-se uma tecnologia de inscrição. Apenas quem olhava do palco ou de casa podia decifrar as palavras, e Rossi acrescentou sua voz à coreografia para que a congregação soubesse o que estava escrito: "anjos da paz" — isso que os noviços eram. E como uma onda que apaga inscrições na areia em vista de futuras marcações, um aplauso massivo atravessou o local.[194]

O que mais importava, dessa vez, era anular o discurso crítico entre os membros céticos do clero. Mesmo que, em parte, o santuário tivesse cadeiras para acomodar esse clero, elas também ofereciam novas possibilidades para o corpo-candidato ao sentar-se. Uma das opções era formar um contínuo entre cadeira e quem se senta, suporte e corpo, de modo que ela — tornando-se extensão da ação de se sentar — acabaria por fazer parte da materialidade dessa ação. Os noviços não estavam apenas sentando-se nas cadeiras, permitindo ao signo que impusesse a sua vontade sobre a coisa. Seu sentar-se, de maneira deliberada, fez surgir um novo sistema de signos, ao menos para quem foi capaz de ler-através da alva inscrição de seu *ser*.

Para algumas pessoas, eu inclusa, havia um toque de comédia nessa cena: cardeais, bispos, arcebispos e outros patriarcas do rito latino[195] — adornados com pesadas batinas, lenços rabat de seda escarlate, cruzes, mitras e outros trajes oficiais — como que a lembrar-nos, como diz Canetti, que "o desenvolvimento temporal da lamentação é mumificado" — ... todos sentados em cadeiras de plástico. A aparência enganadora dessas cadeiras — até mesmo fantasmática — sob ocupantes tão patrícios foi tema de algumas conversas irreverentes na cantina após a celebração, e também no carro das congregantes que me ofereceram carona até o centro da cidade. As reações bem-humoradas dessas mulheres vieram logo após um debate exagerado sobre qual seria a cadeira na qual o Papa João Paulo II teria se sentado na sua última visita ao Brasil, em 1997, a terceira de seu mandato. As especulações sobre qual designer, qual carpinteiro faria a Cadeira Sagrada, sobre quais materiais seriam usados, ofereceram os termos do problema de como e onde sentar a hierarquia no espaço organizado pelo Padre Marcelo. "A tradição é um

194 Todos os anos, no Dia de Todos os Santos, Padre Marcelo encena a palavra "PAZ" de formas inesperadas ("A Paz" é o nome de um de seus álbuns mais populares). Num outro ano, ele trouxe um jato que rebocava uma faixa com a palavra, lançando pétalas vermelhas sobre a multidão. Apesar de o refrão ser esperado durante as celebrações, ele permite o erro. Assim, quem não pode ler a mensagem nos corpos dos noviços, pode lê-la graças à organização da expectativa. Para muita gente, isso bastava e, mais uma vez, o padre havia conseguido o que queria.

195 Elias Canetti, *Crowds and power*, p. 183, ed. bras.: *Massa e poder*, op. cit., p. 226.

trampolim para o futuro, não uma poltrona para descansar", disse a motorista, provocando risadas nas outras pessoas presentes.

Como na já referida canção de Bacharach e David, "A house is not a home" ["Uma casa não é um lar"], a questão linguística sobre a cadeira ser ou não uma cadeira quando ninguém se senta nela pode nos oferecer uma pista sobre como responder uma outra questão: se a cadeira continua sendo uma cadeira apesar de alguém se sentar nela.[196] Mesmo que inadvertidamente, Padre Marcelo jogou um holofote sobre os atributos flexíveis da cadeira, sua transformabilidade, sua plasticidade e não só sua materialidade presente. As reflexões de Canetti sobre o ato de se sentar, por exemplo, partem de uma imagem da cadeira como objeto rígido, algo que exerce, essencialmente, uma pressão no mundo. O modelo que ele usa é o do trono do rei, ou então a cadeira estofada macia, porém pesada; lugares onde se exerce e se conserva o poder. "A dignidade do estar sentado encontra-se especialmente contida na duração desse ato."[197] Canetti também escreve o seguinte:

> O que o estar sentado exibe é o peso corpóreo do homem. Tal peso necessita da cadeira elevada para se fazer valer. Visto conjuntamente com as pernas finas da cadeira, o homem sentado parece realmente pesado. Sentado diretamente no chão, a impressão que ele causa é outra; a terra é mais pesada e densa do que qualquer criatura; qualquer pressão exercida sobre ela não faz a menor diferença. Inexiste forma mais elementar de poder do que aquela que é exercida pelo próprio corpo, que pode destacar-se por seu tamanho — e, para tanto, tem de estar em pé — ou pode também impressionar por seu peso — para o que é necessário que exerça uma pressão visível.[198]

Se dependesse de Rossi, o poder seria sempre exercido de pé, nunca sentado. No entanto ele teve de abrir espaço para certa gravidade, certo peso que funcionaria como autorização, por parte da hierarquia, de seu estilo e de seu santuário.

No Dia de Todos os Santos, a ansiedade era grande em meio às pessoas — fiéis, voluntárias e voluntários; havia uma apreensão de que a presença da hierarquia, sentada ali com toda a solenidade possível, afetasse a ágil elasticidade do Espírito que havia tornado Padre Marcelo Rossi famoso, sobretudo com a singular Aeróbica do Senhor. Havia uma incongruência

196 P. J. Van den Hoven, "A chair is still a chair, even when there's no one sitting there: About the semiotics of the trivial", em Zdzisław Wąsik, Piotr Czajka e Michał Szawerna (ed.), *Alternate construals in language and linguistics* (Wrocław, Philological School of Higher Education, 2013), p. 143-160.

197 Elias Canetti, *Crowds and power*, p. 452; ed. bras.: *Massa e poder*, op. cit., p. 549.

198 Elias Canetti, *Crowds and power*, p. 453, ed. bras.: *Massa e poder*, op. cit., p. 549.

entre o esquadrão rígido do clero na parte da frente e o pessoal da calistenia na parte de trás; entre as figuras bem-definidas no altar e aquelas irregulares, vazadas, às vezes amontoadas e apertadas nos fundos do prédio. Rossi, porém, ao menos até certo ponto, foi capaz de expor a administrabilidade das cadeiras para além de sua função própria. Ele pode movê-las pelo espaço e rearranjá-las. Ele pode mostrar como elas eram cadeiras e anticadeiras ao mesmo tempo, que eram cadeiras fantasmas.

E as cadeiras não paravam de chegar...

Foi por volta de 2005 que as cadeiras monobloco "começaram a chegar" ao santuário "como se viessem do nada", disse uma voluntária que estava junto de três outras mulheres. "As primeiras cadeiras estavam ali, como se o vento as tivesse arrastado... e essas foram ficando, e mais [cadeiras] foram chegando". Era o segundo santuário do Padre Marcelo desde que deixara a sua pequena paróquia em Santo Amaro. "A vontade de ter cadeiras", notou ela, "veio também das pessoas". E continuou: "primeiro, as pessoas começaram a trazer cadeiras de acampar e a se sentar na parte mais externa da multidão, lá perto da parede. Mas como [a maioria] estava de pé enquanto louvavam, não conseguiam ver nada. Então, a administração do santuário, com a autorização do Padre Marcelo, encomendou uma [grande] quantidade de cadeiras e estabeleceu que apenas os que precisassem delas [idosos, crianças, pessoas com deficiência] se sentariam nas primeiras fileiras, junto com os convidados especiais".

Naquele ano, no começo de abril, o Papa João Paulo II havia falecido e, por algum tempo, isso reduziu a vivacidade e a energia que as massas normalmente apresentavam. Como já discutido antes, o Papa era um entusiasta apoiador do Padre Marcelo, e corriam rumores de que o próximo Papa, o cardeal Ratzinger, seria bem menos favorável à verve e ao dinamismo que ele oferecia às pessoas. Esse medo se deparou com um correlato, a preocupação de que a introdução das cadeiras mudasse, de maneira substancial, o comportamento que o padre havia incentivado por tanto tempo em sua congregação. As cadeiras poderiam interferir no ritmo que o padre buscava estabelecer na oração, no canto, na dança, afetando, dessa maneira, a motivação geral que as pessoas teriam para se engajar corporalmente com a Santa Missa. Resumindo, o receio era que o centro gravitacional do santuário deixasse de estar nos ecos das canções, do som, e passasse ao eixo que conecta o sagrado ao solo, onde normalmente é exercido o poder.

Ironicamente, as primeiras cadeiras começaram a chegar no santuário por causa da fama do Padre Marcelo, e não por pressão da hierarquia. Até hoje, fiéis fazem fila do lado de fora do santuário, e isso desde as quatro da manhã. Algumas dezenas passam a noite no local, enroladas em sacos de dormir, esperando a abertura dos portões externos por volta das cinco e quinze. Muitas pessoas, porém, passaram a trazer suas cadeiras. A maior parte era dobrável e leve, algo bastante útil tendo em vista o fato de que a celebração durava entre duas e três horas, às vezes em dias de calor escaldante. Quem trabalha no santuário, no entanto, tentava desencorajar essa prática, pedindo que as pessoas que quisessem se sentar fossem até o refeitório ou para o lado de fora. Com o tempo, começou a ganhar forma todo um discurso sobre resistência e cansaço: o esforço feito para chegar cedo e esperar autorizou algumas pessoas a ver o ato de se sentar como algo mais do que privilégio. Gradualmente, as fileiras da frente passaram a ser ocupadas também pela hierarquia da Igreja, e não só por quem tinha "necessidades especiais". Por trás dessas fileiras, havia algumas outras para as pessoas convidadas, como freiras e frades de ordens variadas, também políticos e celebridades. E atrás dessas personalidades e desses dignitários ficava a congregação de pé, que normalmente chegava ao número de trinta mil pessoas. Rossi temia que, assim que se permitisse o uso de cadeiras para algumas delas, seria difícil reverter o processo. Cadeiras trariam mais cadeiras, cada vez mais, uma espécie de viralização. Isso tudo criaria uma situação verticalizada no interior da assembleia, que só poderia ser desfeita com a introdução de ainda mais assentos. Para contornar o problema, Rossi trouxe bancos de madeira e os colocou no altar, de modo que a hierarquia — mais inclinada ao comportamento queixoso — pudesse olhar a multidão de cima como ele mesmo fazia.

Certa vez, no ano de 1996, enquanto celebrava na pequena capela de sua diocese, na região sudeste de São Paulo, Padre Marcelo improvisou um sistema de som no pátio da igreja. Transformando a rua numa extensão da igreja, ele começou a celebrar a Santa Missa ao ar livre. Com as notícias sobre suas espantosas celebrações se espalhando, com a atenção cada vez maior que recebia das pessoas e da mídia, a rua acabou se tornando intransitável. Com o tempo, as artérias circundantes que conduziam à capela ficaram inteiramente preenchidas por celebrantes em de pé nos dias de Missa. A polícia e a equipe voluntária tiveram de orientar a multidão e reorganizar todo o trânsito na região; as autoridades públicas, incluindo o prefeito, tiveram de se desculpar com quem residia na vizinhança. O gesto de levar a Missa para além das paredes da igreja — melhor, a reunião de quem estava fora da capela com quem estava dentro — foi uma espécie de comentário acerca da natureza da multidão que Rossi queria produzir e mobilizar. Sua audiência não era formada por corpos fronteirizados, espaço-temporalmente posicionados, mas uma multidão produzida pelo ritmo. A diferença diz respeito à percepção sutil de uma multidão emergindo pela ressonância, na concepção de ritmo como algo que supera a separabilidade da presença, em que a especificidade numérica se abstrai na possibilidade da enumeração, na possibilidade de uma contagem que está sempre a caminho para ser-mais. É como se as coreografias rítmicas que Padre Marcelo Rossi introduz — atraindo milhares de pessoas para sua capela, para a sua rua, para o seu bairro — tivessem o poder de fazer do todo algo para além da soma de suas partes. Abraçando a repetição das letras, das melodias e dos movimentos que as acompanham, a multidão se transforma no tempo e na síncope da música. Rossi seria o líder maior da criação de um desfile que ele nomeou "o Carnaval de Jesus", "o yeah yeah yeah de Cristo" que, assim como fazem os bons desfiles em São Paulo, causou um tanto de desordem e tumulto no trânsito cotidiano do bairro, dificultando bastante a jornada de fiéis e também de visitantes que lá iam apenas por curiosidade.

Na virada para o século 21, as maiores redes televisivas competiam pela presença do Padre Marcelo Rossi. Ele era conhecido, então, como o "padre das mídias", "padre das maratonas", "o padre que nunca se senta e nunca deixa você se sentar". O renomado teólogo da libertação, Frei Betto, conselheiro espiritual de Lula, acusou Rossi de ser um "padre-celebridade", sugerindo que ele devia parar para pensar no que de fato era a teologia. Monsenhor Beltrami da Arquidiocese de São Paulo (introduzido no Capítulo 3), quando o visitei em maio de 2001, disse que Rossi, "ao invés de correr uma média de dez quilômetros em sua esteira e outros dez indo da estação de rádio até o estúdio de TV, devia usar o tempo para pensar se é isso mesmo que o catolicismo brasileiro deve se tornar".[199] O que todas essas vozes sinalizavam era um desconforto, mas também uma admiração indelével pela energia do padre, por sua capacidade de corporificar a capacidade midiática de estar em diferentes lugares ao mesmo tempo.

Ainda sobre as cadeiras monobloco, é preciso enfatizar mais uma vez a força que o padre encarnava. Num domingo qualquer, ele poderia ser encontrado celebrando a Santa Missa em algum canto da cidade; aparecendo como convidado no programa Domingo Legal, o mais popular do país; na capa de uma revista; falando em seu programa diário na Rádio América; estrelando algum longa-metragem, tendo atuado em dois filmes que ele também dirigiu; cantando seu hit techno extremamente popular, "Erguei as mãos", em algum disco; e muito mais. Sua ambição era corporificar os atributos extramurais do som, ou personificar — como no filme em que

199 Encontrei com o Monsenhor Beltrami algumas vezes enquanto consultava a biblioteca da Arquidiocese de São Paulo, parte de meu trabalho de campo em 2001. Ele era coordenador do Departamento de Comunicação da arquidiocese, desempenhava um papel importante no modo como a Igreja Católica se relacionava com os meios de comunicação de massa. Também era um crítico declarado das metodologias comunicacionais do movimento carismático.

fez o papel do Arcanjo Gabriel — os atributos elétricos das entidades angelicais.[200] O que ele queria era estar em determinado lugar, desaparecer e reaparecer em outro; ser como um relâmpago que atinge e ilumina ao mesmo tempo; ser eficiente como Expedito, santo das causas urgentes, uma das figuras preferidas da comunidade de seguidores do Padre Marcelo.[201]

Logo ficaria evidente que Rossi precisava abandonar sua capela no sudeste paulistano e encontrar outro lugar para as suas celebrações. Em 1998, já estava oferecendo missas em ginásios, estádios de futebol, pistas de corrida e parques. Pressionado por seus pares no clero, que pediam que sossegasse e ficasse em uma única localidade, ele alugou um galpão enorme na zona industrial de sua diocese. As celebrações no novo santuário eram alternadas com uma presença intensa na mídia, algo que aconteceu até que as duas coisas passaram a coincidir: a mídia foi ao santuário filmar as celebrações. Apesar das restrições impostas pela hierarquia, que queria que ele tivesse uma casa espiritual que fosse sua, Padre Marcelo resolveu encontrar formas de reviver sua ideia de uma congregação formada pelo movimento. Ele era resistente. A insistência em celebrar com portas abertas, o desejo de construir um santuário com "portas expansíveis" (ver Capítulo 5) e, por fim, a ausência de portas no Santuário Mãe de Deus são reiterações de um ataque à possibilidade de contenção. Seguidores, agentes publicitários e meios de comunicação seguiram arredondando o número de visitantes por celebração: vinte mil, quarenta mil, setenta mil, dois milhões... A contagem foi publicizada e, a partir disso, inflada, contestada, corrigida, até reforçar a impossibilidade — e a ausência de desejo — de fazer da presença algo enumerável. Que cadeiras poderiam fazer jus a tal ambição?

As cadeiras não paravam de chegar. Primeiro, foram trazidas pelas questões práticas já mencionadas; depois, por imitação; por fim, em resposta à concessão feita pelo líder do santuário. "Se acham que vão ficar muito cansados", ele passou a dizer, "podem trazer o seu banquinho". A variedade de assentos, entretanto, passou a interferir no seu senso de coletividade e a obstruir a liberação dos membros, cuja agitação vertical faria com que o sangue corresse e os rostos se avermelhassem, suados — ele gostava desse esforço. Por fim, Rossi autorizou o uso das cadeiras monobloco, trazendo milhares delas para o santuário. Elas modificaram o espaço de maneira significativa, diferindo bastante do design convencional, da aura dignificada dos bancos de igreja — aura que remete à durabilidade e ao peso. A facilidade com que as cadeiras podem ser arranjadas e desarranjadas, empilhadas e desempilhadas, até mesmo descartadas, ajuda a exibir a plasticidade do próprio espaço.

200 Maria José de Abreu, "Breathing in the heart of the matter", op. cit.

201 Maria José de Abreu, "Fedex Saints: patrons of mobility in a Neoliberal City", op. cit.

Esses atributos práticos sintetizam, em seu ser-material, um modelo para pensar a subjetividade nos espaços urbanos de São Paulo. Ao mesmo tempo, porém, a leveza das cadeiras ameaça a estrutura de ancoramento da qual depende a própria leveza de Rossi. Além disso, no caso da cadeira, há um risco ao governo adequado das multidões *qua* indivíduos, o que exige medidas voltadas à preservação do espaço contra o total desarranjo. Em última instância, o que fez da cadeira monobloco um objeto tão performativo é o fato de que ele permite a coexistência dos opostos; é uma cadeira que incorpora a ambivalência de um movimento simultaneamente pentecostal e católico. Como objeto, serve de explicação e comentário sobre as estruturas de poder que governam a relação entre o desejo do Padre Marcelo de formar uma multidão aberta e o medo da Igreja de que o excesso de liberdade provoque uma série de perturbações nos passos medidos, nos cânones pesados, nos sermões rígidos da hierarquia.

Antes ou depois de cada celebração, a vista das cadeiras no santuário serve de gatilho para o que Mario Perniola chamou de "apelo sexual do inorgânico".[202] Na apreensão sensual de seu ser-material — sua *cadeiridade* —, sentimos por um momento o modo como a cadeira monobloco pode ser um artifício material do espírito. Isso fica bem evidente quando, por causa das correntes de ar que atravessam o prédio — que, para quem observa de longe, parece um daqueles postos de gasolina de beira de estrada, enormes, abertos, cobertos por belos telhados — a leveza das cadeiras se manifesta de maneira perturbadora: elas começam a andar à deriva, formando multidões que expõem a necessidade incontroversa de regimentação para que a leveza e a plasticidade não se confundam com a desordem e a diluição. Para isso servem as centenas de pessoas vestindo coletes azuis no santuário; elas são responsáveis pelo retorno das cadeiras à similitude sem fim de sua existência. Intensificando a zona de penumbra que a cadeira comunica entre espírito e materialidade, conteúdo e forma, o que é contido e o que contém, estão as manifestações ritualizadas e sobrenaturais de milagres, profecias e revelações que ocorrem nessas celebrações abarrotadas. Mais uma vez, sendo feita de plástico, a cadeira forma um meio-termo importante entre o ato de estar de pé e o ato de se deitar no chão, como se, ao longo da cerimônia e de maneira paradoxal, os indivíduos ungidos fizessem concessões à gravidade para repousar ou cair no Espírito.[203]

202 Mario Perniola, *The sex appeal of the inorganic: philosophies of desire in the modern world*, trad. Massimo Verdicchio (New York, Bloomsbury, 2004).

203 N. da T.: Cair no Espírito é um acontecimento típico de igrejas pentecostais, incluindo as carismáticas: uma queda que ocorre durante o êxtase, em geral no momento da oração e da unção. Também se fala em repouso no Espírito.

Numa visita feita em 2019 ao (ainda) inacabado Santuário Mãe de Deus, avistei uma estrutura metálica no chão, ali presente apenas para as cinco primeiras fileiras de cadeiras do santuário, a zona do cinturão onde bispos, cardeais, políticos, celebridades e outras figuras nobres se sentavam. A ideia era prender as cadeiras na parte da frente do santuário, de modo que elas — e talvez as pessoas que as ocupassem — não pudessem ir embora. No fim das contas, acabamos voltando ao que Ruy Ohtake havia proposto no início: uma primeira fileira de cadeiras — mais assemelhadas a divãs carmim, projetados para aguentar o peso dos altos dignitários — e as multidões no fundo, de pé em adoração.

Gravidade

O problema da gravidade — de sua força normativa e sensorial — ocupa um lugar tradicional na criação de espaços religiosos e na organização disciplinar do *eu* religioso. Na física moderna, a gravidade é definida como força de atração que move os corpos em direção ao centro de um corpo celeste. Já na tradição cristã, ela pode ser pensada a partir da maneira como o rito religioso da Missa [*mass*] se torna um problema de como relacionar os corpos existentes, que são massa [*mass*] humana e não humana, a partir de uma relação mais ampla com um corpo celeste. No design moderno de interiores das igrejas, a cruz passou a ocupar a posição central e a servir como corpo celeste primário em relação ao qual todos os outros são orientados. Ela é o sinal que faz a mediação entre a relação vertical céu-terra e as relações horizontais da vida mundana. Apesar de o termo "Missa" se referir ao rito da celebração em sua amplitude — a liturgia da Missa —, ele também traz uma relação metonímica com as propriedades da Eucaristia. No cristianismo, a união em comunhão tem sido o poder operacional primário da Eucaristia. Nas discussões medievais sobre a aparência da Eucaristia e a subsequente substituição do pão usado no cristianismo primitivo pela hóstia, tornou-se importante que o princípio de comunhão em massa fosse corporificado nas propriedades materiais desse substituto. O corpo da Missa deveria ser codificado, substanciado no corpo da Eucaristia.

Nesse mesmo período em que o *corpus* da hóstia se tornava mais leve, mais achatado — quase translúcido —, o cenário da liturgia estava cada vez mais pesado, cada vez mais orientado para objetos. Era como se o movimento de trazer a autoridade do céu para a terra demandasse que certo peso fosse dado aos argumentos visuais próprios de um cenário eclesiástico, codificados no assento, no cetro, nas regalias do Papa. A iconologia litúrgica, o mobiliário, as insígnias, tudo isso deve significar uma série de aspectos da soberania religiosa e civil. Já os emblemas comuns, como altares, oleiras, fontes batismais, cadeiras, grades de comunhão, quadros de hinos, púlpitos, bancos, rosários, genuflexórios e os edifícios construídos para abrigar tudo isso seriam representações materiais do peso como meio de persuasão. A escolha de materiais mais pesados — pedra, madeira, metal — sustenta esse movimento, ao mesmo tempo que dá continuidade ao desafio de testar a fé no trabalho com esses mesmos materiais, tanto na escultura como na gravura, tirando de tudo isso uma série de lições de caráter espiritual e institucional. Assim, como um todo, os materiais usados na igreja eram selecionados a partir das associações feitas entre peso e autoridade terrena.

No entanto, apesar de o peso ser fundamental para trazer o poder celeste à Terra, sua negação permite que certos objetos — ostensório, cálice, Bíblia — sejam elevados no ar. Tamanho, formato, proporção, simetria, equilíbrio são atributos importantes nesse levantamento de peso. O rito da Missa, portanto, não pode ser somente um meio de direcionar o olhar-espectador para a natureza cruciforme dos gestos que o padre performa — para cima e para os lados. Ele diz respeito, igualmente, à implicação desses gestos na política musculatória da instituição, expressa no objetivo sempre reiterado de crescer e se expandir pelo universo na forma do *kathólou* [universal]. Assim, a ortopraxia do levantamento de objetos não se limitava a desafiar a gravidade que neles se encontrava por conta do design;[204] ela acompanhava a ambição de codificar esse peso no corpo da *ecclesia*. Nesse sentido, a *ecclesia* sempre foi celebrante e halterofilista ao mesmo tempo. Na Europa medieval, o contraste entre gravidade e levantamento de peso encontrou uma equivalência icônica no enclausuramento da hóstia no interior de um pesado ostensório, cujo peso é superado no gesto do padre que o eleva no ar, fazendo com que toda a comunidade possa participar da edificação da Igreja. Esse exercício se repete no rito da comunhão, na replicação e na distribuição da hóstia para a congregação, na capacidade de afirmar e denegar o corpo humano e sua presença carnal.

As relações entre hóstia, cadeira monobloco e comunidade não são, portanto, apenas metafóricas. O que essas três entidades possuem em comum é uma semelhança em termos de ritmo e dinamismo, não de aparência. Hóstia, cadeira e comunidade incluem a *complexio oppositorum* ao seu ser-procedimental, e assim operam o paradoxo que consiste na afirmação da *gravitas* no momento mesmo de sua negação. É por meio desse mesmo paradoxo que, para o movimento carismático, o ganho de forma humana e de massa em Cristo permite a expressão da leveza insustentável e da fantasmaticidade de Deus. Como documentado por Caroline Walker Bynum, a força por trás do rito, na prática sacramental, não

204 Jeremy Stolow, *Orthodox by design: Judaism, print politics, and the ArtScroll Revolution* (Berkeley, University of California Press, 2013).

vem de seu contexto, mas do poder de exaltação da natureza paradoxal de Cristo: sua dupla natureza, espírito e carne, encarnada-em-passagem como luz cintilante.[205] Da mesma maneira, a força do sacramento era dada pela capacidade de exposição de sua vulnerabilidade cardeal. O valor da hóstia está no poder de se assemelhar àquilo que lhe serviu de protótipo: a experiência cinética e caótica de uma presentificação do invisível. Essa ideia já foi explorada no Capítulo 3, onde argumentei que a eficiência da Eucaristia depende de uma vulnerabilidade estratégica, de certa reputação dada na ruína que realça os contrários, o que é e o que não é. Para o movimento carismático, a Eucaristia expressa o princípio ortodoxo de que os contrários fazem surgir a vida como supraemanação do *corpus ecclesia*: do divino para o vigário e, por fim, aos membros. Os elementos procedimentais e estruturais que governam as relações entre hóstia e comunidade, divino e humano, leveza e gravidade — bem mais do que os produtos da celebração — convergem todos na noção de *mass* ["missa/massa"]. Aqui, falamos tanto da congregação como da matéria, do ato de reunir como da carne, do rebanho como do estoque.

A profusão da estética barroca no Brasil dos séculos 17 e 18 mostrou bem esse sentido complexo de missa/massa ao integrá-lo em uma composição estética. Artistas do barroco trabalharam o aprimoramento do volume pelo jogo entre luz e sombra, enquanto a escultura das formas tendia ao infinito graças à eliminação das fronteiras e dos limites da imagem. Os excessos do barroco e os jogos perceptivos que ele oferecia são algumas das razões para o peso gravitacional da cruz ter se tornado tão relevante durante as reformas católicas na segunda metade do século 19. Apesar de a proliferação de santos e estátuas, no período colonial, ter gerado um *corpus* de ensinamentos cristãos, essa profusão material acabou contribuindo para a dispersão do poder, que ficou descentrado em relação a um núcleo de autoridade. O que os reformadores do século 19 — como a ordem europeia dos Redentoristas — tentaram fazer, na redução violenta e incisiva do número dos santos populares, foi combinar a necessidade da *gravitas* com uma série de estratégias de contenção. A cultura dos santos e suas muitas hierarquias, outrora um meio poderoso de proselitismo, foi reduzida de maneira drástica durante a modernidade para que se encaixasse no modelo axial corporificado na cruz. Esta se tornou o signo publicitário que puxaria o poder sacro

205 Caroline Walker Bynum, "Seeing and seeing beyond: the mass of St. Gregory in the fifteenth century", em Jeffrey F. Hamburger e Anne-Marie Bouché (ed.), *The mind's eye: art and theological argument in the Middle Ages* (Princeton, NJ, Princeton University Press, 2006), p. 208-240; *Wonderful blood: theology and practice in Late Medieval Northern Germany and beyond* (Philadelphia, University of Pennsylvania Press, 2007).

para a terra, e que permitiria a coerência das relações terrenas pelo ancoramento de cada indivíduo na relação com um centro. Em tempos de preocupação com as técnicas da modernização, a cruz se tornou meio de enquadrar o domínio público. Antes empregada como instrumento de subjugação colonial, ela passou a ser, para o indivíduo religioso moderno, o que o plano de grade tem sido para o planejamento urbano: recurso para medir e racionalizar o espaço.

A preocupação com essa racionalização também incluía o espaço aéreo. A busca pelos pontos geológicos mais elevados para fincar cruzes e outros ícones religiosos — caso da imagem do Cristo Redentor situado no topo do Corcovado desde 1932 — fazia parte de um esforço mais amplo de reconfiguração do estatuto do espaço aéreo, em que este passou de substância espessa a uma dimensão vazia, uma espécie de secularização do próprio ar.[206] Cruzes podem ser elevadas no ar, mas elas não são artefatos aéreos. São objetos identificáveis por suas bordas materiais, enquanto o ar é sem fronteiras, sem começo ou fim, sem dentro ou fora; a cruz diferencia objeto e atmosfera, o ar expressa uma indistinção entre evento e meio.[207] Na tentativa de elaborar uma nova relação vital com a terra, sobretudo na esteira e no espírito da independência do Brasil em 1888, o país acabou embarcando numa projeção dos valores registrados em sua bandeira, "ordem e progresso", tomados do positivismo francês.

No catolicismo, essa relação vital com a terra encontrou sua expressão na teologia da libertação, com sua metafísica terrena e sua política de base, uma política da liberdade e do exílio. A dissociação entre Roma-centro e a periferia das gravidades locais, ao longo do século 20, estreitou ainda mais os laços entre a teologia da libertação e o uso da terra como gramática para a libertação e para a redenção. O levante moral e ideológico dos povos estava vinculado a uma retórica terrena que mobilizava fontes políticas e folclóricas, e essa dependência em relação aos vocabulários terrenos, na articulação de questões políticas e religiosas, é aquilo que os carismáticos mais intensamente repudiam. Pude testemunhar, por exemplo, numa conferência de imprensa em Curitiba, membros do movimento sugerindo que a teologia da libertação era mais pesada do que a cruz que

206 Maria José de Abreu, "Worldings: the aesthetics of authority among Catholic Charismatics in Brazil", em *Culture and Religion*, v. 16, n. 2, 2015, p. 175-192.

207 Ironicamente, com o tempo, o próprio poder da tecnologia em negar a substancialidade do ar levou a uma identificação quase completa entre ambas as coisas. Eis o estado que hoje testemunhamos, em que a sofisticação tecnológica aspira a se tornar um com o ar. O fato de que a realidade computacional está carregada de analogias aéreas e uma retórica (hiper)ventilatória — a identificação entre velhas mídias e gravidade — e de que o significado padrão de "nuvem" se tornou "armazenamento de dados em servidores" são ambos sintomas dessa fusão entre fenômeno natural e produto tecnológico.

eles tentavam carregar, ou seja, que o conteúdo real carregado por aquelas crenças seria muito mais ideológico do que religioso.[208]

A chegada da Renovação Carismática no Brasil, no fim da década de 1960, precipitou uma série de doutrinas e práticas que desafiavam as antigas demandas de *gravitas* e de circunscrição do sagrado. A importância atribuída à cruz, como atrator primário do poder institucional, pela Igreja Católica modernizada inspirou o movimento carismático brasileiro a criticar tanto a dramaturgia da crucificação quanto as qualidades formais da cruz. Tentando se desvincular dos cenários mais teatrais da Paixão de Cristo, carismáticos investiram em meios inovadores de vincular o pensamento doutrinário a outros repertórios materiais e performativos. Esse empreendimento dependia da afirmação de que a Paixão estava para a morte como o Espírito estava para a vida. Como me disse certa vez o líder de um grupo de oração, "em termos bíblicos, aqui a gente diz que o movimento carismático é uma mudança, sai dessa gravidade da Paixão de São Mateus e vai para a alegria da ressurreição em São Lucas".[209] A localização do *pneuma* na região dos pulmões e do peitoral, como argumentei no Capítulo 4, ofereceu ao movimento um novo critério para a valoração do que sobe, da verticalidade, do cinético. Batizar-se no Espírito Santo — a dádiva sobrenatural da experiência de reavivamento carismático — é transformar as coordenadas corpóreas no eixo central de um exercício vertical de carismas.

Nessa nova orientação, na qual se privilegia a mobilidade vertical, o ato de se sentar invoca os demônios do hábito e da inércia, da conformidade e da obesidade — demônios que levam, eventualmente, à rigidez e à morte. O indivíduo carismático, de bem e ungido, fica de pé porque está preparado para saltar e porque, saltando, atualiza sua capacidade de aprimoramento. Os carismas deixam a pessoa sempre numa disponibilidade. "Esses bispos que insistem em ficar sentados, eles nunca vão falar em línguas", disse-me o líder de um grupo de oração em São Paulo, durante a comemoração do vigésimo aniversário do movimento, realizado na cidade de Aparecida do Norte. O evento, que durou cinco dias, estava carregado de tensões entre a hierarquia e a comunidade leiga, e comentários cheios de insinuações corriam de um lado para o outro. "E nem é porque eles se recusam. É porque, enquanto estiverem dobrados desse jeito, o corpo deles vai ficar selado como as muralhas de Jericó". Ficar de pé, por outro lado, é preparar o corpo para se mover. Desde que se mova, ele constantemente poderá reavaliar seu equilíbrio, sua simetria, seu passo, qualidades que o movimento carismático enxerga como meios privilegiados de acesso aos pulmões e ao coração.

208 Seminário Teologia da Renovação Carismática Católica em Curitiba, 2001.

209 Congresso da Renovação Carismática Católica em Marília, São Paulo, 2001.

Ementa

Na primeira semana de maio de 2010, Padre Marcelo caiu de sua esteira antigravidade. Na queda, torceu o pé e teve de usar uma cadeira de rodas por três semanas. Quando falava do acidente, enfatizava a sensação de que o ar estava empurrando-o por baixo dos seus pés, passando por suas pernas, produzindo uma elevação ligeira. Rossi tinha orgulho de correr de olhos fechados, uma prova de que esse exercício havia se tornado algo ordinário, e por isso ele insistia bastante, ao falar com a mídia, que sua queda havia sido causada por um olho gordo. Seu livro *Ágape* vendia muito bem, como nenhum outro na história do Brasil, um recorde de 10 milhões de cópias, e esse sucesso teria sido a causa última do acidente, e não a incapacidade de se adaptar a uma máquina ultramoderna, como diziam os boatos. De todo modo, o incidente não o impediu de seguir com a vida. Apesar dos conselhos da família e do Bispo Figueiredo de que ele deveria repousar para se recuperar, ele cumpriu seus compromissos e celebrou a Missa usando cadeira de rodas.

No dia 9 de maio, Dia das Mães, ele entrou no altar girando sua cadeira de rodas, gerando uma onda considerável de comoção na audiência majoritariamente feminina. “Uma cadeira de rodas”, ele disse, “não é tão ruim assim”. Depois, no microfone, gritou como de costume: “Vamos agora abalar a casa? Vamos pular?”. O evento começou com sua sequência habitual de canções, auxiliado pela cantora Hebe Camargo. Para muitas das pessoas presentes, havia algo de extraordinário em ver o padre, que ficou conhecido por desafiar a gravidade, confinado em uma cadeira. Isso, porém, também lhe oferecia a oportunidade de encenar a superação dessas limitações. Além disso, ele pode admitir que, às vezes, é preciso se sentar. Era uma lição que estava aprendendo. O acidente, no entanto, também reforçou seu argumento de que as cadeiras são lugares elevados de indulgência, de que elas transformam as pessoas em espectadoras, não participantes; elas podem ser púlpitos que confirmam a ideia de que o corpo nunca está suficientemente edificado. Rossi continua afirmando que a convenção que exige sentar os fiéis desconsidera o fato de que a luz da graça ainda encontra seu melhor reflexo quando as pessoas estão de pé, prontas para correr na direção que o Espírito Santo indicar. Ficar de pé é agir e expor a necessidade do exercício religioso. É requisito mínimo para que o Espírito inicie sua dramaturgia da unção e da devoção.

Nitidamente instáveis, as cadeiras monobloco seguem no santuário do Padre Marcelo, como se tivessem sido levadas até ali pelo vento. Apesar de ser uma expressão coloquial, “levadas pelo vento” pode ser traduzida com facilidade, no interior do movimento carismático, como “sopradas pelo Espírito Santo”. Porém a contraparte desse vento inspirado, que leva e traz as coisas, é a cadeira barata, descartável, associada às correntes de ar do capitalismo industrial. A biografia desse objeto de plástico reflete a dupla natureza do espírito e da globalização. A cadeira monobloco, como já dito, é um artefato anônimo que se identifica com seu próprio modo de produção, seu processo de manufatura, seu espírito. Ela é objeto finalizado e infraestrutura ao mesmo tempo; signo, forma e condição de possibilidade. Simultaneamente cadeira e conceito, ela tem algo de Theotókiano. Não surpreende, aliás, que a cadeira que mais se beneficiou da fama do design anônimo da monobloco seja chamada precisamente de *air-chair* [cadeira-de-ar]. De todo modo, estando associada, de maneira geral, a ambientes externos, a cadeira monobloco é emblema da ambivalência espacial do santuário do Padre Marcelo em demarcar interior de exterior. Pergunto-me sobre o que será das cadeiras se o padre um dia finalizar a construção do Santuário Mãe de Deus. Em sua forma atual, ele pode argumentar que cadeiras melhores, talvez de um plástico mais resistente, serão autorizadas no futuro para que haja a opção de se sentar. Mas, com o lento progresso dessa construção, a cadeira monobloco ainda parece sintetizar melhor o espírito do lugar, assim como a lógica da multidão aberta.

Interior do Santuário Mãe de Deus, São Paulo (Brasil).
Foto: Maria José de Abreu.

Teologia fugitiva
Epílogo

O projeto moderno de crítica da religião foi uma tentativa de substituir o conceito de história na teologia cristã, que, por sua vez, também tem em sua tradição uma maneira de pensar a interrupção na continuidade temporal. O anão-teológico da tese de Benjamin nos mostra essa presença. O materialismo histórico corporificado nessa figura está situado na abertura, na brecha ou na incisão oportuna, surgindo no meio do tempo de modo que "somos tocados por um sopro do ar que foi respirado antes [...] nas vozes que escutamos, ecos de vozes que emudeceram [...]" (Tese II).[210] Porém, apesar de todo o investimento na interrupção de narrativas lineares do tempo — esforço com o qual Benjamin havia se comprometido —, o foco da crítica tem sido bem menor nas formas de interrupção menos progressistas, quando não explicitamente conservadoras, que Benjamin também havia analisado.

O movimento carismático no Brasil usa com frequência uma fraseologia teológica grega em interações sociais — algo mais próximo da teologia fugitiva sobre a qual Benjamin fala do que de uma teologia de escritório, cuja função é dar asilo ao que está em perigo por meio de uma aproximação com a cultura popular. Por muito tempo, membros do movimento carismático caçaram maneiras de tirar a linguagem de seu estado de indolência, por assim dizer, levando a comunicação verbal para se exercitar no ginásio. Uma delas tem sido o emprego de termos gregos como *kharis*, *kairós*, *kronos*, *khôra*, *kerygma*, *kenosis*, *schesis* e muitos outros que aparecem na fala e nas orações — não com a mesma frequência em todos os lugares, mas o suficiente para se tornar algo característico do movimento.

210 Walter Benjamin, "Theses on the Philosophy of History", em *Illuminations*, op. cit.; ed. bras.: "Sobre o conceito de história", em *Magia e técnica, arte e política*, op. cit.

Esses termos servem para produzir conjunções com figuras como a tautologia, a aliteração, a parataxe, fazendo com que a linguagem ganhe atributos ginasiarcais. A ideia é interromper o movimento progressista da linguagem para ter uma experiência melhor de seu "exercício", assim permitindo uma série de dispensas laterais e corpóreas. Os carismáticos, desafiando o que consideram ser uma obesidade metafísica, ainda assim adotam a mesma lógica encontrada nos ambientes obesogênicos que sustentam as culturas contemporâneas do corpo, com seus regimes alimentares e exercícios físicos. Eles operam por meio de uma oscilação bipolar, de paradoxos basais, fazendo o que o filósofo Peter Sloterdijk considera típico dos "heróis/santos/atletas" — os que são capazes de esconder a natureza contraditória de sua mensagem pela exposição e pela ênfase excessivas. Esses atletas, que tentam "corporificar o privilégio de uma emanação que vem direto da exceção", devem situar o paradoxo no seu íntimo — ele deve ser *um* com a vida, a respiração, a gestualidade — para que seja conservada a dialética entre os opostos, para que ela pareça, ao mesmo tempo, natureza e artifício. Essa é a elasticidade carismática.

Apesar de as comunidades menores do movimento terem usado termos gregos antes da década de 1990, foi o ex-fisiculturista Marcelo Rossi que levou essas noções teológicas para agitar as multidões. Ele produziu coisas como o livro *Kairós*, sucesso absoluto de vendas; o álbum *Ágape Musical*, também um sucesso; *Philia*, livro de autoajuda contra a depressão que ensina a "aplicar" a *philia*. Além disso, há o livro *Metanoia — Wi-Fé: descubra a senha que vai revolucionar a sua vida*. *Agapinho: Ágape para crianças* e, a ser publicado, *Ágon*, para as pessoas em aflição e aquelas que são boas na arte de alcançar a graça nas mais terríveis situações. Então, em 2014, depois de uma dieta praticamente suicida que o fez perder 35 quilos em seis meses, Padre Marcelo lançou *Ruah: quebrando os paradigmas de que gordura é saúde e magreza é doença*, com dicas para uma dieta saudável, mais um sucesso histórico de vendas no país. Conforme explicou para suas audiências, a palavra hebraica *ruah* foi escolhida como alternativa ao grego *pneuma* porque, como o livro é sobre dieta, fazia mais sentido recorrer aos ventos suaves que circulam no abdômen (o *pneuma*, como vimos, fica situado no peito). Seja como for, a mídia queria ouvir o Padre Marcelo admitir que a mudança de peso era efeito direto das oscilações de humor que ele sofria, da bipolaridade que, por sua vez, ele enfatizava e bloqueava quando informava o mundo sobre seus exercícios diários na esteira.

Ao mesmo tempo, essa bipolaridade também é infletida pela lógica do estrelato no Brasil. Um exemplo disso é a famosa troca de cartas entre o teólogo da libertação Frei Betto e o Padre Marcelo, publicada em 1999 no jornal de maior circulação do país: "Mas lembre-se: quanto maior a altura, maior o tombo".[211] A bipolaridade aparece novamente durante um espetáculo na comunidade Canção Nova, que sempre viu a fama incomparável de Rossi com admiração e ansiedade. Diante de uma multidão de milhares de pessoas, uma invasora empurrou o padre brutalmente para fora do palco, fazendo com que caísse de cabeça no asfalto; considerando seu investimento passado na comparação de si com o Arcanjo Gabriel, talvez a mulher que o empurrou estivesse, na verdade, lançando-o para cima e não para baixo. Tudo foi confuso, e poucas explicações foram dadas. O fato de que ela foi diagnosticada mais tarde com transtorno bipolar não ajudou a esclarecer coisa alguma.

Quando, em novembro de 2018, depois de uma visita oficial à principal base aérea do país, localizada na região do Vale do Paraíba, o presidente Jair Bolsonaro passou rapidamente pela Canção Nova, ele foi tomado de um choro de alegria. Na TV, ao vivo, o Monsenhor Jonas Abib, junto de outros membros fundadores da comunidade midiática e do Padre Eduardo Dougherty — jesuíta estadunidense responsável por introduzir a Renovação Carismática Católica no Brasil em 1969 —, orava pelo recém-eleito presidente. Em um momento de adoração coletiva, o presidente e a audiência levaram a glossolalia ao local da suposta ferida aberta pela facada sofrida durante a campanha eleitoral em setembro de 2018. Padre Jonas, então, disse a Bolsonaro de que ele era o "presidente que o Brasil precisa", que havia sido escolhido para ser o soberano "dessa grande nação — não pelo povo, mas por Deus". Foi um espetáculo teatral no qual, repentinamente, a dramaturgia do poder soberano na era Bolsonaro — e, estranhamente, os temas presentes neste livro — tornou-se visível em sua plenitude, costurando o nome do meio (Messias) à imagem, à incisão, ao poder do discurso corpóreo.[212]

Para o movimento carismático, falar grego, assim como falar em línguas, é algo que ressalta acima de tudo a capacidade de comunicação. A incisão assim introduzida no fluxo do discurso ordinário, em virtude de sua estranheza, acaba por expor as operações discursivas como um todo. A estrangeiridade do discurso, seu arcaísmo evidente, tudo isso alerta o corpo para suas possibilidades gestuais — é o que molda o corpo-evangelista.

Da mesma maneira, todas essas palavras gregas, na gramática da teologia, assumem a forma de um compromisso político. Precisamente

211 Ver a carta "Querido Padre Marcelo", publicada na *Folha de S. Paulo*, no dia 20 de novembro de 1998.

212 Assim, repete-se uma cena que descrevi em outro texto, na qual Padre Jonas inflige um rito de humilhação ao Padre Marcelo Rossi durante o 20º Encontro Nacional de Formação da RCC em Aparecida do Norte, ocorrido entre os dias 23 e 27 de julho de 2001. Para mais detalhes, ver Maria José de Abreu, "On charisma, mediation and broken screens", op. cit.

por ser arcaico e anacrônico, o grego oferece ao movimento carismático os sons característicos do reavivamento, tendo em vista certa ortodoxia doutrinária e prática. É algo que ajuda a diferenciá-lo do catolicismo não carismático e do evangelismo, ao mesmo tempo que não é preciso, de fato, decidir *por um ou outro.* A fala em grego diz respeito a uma prática que vai além da decisão, uma prática da incisão que rasga o discurso ordinário. Às vezes, essa erupção lembra um curto-circuito elétrico, outras vezes, é algo bem padronizado ao longo do arco de uma frase — não deixa de afetá-lo, porém, à maneira de um contraenredo, como se o discurso estivesse em uma relação tensa consigo mesmo.

Como se sabe, Benjamin afirmava que a teologia era alternativa ao culto moderno ao progresso, "tempo vazio e homogêneo".[213] Inspirado por Marx, ele associava a força revolucionária às possibilidades de interrupção e de choque que surgiam no ato de tornar transparente o artifício. Ao chamar atenção para o fato de que a realidade é fabricada, ele mostrou que indivíduos podem imaginar o futuro outramente. Mas, quando o poder do choque se torna inseparável da governança soberana, a exposição do aparato operacional é — ou pode ser — um modo do poder hegemônico se esconder na própria visibilidade. Essa cooptação gritante das regras do aparato midiático e da fabricação é o que encontramos nas formas contemporâneas de populismo mimético que têm surgido pelo mundo.

O poder da dissimulação está na capacidade que o governante tem de fazer do choque uma expressão produtiva. É essa a lógica, penso eu, que deve ser explorada quando pensamos nas relações entre novas mídias, imitação e governança. Se o poder do choque um dia dependeu de sua excepcionalidade, o que acontece agora, nesse momento em que a excepcionalidade não mais tem o poder de chocar? Se a exceção não mais é excepcional porque se tornou parte da estrutura de governo, o que acontece, então, com a soberania? Essa tipologia que permite ao poder receber sua forma da mecânica da interrupção e com ela se identificar — no caso da Renovação Carismática, como uma espécie de respiração — demanda que entendamos a maneira como o poder opera em nosso momento político. Quando se mostram necessárias estratégias para interromper a decisividade que há muito sustenta o direcionamento progressivo do conhecimento, é preciso também notar a forma como a interrupção e os sistemas abertos se alojam nas modalidades atuais da governança. Nesse sentido, a teologia aplicada é mais adequada — pois mais exercitada — para nos auxiliar nessa tarefa de lidar com a dramaturgia política do presente do que nos fizeram crer.

213 Walter Benjamin, "The work of art in the age of mechanical reproduction", op. cit., p. 261; ed. bras.: "A obra de arte na era de sua reprodutibilidade técnica", op. cit., p. 229.

Celebrebação do Santuário Mãe de Deus, São Paulo (Brasil).
Foto: Maria José de Abreu.

Sobre a bipolaridade
Posfácio

Já se vão duas décadas desde que comecei a trabalhar neste livro e, nesse tempo, o Brasil entrou em um novo momento político e cultural. Esse momento, dilatando-se sob o regime de (não)exceção bolsonarista, pode ser caracterizado — e impulsionado — por uma oscilação rítmica entre dois extremos. A tomada soberana de decisões parece estar sofrendo uma espécie de transtorno bipolar, quicando suavemente entre um extremo e o outro. No nível da formação subjetiva, por exemplo, notamos duas tendências opostas porém simultâneas: o sujeito global do neoliberalismo é caracterizado por sua capacidade de adesão a um regime de flexibilidade e circulação incessante, mas, ao mesmo tempo, testemunhamos o retorno de enquadramentos que priorizam a política identitária e o sectarismo. Na primeira tendência, que emerge na década de 1990, o sujeito é descentrado para se tornar aberto e permutável; na segunda, que talvez surja como resposta, renova-se a valorização da posicionalidade e da clausura. A síntese entre esses extremos parece ser caracterizada como uma estranha forma de rigidez flexível. Meu interesse, aqui, não é defender as posições de qualquer um desses lados. O que me toca é precisamente o balançar indecidível entre ambos, característica essencial da ação e da doutrina no Brasil de agora — não é o único país operando assim, aliás. O que está em jogo no espaço-do-meio que foi criado na esteira desses opostos em oscilação é o que abordei, com este livro, tomando a Renovação Carismática Católica como exemplo.

Espero que este trabalho exponha o que, para mim, é um padrão operacional da era Bolsonaro. A lógica operacional da soberania que caracteriza esse governo, mesmo com sua especificidade, tem se libertado do próprio contexto para se tornar aplicável a outras formas emergentes de populismo ao redor do mundo. Essa lógica organiza alguns elementos de certa sensibilidade barroca, o tipo de "bizantinismo barroco" que Walter

Benjamin também menciona em *A origem do drama barroco alemão*: indecisão, efeitos surrealista de choque, apreço pelo conflito e intrigas ministeriais, chiliques, interrupção, fala descontínua, extravagância gestual, palhaçada, pensamento apocalíptico, martírio, despotismo.

Comecei o livro em 1995, com o chute que um pastor da Igreja Universal deu, ao vivo, na estátua de Nossa Senhora Aparecida e toda a dramaturgia forense que se seguiu. O que me interessa, nesse incidente, é o poder que a iterabilidade tem de afetar a percepção, ao ponto de diferentes públicos, em diferentes espaços, terem visto um dano em uma estátua que não sofreu dano algum, descrevendo-o repetidas vezes em termos e escalas diferentes. Quanto mais a cena televisionada da ofensa circulava, mais funda era a incisão, tornando-se, eventualmente, o espaço e a forma cênica em que se desenrolou a ascensão do movimento carismático no Brasil na década de 1990. Exposta dessa maneira, a incisão liberou as cenas fantasmáticas que atravessam este livro. Essas cenas são operações.[214]

Entre duas feridas mediadas pela tecnologia — a de Nossa Senhora Aparecida e a do presidente Jair Messias Bolsonaro —, o país passou por um período de transformação colossal em todos os sentidos possíveis: econômico, social, religioso, estético, político, jurídico. Como aconteceu com os atributos sensíveis do dano feito à estátua, a facada em Bolsonaro, durante a campanha eleitoral de 2018, com sua alta reprodução midiática, evidencia a natureza do teatro político no Brasil contemporâneo. Assim como, com o tempo, tornou-se irrelevante se o Pastor Von Helder realmente despedaçou a estátua, pouco passou a importar se Bolsonaro levou ou não a facada. As múltiplas cirurgias pós-facada em seu abdômen — quatro no primeiro ano de mandato —, feitas para curá-lo de uma hérnia insalubre, contribuíram para aprofundar a percepção midiática de uma fratura no momento mesmo em que se tentava superá-la, tal como aconteceu com a estátua.

O poder de reiteração do corte remete a uma nova ordem do sensível. É uma perfuração rítmica da realidade política. Dos golpes físicos desferidos contra a estátua, na década de 1990, até a parafernália da Operação Lava-Jato, a ascensão do cortesão, a destituição de Dilma Rousseff, as estriagens do campo parlamentar, o encarceramento do então ex-presidente Lula, a subida de Bolsonaro ao poder e as revelações da "Vaza-Jato" feitas pelo *The Intercept* — que não atingiram somente o Brasil —, essa realidade têm avançado de choque em choque. A imagem que devemos apreender, na política, é uma espécie de mosaico bizantino em que os fragmentos reunidos não são mais importantes do

214 Ver Maria José de Abreu, "Does Bolsonaro have a Point? (Or does he have a semi-colon?)", em *Grey Room*, online, n. 91, 2023.

que os limites dinâmicos e os intervalos entre as cenas. Importa menos o que é mostrado e mais os efeitos, na percepção, do ritmo organizando as passagens de uma cena a outra.

Nesse processo, uma forma distinta de reavivamento católico emergiu, entranhada em redes capitalistas e empresariais ainda mais amplas.[215] A preocupação maior desse catolicismo é revitalizar todo um *corpus ecclesia* por meio de seus gestos, suas articulações — corpo capaz de se dobrar em diferentes direções. O que distingue esse catolicismo carismático é o modo como emprega uma gramática operacional desancorada de qualquer concepção narrativa/teleológica do tempo. Em uma encenação dessas, o ator não está mais *posicionado*, de pé sobre um palco, por assim dizer: seus gestos participam da forma cênica de acordo com a qual se desdobra o drama. A progressão da narrativa se dá pelas incisões, interrupções, pelo ritmo, e não por meio da tomada de decisões como era até então.

Jair, um católico, Michele Bolsonaro, evangélica; o casal simboliza e ilumina, no nível mais elevado da realidade estatal, o tipo de união — e de tensão — que encontramos no interior do catolicismo pentecostal analisado neste livro. Os poderes do Estado e da Igreja convergem graças a uma tática que produz energia política no acolhimento do que lhe é mais oposto. Assim, a relação do catolicismo com Maria e do pentecostalismo com o Espírito situa, desde o início, o pentecostalismo católico como uma religião da concessão — concessão que corporifica e se alimenta da tensão entre os opostos que ela mesma visibiliza. Como argumento neste livro, essa tensão que não se resolve é o que faz do catolicismo carismático uma doutrina prática, ginasial, e é o que permite recuperar o cristianismo ortodoxo, trazendo Bizâncio para o Brasil contemporâneo. A operação feita pelo movimento carismático é surpreendente, pois seu sucesso se dá na manutenção da tensão e na conservação das demandas de uma ortodoxia mais antiga. Exercita-se criativamente a musculatura de uma elasticidade mais profunda, um *corpus* herdado de outro tempo. Popularizada pelo movimento carismático brasileiro, por meio da oração disciplinar, da doutrina pneumática e da iconografia, a adaptação de práticas bizantinas junta-se aos repertórios

215 Pouco depois do episódio da facada, os membros carismáticos da Canção Nova — comunidade à qual os capítulos 1, 2 e 3 foram dedicados — receberam o presidente Bolsonaro em um programa transmitido ao vivo. Reunindo figuras importantes do movimento carismático, o líder da comunidade sancionou Bolsonaro como "o eleito de Deus para governar o país". Então, convocou a audiência para uma oração coletiva em línguas. A respiração, ali, tinha o sentido de renovar a ferida de Bolsonaro, mesmo que isso validasse a expressão de dor em seu rosto. A oração em línguas, além disso, era um indicador da relação redistributiva entre significante e significado característica de boa parte de seu mandato presidencial. Ver "Presidente eleito Jair Bolsonaro visita a região do Vale do Paraíba em SP", postado pelo perfil TV Canção Nova em novembro de 2018.

contrarreformistas pré-modernos, introduzindo uma espécie de barroco pneumático no mundo contemporâneo. Trata-se de um "alongamento épico", para usar as palavras de Brecht, essencialmente caracterizado pela capacidade de dobrar e estender tradições e protocolos diferentes: uma propedêutica do espaço ginasial exercida pelos "membros".

Um investimento semelhante na flexibilidade da forma caracteriza o corpo político do bolsonarismo. No ano de 1993, durante a sessão de abertura da Câmara dos Deputados, Bolsonaro deu sua famosa declaração a favor da ditadura e de um regime de exceção.[216] Em 2018, 25 anos depois, ele capturou a presidência sob o slogan de campanha "Brasil acima de tudo, Deus acima de todos". Sua vitória se deu após um evento midiático — a facada e a repetição do slogan durante a recuperação — que alterou, de maneira radical, o rumo de sua campanha; ele não mais se envolveria em debates públicos, ou tentaria conquistar eleitores, em vez disso apenas modularia as consequências afetivas de sua ferida em relação às dinâmicas pontuantes das redes sociais. Com cada tuíte perfurando e polarizando o corpo frágil da democracia, Bolsonaro operou num estado de exceção mesmo antes de formalmente assumir o poder presidencial. Ainda assim, quando de fato assumiu o comando, seguiu se comportando como se ainda estivesse no calor da campanha. Essa arte do *moonwalking* — a capacidade de se mover para trás no próprio avanço — pode ser inédita em um governante, mas esse e outros passos de dança se tornaram característicos do regime.

Usar a retórica da exceção para caracterizar o império da lei e a tomada soberana de decisões parece situar Bolsonaro em uma teologia política de moldes schmittianos. Em sua formulação clássica, alinhada à ordem de Vestfália, a dimensão teológico-política está organizada em torno do problema da decisão soberana. Como no dito schmittiano, "soberano é aquele que decide sobre o estado de exceção".[217] Slogans como "Brasil acima de tudo", "*America first*" ["América na frente"] ou "*Brexit means Brexit*" ["Brexit quer dizer Brexit"] podem indicar uma vontade de restaurar a soberania de acordo com a lógica da posicionalidade — o que está acima e na frente —, mas eles operam no interior de um arranjo

216 A frase dita por Bolsonaro — "Sou a favor da ditadura, de um regime de exceção" — foi citada por Andrew Fishman, "Jair Bolsonaro is elected president of Brazil: read his extremist, far-right positions in his own words", em *Intercept*, outubro de 2018.

217 Carl Schmitt, *Political Theology: four chapters on the concept of sovereignty*, trad. George Schwab (Cambridge, MA, MIT Press, 1985); ed. bras.: *Teologia política: quatro capítulos sobre a doutrina da soberania*, trad., intr. e notas Alexandre Franco de Sá (São Luís: Resistência Cultural, 2024).

específico de poder.[218] Bolsonaro e sua contraparte americana, Donald Trump, fazem coisas como alertar sobre uma futura decisão, ameaçar decidir alguma coisa. A capacidade desses líderes de tornar as coisas decisivas é, no entanto, precisamente o que se incapacita no processo. Se há mesmo um sentido de exceção, é o de uma exceção em relação à própria decisão. Isso não quer dizer que novas leis não são instituídas ou derrubadas — a efetivação disso tudo ocorre na sombra temerosa que a falta de soberania lança sobre as ações, algo que exige o confronto recorrente com a exceção e com os extremos, de modo que, com o passar do tempo, ambas são encontradas em todo e nenhum lugar ao mesmo tempo. A soberania, agora, assume a forma de um eco ritmado entre os opostos, uma espécie de quicada, a transiência indefinida falando por último.

A *indecisão extrema* é mais do que não saber como agir: trata-se de uma dimensão constitutiva da própria ação política. Como dizia a falecida crítica literária Barbara Johnson: "Há política precisamente pelo fato de que há indecidibilidade".[219] Johnson se interessa pela relação entre as artimanhas da linguagem — as técnicas de oratória que ela investiga — e a condução da violência. A ideia é que, paradoxalmente, quanto mais o movimento é indiretamente direcionado, mais oblíquo ele é, mais efetivo será o seu direcionamento. "O que poderia parecer mais distante", ela pergunta, "de um orçamento militar do que discussões sobre anáfora, antítese, prolepse e preterição? No entanto o famoso manual da CIA sobre operações psicológicas de guerra termina oferecendo um tratado de retórica abordando exatamente isto: um apêndice sobre técnicas que lista definições e exemplos dessas e de outras figuras retóricas".[220] É a própria abstração que oferece a essas operações retóricas uma aura apolítica que pode ser contrabandeada facilmente de uma realidade para a outra, inclusive para a corpórea.

Quando o pêndulo da decisão se move para frente e para trás no reino de Bolsonaro — como quando indica alguém para a Diretoria de Avaliação da Educação Básica e manda a pessoa embora 24 horas depois; ou quando as proteções legais às minorias são subitamente revogadas para produzir um estalo; ou quando demite trabalhadores em massa como parte de uma *despetização* do governo e, logo em seguida, exonera essas pessoas por medo de ficar tudo paralisado com a falta de conhecimento técnico; ou quando, de maneira um tanto dramática, ele proclama que "a Amazônia é nossa" e que a única maneira de impedir a destruição causada por incêndios é a eliminação da floresta, um projeto que demanda

218 Maria José de Abreu, "Acts Is Acts: Tautology and Theopolitical Reform in Theopolitics in/of the Americas", op. cit.

219 Johnson, "Apostrophe, animation, and abortion", p. 35.

220 Ibidem, p. 29.

"novas parcerias", o presidente não está se movimentando dessa forma para encontrar a melhor solução para um problema. O movimento rítmico de um vaivém indecidível se torna a própria ação, é a não chegada que dá visibilidade ao esforço de manter a musculatura em forma.

A atitude que Bolsonaro adota é típica de um ginasta de solo. Se, na coreografia da tomada soberana de decisões, o uso das extremidades corpóreas — mãos, sobretudo os dedos, como quando o soberano usava o polegar para dizer sim/não para a execução de alguém — sempre foi um dos componentes básicos, o que testemunhamos com Bolsonaro é o emprego do gesto como performativo de uma espécie peculiar de poder. O gesto exibe a função motora das extremidades ao invés de apenas significar algo — rotação hipermóvel entre uma coisa e outra. Ser *isto e aquilo outro ao mesmo tempo*: autoritário e flexível, déspota e neoliberal, soberano e besta, incendiário e bombeiro. Para dar um exemplo, o mesmo gesto que permite a Bolsonaro coreografar o disparo de um tiro — com o polegar e o indicador —, permite girar e mudar a posição da mão para fazer um "L" (de Lula). Com isso, leva adiante sua guerrilha gestual sem deixar de encenar toda uma paródia da soberania de Lula, indicando — de maneira literal — o tamanho de seu pênis. Por mais teatral que isso soe, a "ação" de Bolsonaro nada deve à representação figurativa, baseando-se, na verdade, na capacidade de trabalhar a musculatura radial, as articulações — do pulso, das mãos, dos dedos — que permite alternar entre os polos. Com uma leve rotação do pulso, o soberano pode dizer *isto* e *aquilo* — e assim ele o faz, incisivamente, dolorosamente. Suspeito que está em jogo aqui algo mais do que a mera substituição da "cabeça" pelas "extremidades": a reaparição de todo um *corpus* de governança e de uma forma cênica que têm tido — e continuará tendo — repercussões tremendas, principalmente no que diz respeito à contenção da própria fascinação por ele liberada.

Diferentemente da rigidez do soberano que carrega em suas mãos o cetro da história, Bolsonaro adota uma forma estranhamente flexível de autoritarismo. Sua virtuosidade como líder é e continuará sendo constituída pela maleabilidade e pela medialidade do gesto. Seu gesto-meme pró-armamentista característico inaugurou um novo registro comunicacional na cena política brasileira. O gesto da arminha logo foi adotado por apoiadores em todo o país. Era possível vê-lo em toda manifestação pró-Bolsonaro, incorporado em coros coreografados por jovens como uma espécie de *grand finale* de suas danças coletivas. Durante a campanha presidencial, camelôs vendiam camisetas com imagens do candidato fazendo seu gesto-arminha. São muitos os exemplos, mas talvez o mais memorável de todos — considerando a forma como combina vulnerabilidade soberana e gestualidade severa — tenha sido quando Bolsonaro, internado, recuperando-se da facada que ele supostamente recebeu, fez o sinal de arminha para as câmeras de TV. Assim, viralidade e virilidade formam o duplo ímpeto do gesto soberano.

O que causa perplexidade no bolsonarismo é o modo como o gesto combina uma violência semiótica extrema e uma atenção aos direitos de minorias. O fato de a primeira-dama, Michelle Bolsonaro, ter violado os protocolos ao gestualizar seu discurso de posse em libras, o fato de ela ter traduzido toda a sua campanha para a língua de sinais brasileira são alguns de muitos sinais apontando para o papel da gestualidade no tempo político do agora. A gestualidade, aqui, não pode ser reduzida aos poderes comunicacionais que a língua de sinais implica em geral. Durante o discurso de posse, Michelle fez mais do que se comunicar com uma minoria: ela estava somando seus gestos às famosas coreografias militarizadas do presidente. Como disseram na grande mídia, ela mobilizava "compaixão" pelas minorias, mas alinhando sua dinâmica aos ditames da razão não argumentativa que caracterizaram a campanha de Bolsonaro. A crítica de Hannah Arendt à compaixão, em *Sobre a revolução*, tem sido mobilizada, com frequência, por regimes que priorizam a comunicação pelo gesto e pela expressão facial. Ali, em cima do palco, a compaixão de Michelle não impulsiona o seu gesto. O gesto é que a torna compassiva.

A compaixão, portanto, articula-se com uma possível exclusão pelo gesto. Ao invés de apenas vincular a minoria-referente a um espaço inclusivo, a gestualidade na cerimônia de posse dramatizou a impossibilidade da contenção, como se fosse admissão da futura — e presente — governança pelo caos, e isso por meio do que estava, de fato, "fora de controle". O gesto, no bolsonarismo, como se tivesse sido arrancado do corpo ao qual pertence, tematiza a arte cênica no interior da qual se desdobra. A capacidade cortante do gesto mimetiza e intensifica os momentos tuitáveis incisivos que disparam a circulação. O que mais surpreende é o modo como o soberano aplica o corte ao próprio corpo. A exposição midiática incessante do abdômen cicatrizado de Bolsonaro, ao longo de todo um período de cirurgias, os tuítes diários, os comunicados televisionados que enviava do hospital para a nação; tudo isso exibe um desejo de exercitar poder por meio da incisão: transformar a ferida em algo literalmente operacional, pois é o que se espera de um Messias. Cada vez que revisita seu intestino anestesiado, oferece um palco para a lógica citacional que ele tanto quer afirmar como algo central de seu exercício do poder. Como Trump, ou George W. Bush antes dele, Bolsonaro afirma que ele governará o país de maneira visceral, zombando da antiga racionalidade soberana.

Assemelhando-se bastante à dramaturgia teatral por trás do ícone bizantino, Bolsonaro faz com que as ações e as razões coincidam.

A capacidade de agir de acordo com as próprias razões se torna condição para a autorreferencialidade; é o que faz com que os efeitos corram atrás de suas próprias causas. Nesse ponto, atos e índices deixam de ser verticais ou horizontais, tornando-se apenas levemente tortos, oblíquos, graças a toda essa topologia recursiva. Como ocorre com o ícone bizantino, a soberania hipostasia a presença pela anulação de si; o soberano não está lá, ele está para sempre *atrás* de si mesmo (no sentido exato de um *atrás* que é anterior e posterior). O tuíte é seu trono e seu trono é o tuíte. Barroco, grotesco, insano, ele fabrica paródias a partir da tragédia. Essa topologia caracteriza as artes cênicas empregadas por boa parte do teatro evangélico e estatal do país e de outros regimes de nosso tempo. É um movimento que produz fundamentos sempre em deslocamento, sempre descartando o que o precedeu. Como dito por um representante comercial dos EUA, Robert Lightizer, durante uma entrevista sobre a indecisão de Trump: "Não sabemos se chegaremos a uma conclusão. Esse é o problema. *Estamos indo bem rápido em direção a algum lugar*".[221]

Não consigo imaginar uma parábola mais apropriada para descrever essa ordem das coisas do que a que Kafka, mestre do impasse, oferece a nós. Refletindo sobre bloqueio criativo, ele apresenta a seguinte cena: um homem cuja casa é insegura decide construir outra, usando os materiais da primeira. No entanto, no meio do processo, ele é dominado pela exaustão. Segue-se uma cena de oscilação entre as duas casas que acaba por produzir um terceiro espaço. Este é caracterizado por um *ambos* da oscilação entre uma casa e a outra. O projeto de construção sucumbe inteiramente ao ritmo da exaustão. Kafka compara esse ritmo ao de uma dança cossaca, em que o dançarino vai raspando e jogando a terra para o lado com os calcanhares da bota. Por fim, ele associa esse espaço que surge no meio a um cemitério que, eventualmente, será o lugar de enterro de seu próprio criador (pensa-se aqui na descrição benjaminiana da queda de um governante que "se perde no êxtase do poder").[222]

Vejo o dançarino cossaco como figura da ordem da ação autômata, em que a movimentação reproduz o *ambos* na forma do indecidível. A rigidez da parte superior do corpo (autoritarismo) é compensada pelos movimentos agudos e velozes das partes inferiores (neoliberalismo). A cintura é o ponto de contato entre as duas partes. Ela é simultaneamente instrumento anatômico para o movimento de rotação que envolve a parte superior e a inferior, e o centro em que a ordem executiva é

221 Emily Holden, Andrew Restuccia, Aaron Lorenzo e Ted Hesson, "Trump, the indecisive", em *Politico*, 26 de setembro de 2017.

222 Benjamin, *The origin of German tragic drama*, p. 70; *A origem do drama barroco alemão*, p. 66.

localizada.[223] A cintura também é o que sustenta o ato de agachar-se confortavelmente em direção ao chão ao mesmo tempo que um sorriso se encontra firmemente plantado no rosto — tudo isso enquanto prossegue a escavação que produz o cemitério.

A incisão rítmica substitui a decisão transformadora como aquilo que caracteriza o poder contemporâneo. Os níveis de reducionismo tautológico e paradoxo performativo em todo o espectro político brasileiro — mas também globalmente — demandam modos mais flexíveis de entendimento acerca de como, em nossos dias, o autoritarismo se combina com o neoliberalismo para produzir um extremismo centralizado. Surge, nesse sentido, uma forma de flexibilidade tirânica subserviente ao jogo dos contrários, sendo esta sua condição de possibilidade. O que é desconcertante na forma de soberania com a qual nos confrontamos neste momento é o deslocamento do "antes e acima de tudo" no preciso momento de sua promoção a slogan primeiro e definidor do Estado-nação. Esse paradoxo oferece o ritmo de acordo com o qual os novos regimes se movimentam, um drama em estilo barroco que, por chamar constantemente nossa atenção para a oscilação entre os opostos — a quicada entre isto e aquilo —, aumenta a probabilidade de não conseguirmos visualizar os poderes totalizantes de um círculo desenhado a céu aberto.

223 Em um breve texto, chamo essa figura anatômica de anti-girafa. Ver Maria José de Abreu, "The Anti-giraffe", em *Qui Parle*, v. 30, n. 1, 2021, p. 217-218.

Agradecimentos

Agradeço ao departamento de Antropologia da Universidade de Columbia pelo suporte material e intelectual, ao longo de quase uma década, que permitiu a tradução deste livro. Aos colegas e amigos que me ajudaram a pensar seus conteúdos, mesmo após a sua publicação original sob o título principal *The charismatic gymnasium: breath, media, and religious revivalism in contemporary Brazil* (Duke University Press, 2021), na forma de conversas, resenhas e apresentações: Talal Asad, Carlo Caduff, Alana de Souza, Ajay Ghandi, Angie Heo, Matthew Engelke, Neena Maahdev, Carlota McAllister, Valentina Napolitano, Emily Ng, Jeremy Stolow, Stefania Pandolfo, Irene Promoth, Bruno Reinhardt e Elayne Oliphant. Um agradecimento muito especial a Frederico Benevides e a Tadeu Capistrano, por levarem o projeto de publicação deste livro ao Brasil em ótimo termo junto da GLAC edições, sobre a excelente curadoria e coordenação editorial de Leonardo Araujo Beserra. Finalmente um entusiasmado agradecimento a Iracema Dulley, pelo novo prefácio aqui incluído, e, também, a Victor Galdino, pela incrível tradução do inglês ao português. Tão boa e original é a tradução de Galdino que em nada me importaria que o livro, agora sob o título de *O ginásio carismático: católicos neopentecostais?*, fosse versado de volta para o inglês.

Como antes, dedico o livro a minha mãe (1933-2020).

A cruz amputada
Com a capa
Deyson Gilbert

Mais que delinear uma expressão significante simples, a cruz amputada — também cruz pendente, interrompida, cega, manca etc. — se caracteriza pela tentativa de conferir forma às instaurações gramaticais próprias aos processos dialéticos essencialmente fraturados do mundo.

Uma análise rápida de seus elementos pode nos ser elucidativa quanto ao caráter essencialmente contraditório de sua conformação:

> Primeiro, por um lado, em sua face pintada, demarca-se o valor corporificado do símbolo enquanto dado positivo. Traço a demarcar na realidade o volume de uma cicatriz semântica clarificada. Fascínio de um olho a demandar o encantamento de um outro olho. Em chave teatral, diria o dramaturgo que, no palco, uma encruzilhada de carne tipográfica declama ao coro: "Sim, meu corpo empunha a história de um desejo e de uma tragédia! Sim, sou eu o fóssil que sangra e canta! Sim, minhas mãos são uma ordem a grunhir contra o tempo a demanda infinitamente incompleta de todo humano: Mais! Mais!";
>
> Pela outra face, na parte intocada do flanco do signo, observa-se, contudo, a conflagração óbvia de uma ausência. Amputação translúcida por onde se infiltra a incompletude mórbida de uma insistente simetria fantasmagórica e mecânica. Totalidade inexplícita mediante a qual o ser desta imagem se ressente do ser de uma outra imagem. Em palavras diversas, o signo aleijado daqui deseja ser o signo coroado de lá. Sonha o T ser cruz de dentição completa, signo determinado de adição (+): imperativo prático e metafísico a catalizar todo um vórtice de atração e universalidade;
>
> Na aparição nítida desse vulto, todavia, inferimos outra geometria, um terceiro elemento. No braço ausente, escavam-se os quatro ângulos de um golpe implícito e negativo, os quatro lados da sombra reguladora de um quadrado. *Terrível simetria* que se afirma aos nossos olhos como o perfil de um outro plano, um outro mapa. Muro a

delimitar para si o território de um único e conclusivo fim. O símbolo parece dizer por meio deste membro amputado: "O que falta aqui não é somente uma parte, um membro anexo, uma península solta, mas, para além, uma totalidade outra, um continente próprio, um semblante que é duplamente coisa em si e para si".

É dentre a triangulação dessas mandíbulas que devemos procurar o devido sentido deste signo *sui generis* — emblema da fome violentamente insatisfeita de Saturno. E nisso, talvez, um tipo de metáfora para a definição do Absoluto como forma oca e vazia, e, além, uma possível figuração sintética do modo como nossos sentidos se engajam com a linguagem, tendo como pano de fundo sempre o encanto insondável de um par fatal de abismos. Morte e Nada: símbolos invencíveis de subtração a vociferar no silêncio do solo e do céu: "Não. Não aqui. Não agora. Não +."

Eis aí a ambivalência, ápora deste sigilo. Caráter que o posiciona junto às singulares fileiras dos "símbolos para economias de membros fantasmas". Dentre os exemplos mais notórios desse tipo, poderíamos facilmente arrolar: o objeto *a* lacaniano, nos *Seminários 9: A identificação* e *10: A angústia*; a bandeira incompleta de Antônio Dias em *The illustration of art* e *País inventado (Dias-de-deus-dará)*; o Ain Soph Aur dos cabalistas, luz incriada e sem fim que gesta a coroa da cosmologia mística judaica; as páginas de *A filosofia da redenção* no degrau do cadafalso do suicídio do filósofo Philipp Mainländer; o deserto-modelo descrito no *Atlas* de Jorge Luis Borges; o espaço negativo do 間 (Ma) nas tradições estéticas japonesas; a página negra oferecida a Yorick em *A vida e as opiniões do cavalheiro Tristram Shandy*, de Laurence Sterne; a música *4'33''* de John Cage; o Cogito Canibal das fomes antropófogas dos deuses Araweté, tal qual posto por Eduardo Viveiros de Castro em *Araweté: os deuses canibais*, de 1986; o grasnar soturno a repetir "*Nevermore! Nevermore!*" [Nunca mais! Nunca mais!] em *O corvo*, de Edgar Allan Poe; os milagres do espantalho *Mané Tibiriça* na música homônima da dupla de violeiros Moreno e Moreninho; o abismo (Da'ath) anti-linguístico do Choronzon de Aleister Crowley nas revelações de seu *A visão e a voz*; etc. etc. etc.

Dentre todos estes emblemas, contudo, talvez o mais pungente tome parte justamente em meio a narrativa mitológica/histórica evangélica cristã. Nada mais, nada menos do que as palavras desoladoras do Cristo pregado na cruz: "*Eli, Eli, lama sabactani*?" ["Meu Deus, meu Deus, por que me abandonaste?]. Palavras últimas de uma língua atravessada nas mãos e nos pés pelo inflexível vazio metálico de sua própria solidão.

Sobre autoria e colaborações

Maria José de Abreu é professora associada de Antropologia na Universidade de Columbia. Seu trabalho se envolve com uma série de debates antropológicos e literários sobre religião, mídia e política. É autora de *O ginásio carismático: católicos neopentecostais?* (2021, Duke University Press; 2025, GLAC edições, edição brasileira). Um segundo projeto de livro foca na relação histórica e contemporânea de Portugal com o Atlântico. Seus escritos foram publicados em *Current Anthropology*, *Critical Inquiry*, *Cultural Anthropology*, *Social Analysis*, *Social Text*, *Qui Parle*, *Antropolítica: Revista Contemporânea de Antropologia* e outros periódicos. Integra o conselho editorial do Journal of Public Culture. Estudou antropologia da mídia na SOAS (Escola de Estudos Orientais e Africanos) da Universidade de Londres e obteve seu doutorado em antropologia sociocultural na Universidade de Amsterdã em 2009.

Victor Galdino é filósofo, tradutor, professor: formação em filosofia [UFRJ] e psicanálise [Corpo Freudiano], transita desde o início por épocas e escolas diferentes para acompanhar a prática filosófica em sua heterogeneidade irredutível — pesquisa metafilosofia, usos filosóficos da linguagem, história da filosofia para além da invenção Ocidente/Oriente; também, mais recentemente, imaginário social e ontologia da imagem, estéticas afrodiaspóricas, arquivo e memória. É autor de *Imagens da noite: ensaios sobre raça e racialização*, publicado pela GLAC edições; criador e coordenador do *manguezal – filosofias e poéticas afrodiaspóricas*. Como tradutor, participou da tradução de textos de Dénètem Touam Bona, Judith Butler, Achille Mbembe, Fred Moten e Stefano Harney.

Iracema Dulley é antropóloga, psicanalista e escritora. Seu trabalho explora os imbricamentos entre linguagem, corpo e poder nos processos de constituição subjetiva. É autora das monografias *On the emic gesture* (Routledge, 2019), *Os nomes dos outros* (Humanitas, 2015) e *Deus é feiticeiro* (Annablume, 2010), e organizou, em coautoria, as coletâneas *Stella do Patrocínio: falatório/chatter* (ICI Berlin Press, 2025), *Displacing theory through the Global South* (ICI Berlin Press, 2024), *Antropologia em trânsito: reflexões sobre deslocamento e comparação* (Annablume, 2013) e *Etnografia, etnografias: ensaios sobre a diversidade do* *fazer antropológico* (Annablume, 2011). Seus artigos foram publicados em revistas como *HAU: Journal of Ethnographic Theory*, *Social Analysis*, *Vibrant*, *Campos*, *Comparative Studies in Society and History*, *European Journal of Psychoanalysis* e *Africa*. É pesquisadora do Instituto de Ciências Sociais da Universidade de Lisboa.

Deyson Gilbert é artista, cenógrafo e pesquisador, nascido em São José do Egito (PE), em 1985, e vive e trabalha em São Paulo. Graduado em Artes Visuais pela Universidade de São Paulo, integrou o Grupo de Estudos de Crítica e Curadoria sob orientação de Tadeu Chiarelli. Como artista, suas exposições individuais incluem "Questão de ordem", Mendes Wood DM (São Paulo, 2019); "non ducorocud non ou impugnação, plebiscito e legastenia", Mendes Wood DM (2014-2015); "DCVXVI", Mendes Wood DM (2014); e "The State of theArt", Galeria Elba Benítez, (Madri, 2013). Participou de mostras coletivas como o 33º Panorama da Arte Brasileira, no MAM-SP (São Paulo, Brasil); XVI Bienal de Yogyakarta, Indonésia; "Mitologias/ Mythologies", Cité Internationale des Arts (Paris, França); "Imagine Brazil", Astrup Fearnley Museet (Oslo, Noruega); "Monument to Cold War Victory", Cooper Union (Nova Iorque, EUA). E, também, foi também cofundador e coeditor da revista de crítica de arte *Dazibao*.

Para ler com o corpo

O GINÁSIO CARISMÁTICO:
CATÓLICOS NEOPENTECOSTAIS?
Maria José de Abreu

AUTORIA Maria José de Abreu
TRADUÇÃO Victor Galdino
COLABORAÇÃO Iracema Dulley
APRESENTAÇÃO Maria José de Abreu
EDIÇÃO Leonardo Araujo Beserra
PREPARAÇÃO E COEDIÇÃO Ana Godoy
REVISÃO Flavio Taam
REVISÃO TÉCNICA Tadeu Capistrano
ARTE DE CAPA Deyson Gilbert
PROJ. GRÁFICO E DIAGRAMAÇÃO Leonardo Araujo Beserra

Título original: *The charismatic gymnasium: breath, media, and religious revivalism in contemporary Brazil*

Edição original: Duke University Press, Durham e London, 2021

© GLAC edições, dezembro de 2021, ISBN 978-65-86598-47-6
Praça Dom José Gaspar, 76, conj. 83, Edifício Biblioteca, Centro,
São Paulo – SP, 01047-010 • glacedicoes@gmail.com

Dados Internacionais de Catalogação na Publicação (CIP)
de acordo com ISBD

A162g Abreu, Maria José de

O ginásio carismático: Católicos neopentecostais? / Maria José de Abreu ; traduzido por Victor Galdino ; ilustrado por Deyson Gilbert. - São Paulo : GLAC edições, 2025.
248 p. : il. ; 14cm x 21cm. – (Fé Comunal ; v.1)

Tradução de: The Charismatic Gymnasium: Breath, Media, and Religious Revivalism in Contemporary Brazil

Inclui índice e anexo.
ISBN 978-65-86598-47-6

1. Catolicismo Carismático. 2. Brasil Contemporâneo. 3. Pneuma. 4. Respiração. 5. Espírito. 6. Poder. 7. Neoliberalismo. 8. Teologia Política. 9. Corpo Como Mídia. 10. Performatividade Religiosa. 11. Elasticidade Espiritual. 12. Flexibilidade Social. 13. Governança Afetiva. 14. Dispositivos De Fé. 15. Indecidibilidade do Poder. 16. Populismo Autoritário. 17. Estética Da Oscilação. 18. Pentecostalismo. 19. Catolicismo Em Tensão. 20. Política Do Ar. 21. Imaginário Da Respiração. 22. Neopentecostalismo. 23. Subjetividade Neoliberal. 24. Mediatização do Sagrado. 25. Economia da Fé. 26. Pneumatoliberalismo. 27. Religião. 28. Capitalismo.
I. Galdino, Victor. II. Gilbert, Deyson. III. Título. IV. Série. CDD 320
2025-5582 CDU 32

Elaborado por Vagner Rodolfo da Silva - CRB-8/9410

Índice para catálogo sistemático:
1. Ciências políticas 320
2. Ciências políticas 32

Este livro foi impresso nos papéis Avena 80gr (miolo) e Supremo LD 250gr (capa), nas fontes das famílias Arial, Times New Roman e Times New Roman MT Condensed em novembro de 2025 pela Gráfica Graphium.

#FéComunal

Não há comuna, territorialidade comunal ou exercício de autonomia coletiva para a sobrevivência — no Ocidente ou fora dele — que a concepção capitalista do Estado-nação não tenha tentado extirpar por completo. Mesmo os corpos-terra de fé monoteísta, devotos do filho único de "Deus" e de salvadores da humanidade, foram acusados de produzir "separação social" ou de endossar um comunismo originário que, caso chegasse aos subalternizados do mundo, poderia se tornar imparável. Pau de Colher em Casa Nova, de beato José Senhorinho, Caldeirão de Santa Cruz do Deserto no Crato, de beato José Lourenço, Belo Monte em Canudos, de Antônio Conselheiro, Palmares na Serra da Barriga, de Ganga Zumba e Zumbi deixaram um legado que, lido de trás para frente, revela como a fé na liberdade jamais deixou de ser seguida. E cada gesto, cada palavra, cada rito coletivo reaparece como crença na luta e como alegria em fugir, e fazer fugir, com ideias comunais. Um solo para multiplicar tradições em que espiritualidade e sociedade se fundem na invenção de mundos comuns.

PARA PERTENCER A TODOS E A NINGUÉM!